Jakob Zollinger
Vom Flarzbueb zum Ehrendoktor

Heinz Girschweiler

HIER UND JETZT

Inhalt

Vorwort ... 6

Leben
Später Lohn für lebenslanges Forschen ... 10
Zollikon, Oberottikon, Herschmettlen ... 18
Aus dem Exil zurück nach Herschmettlen ... 28
Kobi verschafft sich Respekt ... 34
Schülerlust ... 43
Schülerfrust ... 52
Ein junger Lehrer auf Wanderschaft ... 63
Die Herschmettler Nachtheuel ... 73
Zurück zu den Wurzeln ... 81
Das Heimatdorf unter dem Mikroskop ... 92
«… die alten Häuser noch …» ... 99
Der streitbare Bürger ... 109
An der Grenze des Machbaren ... 116
Rückzug in die inspirierende Natur ... 123
Bachab in die Mühle ... 133
Schlusswort ... 143

Werk
Der umfangreiche Nachlass von Jakob Zollinger ... 152
  Walter Bersorger
Einblicke ins Werk ... 157

Anhang
Publikationsverzeichnis Jakob Zollinger ... 236
Familienchronik ... 242
Literatur / Bildnachweis ... 245
Dank ... 246
Autor ... 247

Vorwort

Es war an meinem 60. Geburtstag. Eine bunte Gesellschaft von Angehörigen und Freunden traf sich an einem strahlenden, kalten Januartag in einem Hotelsaal im obersten Toggenburg zu einem reichhaltigen Frühstück. Unsere beiden Söhne nahmen ihren Papa dort ganz ordentlich auf die Schippe und zerrten Müsterchen mehr oder weniger gelungener Erziehungsbemühungen ans Licht der Halböffentlichkeit. Ganz unvermittelt fiel dabei der Satz: «Was unser Vater genau denkt und glaubt, ist uns nie so richtig klar geworden, aber eines ist sicher: Er glaubt an Kobi Zollinger.»

Ich sass betreten da und konnte das eben Gehörte kaum fassen. Was hatte die beiden jungen Männer zu diesem Satz bewogen? Sie kannten Jakob Zollinger, meinen hochgeschätzten Mittelstufenlehrer, späteren Vereins- und Bergkameraden, kaum. Sie hatten ihn vielleicht ein-, zweimal gesehen. Ich forschte nicht weiter nach dem Ursprung dieser Aussage, aber sie wirkte in mir in den folgenden Monaten nach. Ich begann, über meine Beziehung zu Jakob Zollinger nachzudenken. Dabei wurde mir manches bewusst, was uns verband. Irgendwann kam mir die Idee, das Leben dieses so eigenwilligen Mannes in einer Biografie nachzuzeichnen, und ich hoffte, eine solche Aufgabe könnte meinen bevorstehenden Pensionierungsschock abdämpfen. Das Einverständnis von Witwe Elisabeth Zollinger-Anliker und ihren drei Kindern zu meinem Vorhaben kam prompt.

Nachdem ich den Schritt in die grosse Altersfreiheit getan hatte, begann ich mit der Recherche. Zuerst galt es, das Gespräch mit den noch lebenden Weggefährten zu suchen. Angefangen bei den Brüdern Emil und Fritz Zollinger führte ich rund sechs Dutzend Interviews. Danach las ich ein paar Tausend Seiten Tagebucheinträge durch. Weil in der Zwischenzeit der Historiker Walter Bersorger den Jakob-Zollinger-Nachlass im Dürstelerhaus Ottikon im Auftrag der Gemeinde Gossau geordnet hatte, fand ich mich in dem überreichen Material überhaupt zurecht. Ich richtete mir einen Arbeitsplatz inmitten der Akten ein und schrieb das vorliegende Buch in der Jakob-Zollinger-Stube des altehrwürdigen Hauses.

Es geht mir nicht darum, die Forschertätigkeit Jakob Zollingers zu würdigen und zu beurteilen. Dafür fehlt es mir an fachlicher Kompetenz. Diese Aufgabe übernimmt hier der Fachmann Walter Bersorger. Wenn sich künftig Wissenschaftlerinnen und Wissenschaftler mit Zollingers Werken, Materialien und Arbeitsweisen auseinandersetzen wollen, steht ihnen dafür eine gewaltige Menge eindrücklichen Materials zur Verfügung.

Jakob Zollinger hat für seine Heimat – vor allem, aber nicht nur für das Zürcher Oberland – Grossartiges geleistet. Er hat das Verständnis der Oberländerinnen und Oberländer für ihre Herkunft sowie ihr Selbstbewusstsein gestärkt, indem er die Geologie dieser Region, ihre Natur, die Entwicklung der Kultur- und Siedlungslandschaft und die Lebensweise ihrer Bewohnerinnen und Bewohner in seiner eigenwilligen Art gründlich erforscht und packend dargestellt hat.

Ich möchte hier den Werdegang Jakob Zollingers nachzeichnen und herauszuarbeiten versuchen, was ihn zu seiner so vielfältigen Tätigkeit angetrieben hat. Einzelne Beispiele sollen zeigen, wie er geforscht und wie präzise er seine Erkenntnisse jeweils dargestellt hat. Bei meinen Nachforschungen habe ich manche Überraschung erlebt: Der äusserlich so ruhig und geerdet wirkende Mann wurde von grossen Selbstzweifeln geplagt und focht grosse innere Kämpfe aus. Er war als Lehrer nicht so unumstritten, wie ich das geglaubt hatte, und ist mit seiner Hartnäckigkeit beim Bewahren von Dingen und Zuständen, die er als wertvoll erachtete, weit mehr angeeckt, als ich es zunächst wahrhaben wollte.

Hätte Jakob Zollinger Freude am Erscheinen seiner Biografie? Sicher würde er sie in wohl anerzogener Bescheidenheit vordergründig als unnötig taxieren – und sich dann gleichwohl geehrt fühlen und sich ein bisschen freuen. Vielleicht so wie 2003, als die Universität Zürich dem einstigen Flarzbueb den Ehrendoktortitel verlieh.

Nachdem ich mich nun durch viel Material gearbeitet, mit Dutzenden von Menschen Gespräche geführt und den Kosmos meines ehemaligen Lehrers und Freundes weiter ergründet habe, muss ich meinen beiden Söhnen recht geben. Die Faszination für die Persönlichkeit Kobi Zollinger war immer da, und sie ist durch die spannende und bereichernde Arbeit an diesem Buch nicht kleiner geworden.

Heinz Girschweiler

9 Leben

Später Lohn
für lebenslanges
Forschen

Nein, das ist nicht der Ort, den er für eine Feierlichkeit zu seinen Ehren ausgewählt hätte. Dieser Bau aus Glas und Beton ist ihm fremd. Der ganze weitläufig auf den Milchbuck gepflanzte Campus der Universität Irchel ist es. Auch wenn grosse Blumenbouquets das Rednerpult und die Orchesterbühne im grossen Hörsaal schmücken, richtig wohlfühlen kann Jakob Zollinger sich hier nicht. Er ist inmitten der Honoratioren der Philosophischen Fakultät in den vollen Saal einmarschiert, streng gemäss dem Protokoll der Universität Zürich – es ist ihr 170. Dies academicus. Er sitzt jetzt in der ersten Reihe seitlich des Rednerpults neben dem Dekan und den weiteren Personen, die von der Philosophischen Fakultät geehrt werden.

«Auf in den Kampf», hat er am Morgen zu Hause in der Chindismüli in Ottikon-Gossau scherzhaft zu seiner Frau Elisabeth – seinem Bethli – gesagt. Sie sitzt auf einem reservierten Platz etwas weiter hinten, die beiden Töchter Eva und Lisa, der Sohn Röbi und weitere Familienangehörige und Freunde irgendwo in den steil aufsteigenden Reihen des Auditorium maximum. Elisabeth hat sich für den besonderen Tag ein neues, dunkelrotes Kleid gekauft. Jetzt stellt die Bauerntochter aus Schlatt am Schauenberg erschrocken fest, dass die geladenen Damen an diesem Ehrentag der Universität Zürich eigentlich nur Schwarz tragen, und sie fühlt sich ein bisschen deplatziert. Das Akademische Orchester spielt einen Satz aus einer Schumann-Sinfonie. Professor Udo Fries hält eine Vorlesung zur Corpuslinguistik als Werkzeug zur Beschreibung von Sprachvarianten. Sprache, das ist ein Medium, das Jakob Zollinger ein Leben lang geliebt, gepflegt und genutzt hat: Neben wissenschaftlichen Aufsätzen und Büchern hat er Abertausende von Tagebuchseiten und Zeitungsartikeln damit gestaltet, immer um eine präzise und anschauliche Ausdrucksweise bemüht.

Jetzt hält Rektor Hans Weder das Mikrofon in der Hand. Er hebt zu einer zehnminütigen Eloge auf Ernst Buschor an, den abtretenden Bildungsdirektor des Kantons Zürich. Jakob Zollinger spürt ein Würgen im Hals. Das ist schwere Kost am Tag, an dem er in wenigen Minuten den Ehrendoktortitel der Universität Zürich erhalten wird: Ausgerechnet Ernst Buschor, der Künder von moderner Schule und New Public Management, der ihm die letzten Jahre in seinem Lehrerberuf so vergällt hat, wird da geehrt. Von Autonomie, Flexibilität, flacher Hierarchie spricht der Rektor, von einer etablierten neuen Diskussionskultur. «Er [Buschor] hat uns auf die Finger und zu uns geschaut», sagt Weder. Den ersten Teil des Satzes würde Ex-Primarlehrer Zollinger unterschreiben, den zweiten eher nicht. Eigentlich hat Jakob Zollinger den Erziehungsdirektor Buschor nicht mehr als aktiver Lehrer erlebt. Zollinger quittierte den Schuldienst 1993, Ernst Buschor wurde erst 1995 Erziehungsdirektor. Aber der Professor aus der St. Galler Wirtschaftsschmiede hatte schon als Finanzdirektor seine politische Wirkung entfaltet.

Doch dann ist es überstanden: Ernst Buschor ist jetzt ständiger Ehrengast der Universität Zürich, Jakob Zollinger dagegen nur Gast an diesem einen Tag. Ihre Wege werden sich also wohl kaum so bald wieder kreuzen.

Acht neue Ehrendoktoren ernennen die verschiedenen Fakultäten an diesem Samstagmorgen Ende April 2003. Jakob Zollinger kommt als Letzter an die Reihe, nach der Galeristin und Kunstsammlerin Angela Rosengart aus Luzern und dem Musikforscher Ludwig Finscher aus Wolfenbüttel. Ernst und ruhig hört er sich die ehrenden Worte von Dekan Franz Zelger an:

> «Die Philosophische Fakultät der Universität Zürich verleiht eine Ehrenpromotion an Herrn Jakob Zollinger. Herr Zollinger, Primarlehrer im Ruhestand, hat als Erforscher und Vermittler der Regionalkultur des Zürcher Oberlandes nicht nur in der Öffentlichkeit allgemein, sondern auch wissenschaftlich vielseitige Anerkennung und hohe Wertschätzung gefunden. Einen Schwerpunkt seiner bis heute weitergeführten Forschungstätigkeit bildet das Bauernhaus. Der kürzlich erschienene Band *Die Bauernhäuser des Kantons Zürich: Das Zürcher Oberland* wäre ohne seine jahrzehntelange Erhebungs- und Deutungsarbeit nicht möglich gewesen. Verschiedene historisch bedeutsame Bauten im Zürcher Oberland sind auf Jakob Zollingers Initiative hin vor dem Abbruch bewahrt worden. Einen zweiten Bereich in Herrn Zollingers Wirken bilden seine Untersuchungen der Hochmoore im Zürcher Oberland, vor allem im Hinblick auf die

Zwei Ehrendoktorinnen und sechs Ehrendoktoren ernennt die Universität Zürich 2003. Rektor Hans Weder steht in der Mitte, Jakob Zollinger in der ersten Reihe ganz rechts.

Geschichte ihrer Nutzung und ihrer Integration in den Siedlungs- und Wirtschaftsraum. Das Buch *Zürcher Oberländer Urlandschaft – eine Natur- und Kulturgeschichte* enthält auch bemerkenswerte Beiträge zur Erforschung der Orts- und Flurnamen. Die Verbindung verschiedener akademischer Disziplinen ergibt sich für Jakob Zollinger aus der Wahl seiner regionalen Themen. So öffnet sein Buch über Leben und Werk von Jakob Stutz auch den Zugang zur Erzählforschung. Herrn Zollingers Arbeiten sind wesentlich mitgeprägt durch seine gestalterischen Fähigkeiten. Hunderte von Zeichnungen ergänzen in minutiöser Darstellungstechnik seine Dokumentationen, und viele davon illustrieren seine Bücher und Zeitungsartikel in genauer Abstimmung von Bild und Text. Jakob Zollingers Wirken als Lehrer und Forscher kann schliesslich sowohl als fruchtbare Verbindung zwischen Wissenschaft und Gesellschaft als auch als exemplarischer Beitrag zum Dialog zwischen Universität und Region gewürdigt werden.»

Erst beim Händedruck lächelt er und geniesst den tosenden Applaus des Publikums. Dann geht Jakob Zollinger – die grosse Rolle mit der Urkunde unter dem Arm – an seinen Platz zurück. Dvořáks «Slawischer Tanz», interpretiert vom Pianisten Oliver Schnyder, beendet den formellen Teil des Anlasses. Jetzt wechselt die Gesellschaft in den grossen Lichthof zum Bankett für gut 500 Gäste. Die frisch dekorierten Ehrendoktoren haben sich schon vor dem Festakt im Irchelpark mit Rektor Weder für die Presse ablichten lassen. Beim Bankett folgt auf marinierte Antipasti mit Spargelspitzen, grünem Olivenöl und Rosenessig ein Schweinskarreebraten mit Bärlauchfüllung, neuen Kartoffeln und Frühlingsgemüse. Pannacotta mit Löwenzahnhonig und Erdbeeren beschliesst das Festessen. Wäre es nach dem Ehrendoktor aus dem Zürcher Oberland gegangen, hätte ein Schüblig mit Kartoffelsalat vollauf genügt. Den Räuschling und den Klevner vom Stäfner Lattenberg aber geniesst er uneingeschränkt.

Die Aufregung in der Ottiker Chindismüli war gross, als man bei der Rückkehr aus den Skiferien am Heinzenberg Anfang März in der Post den kurzen Brief des Rektorats entdeckte. Ehrendoktor der Universität Zürich sollte Jakob Zollinger werden, er möge sich den Samstag, 26. April, dafür freihalten. Rasch war ein Kärtchen aus eigener Produktion mit einem Winteraquarell von der Höchhand hervorgeholt und das überraschende Geschenk aus Zürich verdankt:

«Sehr geehrter Herr Professor Weder,
eben heimgekehrt aus den Ferien, erreichte mich Ihre Post... Zuerst sprachlos, ungläubig, fast erschlagen. Nie hätte ich es gewagt, mir diese Ehrung nur zu erträumen, obschon ich aus dem Kreise meiner

hiesigen Mitbürger immer wieder zu hören bekam: ‹Du chunsch emol de Tokter über für dini Aarbet ...›
Niemals habe ich diese Ehre, wie sie meinen lieben Freunden Peter Ziegler, Heinrich Krebser und Heinrich Hedinger aus ähnlichen Gründen zukam, erwartet. Umso beglückter bin ich über Ihre Mitteilung, die meine Frau – bis der Brief vor mir lag – getreulich verschwiegen hatte. Zu viel der Ehre! Bin ich doch «nur» aus lauterer Freude und innerem Antrieb, seit meiner Jugendzeit, meinem Forschungsdrang auf historisch-volkskundlichem und naturwissenschaftlichem Gebiet gefolgt. Immer noch sprachlos, danke ich Ihnen für diese grosse Anerkennung, die mir neuen Antrieb für weitere Tätigkeiten gibt.
Ihr Jakob Zollinger»

Tochter Eva Zollinger weiss: «Der Dr. h. c. bedeutete unserem Vater viel. Spät bekam er jetzt auch noch Anerkennung von Fachgremien.» Und Sohn Röbi erinnert sich, dass der Ehrendoktor wochenlang das dominierende Thema in Ottikon war. Die Ehrung habe seinem Vater eine grosse Genugtuung verschafft. Zurückhaltender hat sich Fritz Zollinger zur Auszeichnung seines Bruder geäussert: «Der späte Ehrendoktor dürfte für ihn stille Genugtuung gewesen sein, mehr nicht. Da hat die Erziehung des Vaters nachgewirkt: Man verhält sich zurückhaltend und bescheiden.» Bestätigung findet die Sicht des Bruders in den Tagebüchern Jakob Zollingers. Er hat davon über Jahrzehnte zwei parallel geführt. In einem kleinformatigen Kalender notierte er das Tagesgeschehen. In den etwas grösseren Büchern schwelgte er in Text und Zeichnungen oder Aquarellen in Erinnerungen an die ihm so wichtigen Naturerlebnisse – Stimmungsbilder nannte er sie. In beiden Tagebüchern wird der Ehrendoktor mit nur je einem knappen Satz erwähnt.

Das Ehepaar Zollinger rätselt monatelang, wie es zu dieser Doktorwürde gekommen ist. Wer nur hat das eingefädelt? Denn von selbst geschieht so etwas nicht, sind sich die beiden einig. Bekannt ist, dass der Volkskundler Arno Niederer ein grosser Bewunderer von Zollingers Arbeiten gewesen ist. Ihm hat Heinz Lippuner, Wetziker Kantonsschullehrer aus dem Grüt und Privatdozent an der Universität, Ende der 1990er-Jahre erstmals die Idee eines Ehrendoktors Zollinger gesteckt. Doch dann verstirbt Niederer, und Lippuner verlässt altersbedingt die Universität. Er erzählt seinem Nachfolger in der Vereinigung der Privatdozenten, Ruedi Schwarzenbach, dem Rektor der Wetziker Kantonsschule, jedoch von dieser Idee. Die Privatdozenten schlagen am Ende die Promotion vor, und die zuständige Prüfungskommission kommt zu einem positiven Ergebnis. Jakob Zollinger hat diese Geschichte nicht mehr erfahren.

Aber ist er von der späten Ehrung tatsächlich so sehr überrascht worden, wie er in seinem Dankesbrief an Professor Weder schreibt? Da sind doch Zweifel angebracht. Einerseits verweist er auf wiederholte Anspielungen in seinem Bekanntenkreis. Das Thema muss also immer wieder einmal aufgegriffen worden sein. Und dann ist er in seinem kurzen Brief an Rektor Weder auch nicht um die Nennung von Ehrendoktor-Kollegen unter den Lokalhistorikern verlegen: Heinrich Hedinger aus dem Zürcher Unterland, Heinrich Krebser aus Wald und der Wädenswiler Peter Ziegler. In diese Reihe passt der Name Jakob Zollinger fraglos ausgezeichnet, das muss auch ihm klar gewesen sein.

Wie dem auch sei – es finden sich zahlreiche Personen, die diese späte Ehrung Jakob Zollingers für sein lebenslanges Forschen gutheissen. Für Ruedi Schwarzenbach ist Zollinger ein beispielhafter Forscher auf dem Land, der aus persönlichem Interesse und ohne akademischen Hintergrund wichtige Forschungsarbeiten betrieben hat. Heinz Lippuner sagt, für seine tiefschürfenden Forschungen habe Zollinger den Ehrendoktor mehr als verdient. Ein schönes Beispiel für das grosse Echo, das die Ernennung ausgelöst hat, ist der Gratulationsbrief, den ihm der Grütner Hausarzt Christoph Meili im Sommer 2003 geschrieben hat:

> «Lieber Jakob
> Die Würdigung Deines Lebenswerkes mit dem Ehrendoktortitel freut uns ausserordentlich. Deshalb vor allem, weil er die Anerkennung einer Leistung bedeutet, die nicht dem Ehrgeiz des Karrieredenkens entsprungen ist. Es ist ein beseeltes Werk, so auch eine Gnade, es schaffen zu müssen und zu können. Wir glauben deshalb in Deinem Sinne zu denken, wenn wir meinen, dass für Dich die grösste Genugtuung darin besteht, dass die «Gesellschaft» den kulturschaffenden und -erhaltenden Wert deiner Arbeit beachtet und damit Zeugnis ablegt von einem immanenten Verantwortungsgefühl.
> Wir wünschen Dir noch für lange Zeit die Kraft, auf Deinem Weg weiterzugehen.
> Mit herzlicher Gratulation und lieben Grüssen
> Ch. und Ch. Meili»

Jakob Zollinger bezeichnet in seiner Antwort das Glückwunschschreiben des Ehepaars Meili als die «treffendste und zugleich gehaltvollste und tiefsinnigste von all den vielen Gratulationen», die er habe entgegennehmen dürfen.

In einer Ecke des Estrichs ihres Müllerhauses in der Ottiker Chindismüli findet Elisabeth Zollinger-Anliker 15 Jahre nach dem Ehrentag an der Universität Zürich nach einigem Stöbern eine prall gefüllte Schuhschachtel voller Glückwunschschreiben zum Ehrendoktor. Gut 200 sind es, allesamt in zollingerschem Sammeleifer aufbewahrt. Viele von ihnen hat Jakob Zollinger schriftlich verdankt und beantwortet. Seminarkollegen, Jugendfreunde, Lehrerinnen und Lehrer, einzelne Schüler, Nachbarn und viele mehr drücken ihre Freude aus über den wohlverdienten Ehrentitel. Manche freut besonders, dass ein Nichtakademiker zum Zuge gekommen ist. Peter Surbeck, Ustermer Sekundarlehrer und Historiker, drückt es treffend aus: «Die Würde eines Dr. h. c. war meines Erachtens lange Zeit in dem Sinne zweifelhaft, als nur bereits gekrönten Häuptern eine weitere Krone aufgesetzt wurde. [...] Dabei war dieser Ehrentitel in der Vergangenheit sicher für Nichtakademiker gedacht, die aus bescheidenen Anfängen heraus Grosses geschaffen haben. Und das ist bei dir der Fall!» In manchem Schreiben kommt der Stolz zum Ausdruck, dass ein Oberländer aus einfachen Verhältnissen berücksichtigt worden ist – und in der Ehrung des Kollegen, des Mitbürgers, des Vereinsmitglieds sonnt man sich auch gern ein wenig. Das betonen Glückwunschschreiben des Stadtrats von Uster, des Gemeinderats Gossau, der Antiquarischen Gesellschaft Wetzikon, der Sektion Bachtel des Schweizerischen Alpen-Clubs. Ja, selbst aus Kalifornien liegt ein Glückwunschschreiben vor. Der Swiss Athletic Club in San Francisco gratuliert – stellvertretend – Jakob Zollingers Bruder Emil, genannt Migg, zur Ehrendoktorwürde seines Bruders in der fernen Heimat. Auch ein ehemaliger Schüler Zollingers möchte sich vom Ruhm eine kleine Scheibe abschneiden. Auf seiner Gratulationskarte bemerkt er trocken, wenn ihn künftig jemand frage, wo in Herschmettlen er denn aufgewachsen sei, dann werde er nicht mehr sagen, im Flarz Zollinger/Girschweiler gegenüber der Weinschenke, sondern ganz einfach: «Im Tokterhuus.»

Worin aber liegt die besondere Leistung Jakob Zollingers als Forscher? Die Laudatio an der Universität Irchel deutet einiges an: Er hat ein Leben lang seine Umgebung in der historischen Dimension erforscht: Das Entstehen der Drumlinlandschaft fasziniert schon den Knaben in Herschmettlen, ebenso wach ist sein Interesse für die Pflanzen und Tiere seiner Umgebung. Sein besonderes Augenmerk gilt den alten Wirtschaftsweisen, den Flurnamen, den Bauernhäusern und dem Leben darin. Jahrelang hat er Häuser besichtigt, aufgenommen, gezeichnet, dokumentiert und katalogisiert, zum Teil nebenberuflich, drei Mal auch während halb- oder ganzjähriger Urlaubsphasen vom Lehrerberuf. Als es dann aber gilt, sein Buch über das Zürcher Oberland abzuschliessen, gewähren ihm die Schulbehörden keinen weiteren Urlaub mehr, und andere müssen das Werk vollenden, das er von langer Hand und mit reichem Material vorbereitet hat.

Ein ganz und gar ungewöhnliches Kleinod ist seine Herschmettler Chronik. Darin hat er zwischen 1949 und 1964 – also im Alter von 18 bis

33 Jahren – die Entwicklung seines Heimatdorfes zuoberst im Glatttal in 19 handgeschriebenen, kleinformatigen Heften dokumentiert. Sie sind mit vielen Skizzen, Tabellen und Zeichnungen illustriert –wahrscheinlich ist Herschmettlen die besterforschte Kleinsiedlung weit und breit. Die Chronik enthält Informationen zur Geologie und Bodennutzung, zu Einwohnern, zur Wasserversorgung, zum Schulwesen und zu Kirchlichem. Neben Anekdoten aus dem Dorf wird darin auch der Dorfbrand von 1870 und seine Folgen geschildert. Jakob Zollinger hat seine Herschmettler Chronik mannigfach ausgewertet. So bezieht eine ganze Anzahl seiner gesamthaft 75 umfangreichen Beiträge im *Heimatspiegel*, der historisch-kulturellen Monatsbeilage des *Zürcher Oberländers*, ihren Stoff aus der Chronik. Die Vielfalt der Themen lässt sich an einigen der Titel ablesen: «Mannhafte Wächter im Blumengarten der Töchter – die Geschichte des Nachtheuelvereins Herschmettlen», «Ein Haus erzählt – zum Grossbrand vom 20. Juli 1996», «Kein Platz für Tante Emma – zur Schliessung des Dorfladens in Herschmettlen», «Grenzstreit am Gerbel – Sonnen- und Schattenseiten eines Oberländer Hügels», «Eine Oberländer Kleinsennerei – als es noch Fuchsrütlerkäse gab».

Eine eigene Qualität erhalten Zollingers Publikationen durch seine Illustrationen. Mit Recht wird in der Laudatio der Universität ihr besonderer Charme hervorgehoben, den sie dadurch erhalten, dass der Autor auch ihr Illustrator ist und sie so eigentliche Gesamtkunstwerke darstellen. Ob mit dem Bleistift, mit Farbstiften, Tuschefeder, Ölkreide oder Wasserfarben – Zollingers zeichnerisches Talent ist offensichtlich, seine Gabe des genauen Hinsehens ebenso. Und dann sind da seine berühmten Fragen. Schon im Jünglingsalter hat er einen Fragebogen mit 65 Fragen entwickelt, den er dann mit Dutzenden vorwiegend älteren Frauen und Männern aus seiner Umgebung systematisch durchgeht. Später wechselt er zu Tonbandinterviews mit betagten Gewährsleuten. Der Volkskundler Richard Weiss hat sich schon beim ersten Kontakt erstaunt über die innovative Forschungsmethode Zollingers gezeigt. Er sei ein früher Repräsentant des Forschungsgrundsatzes «Grabe, wo du stehst» und der Oral History, der Geschichte, die aus mündlichen Erzählungen geschrieben wird. «Zollinger betrieb Feldforschung, als die Studierten an der Uni noch mehrheitlich in Büchern blätterten» stand in einem Zollinger-Porträt im *Tages-Anzeiger*.

Stoff und Themen gibt es also genug, um in den folgenden Kapiteln den Werdegang Jakob Zollingers nachzuzeichnen. Zumal da auch noch vom Kleinbauernbub aus einer religiösen Familie, vom erfolgreichen und vom leidenden Schüler, vom Lehrer, vom Erzähler, vom politischen Kämpfer ganz eigener Art, vom Ehemann, vom Vater und vom Lebemann, der er zeitweise auch war, zu berichten ist.

Zollikon,
Oberottikon,
Herschmettlen

Die Zollinger hiessen ursprünglich Zolliker und stammen aus Zollikon am Zürichsee. 1332 ist das Geschlecht in Grüningen und in den umliegenden Gemeinden, also auch in Gossau, erstmals nachgewiesen. Das hat der junge Jakob Zollinger Ende der 1940er-Jahre bei seinen Nachforschungen im Staatsarchiv und auf dem Notariat Grüningen herausgefunden. Die Familienchronik begründet er in seinen Jugendjahren und führt sie bis 1947. Dann übernimmt beim Umzug der Familie auf den neu erbauten Bauernhof im Grüt sein Vater Emil die Aufgabe, womit sie zu einer eigentlichen Hofchronik wird. Ab 1967 verfasst sein älterer Bruder Fritz weitere Einträge.

Der erste bekannte Vorfahre der Familie Zollinger ist Peter. Er wird 1535 in Oberottikon geboren. In dieser Zeit verbreitet sich Zwinglis Reformation im Zürcher Oberland. Die Kirchgemeinden führen deswegen erstmals zuverlässige Tauf-, Ehe- und Todesregister. Von diesem Zeitpunkt an lässt sich die Geschichte der Familie nachverfolgen. So ist im Gossauer Taufregister für den 4. April 1557 die Geburt des ersten Sohnes von Peter Zollinger vermerkt. Johannes ist sein Name, und als Taufzeugen sind Hans Isler aus dem Hanfgarten und Anna Dürsteler aus Adletshausen aufgeführt. Jörg Zollinger – ein weiterer Sohn von Peter Zollinger – wird 1592 als Schneider zu Ottikon bezeichnet. Der Chronist vermutet, dass Jörg nur im Nebenberuf als Schneider gewirkt hat, weil in jener Zeit die Bauernhöfe so klein sind, dass ein Zusatzeinkommen unabdingbar ist. Drei Generationen später heiratet Hans Jacob Zollinger im Jahr 1723 Anna Egli aus dem Nachbardorf Herschmettlen. Weil ihm sein Vater Ezechiel keinen Hof hinterlässt, zieht er mit seiner Einheirat nach Herschmettlen um. Von nun an bleibt die Familie Zollinger über mehr als 200 Jahre bis in die Mitte des 20. Jahrhunderts in der südlichsten Aussenwacht der Gemeinde Gossau sesshaft. Das Ehepaar Zollinger-Egli hat sieben Kinder, von denen aber drei das Kindesalter nicht überleben – die Kindersterblichkeit ist zu dieser Zeit hoch. 1732 wirkt Hans Jacob – genannt Jagli – in der Kirchgemeinde Gossau als «Ehegaumer». Als verlängerter Arm des Pfarrers ist er dabei eine Art Sittenpolizist. In der Gemeinde gibt es sechs solche Ehegaumer. Weil sie jeweils am Sonntag nach der Predigt in der Kirche beisammen stillstehen und aktuelle Fragen besprechen, heisst ihr Gremium Stillstand – es ist quasi der Gemeinderat. Diese Institution beleuchtet Jakob Zollinger in einer Abhandlung zur Gossauer Kirchengeschichte, die er 1982 in der Vierjahresschrift *Gossau – Deine Heimat* publiziert. In ihrem Amtseid müssen die Ehegaumer schwören, Hurerei und Ehebruch anzuzeigen. Ebenso haben sie Ehescheidungen zu verhindern sowie das Schwören, Gotteslästerung, Trunksucht, Spielen, Tanzen und andere Laster zu bekämpfen. Das ist alles andere als ein leichtes Pflichtenheft, das Amt ist denn auch nicht begehrt. Hans Jacob Zollinger absolviert eine Amtszeit von zwei Jahren. Die Bedeutung seiner Funktion unterstreicht die Tatsache, dass der Grüninger Landvogt die Ehegaumer vereidigt.

Hans Heinrich, der jüngste Sohn des Ehepaars Zollinger-Egli, heiratet 1761 die Baumerin Susanna Spörri und übernimmt den elterlichen Hof. Das Paar hat nicht weniger als elf Kinder, von denen aber ebenfalls sechs im Kindesalter sterben. Weil es üblich ist, dem nächstgeborenen Kind den Namen des zuletzt verstorbenen zu geben, haben Susanna und Hans Heinrich zwei Töchter namens Anna Cleopha und vier Knaben mit dem Namen Hans Jakob.

Zu Lebzeiten Hans Heinrichs beginnen die Eintragungen des Notariats Grüningen. So kann Jakob Zollinger nachverfolgen, welche Käufe und Verkäufe von Äckern, Wiesen und Waldparzellen getätigt werden. 1775 kauft Hans Heinrich gemäss Grundbuch einen Acker und drei weitere Grundstücke rund um Herschmettlen. Im Gegenzug verkauft er ein Wegrecht. Bei seinem frühen Tod im Jahr 1783 mit erst 45 Jahren hat er seinen Hof auf sieben Grundstücke vergrössert. Als 1797 die Mutter Susanna stirbt, leben nur noch vier Kinder: die Söhne Hans Jakob und Felix sowie die Töchter Maria und Susanna. Die Brüder zahlen die beiden ledigen Schwestern aus. Maria bekommt 35 Gulden, Susanna 40. Das Geld wird ihnen allerdings erst bei ihrer Heirat ausbezahlt, und das zinslos. Bis dahin haben sie ein Wohnrecht bei ihren Brüdern. «Womit sie dann des gänzlichen ausgericht heissen seijn und bleiben, und an ihre Brüder des väter- und mütterlichen Erbguts halber weiter nichts zu suchen noch anzustreben haben sollten», lautet der unmissverständliche behördliche Kommentar zu dieser Abfindung. Gleichzeitig teilen die Brüder den Hof auf. Sie bauen eine zweite Wohnung an die bestehende an und teilen diese mittig – eine damals übliche Methode, zusätzlichen Wohnraum zu schaffen. Diesem Phänomen, dem sogenannten Unterschlagen einer Wohnung, widmet sich der Bauernhausforscher Jakob Zollinger 150 Jahre später intensiv.

Im gleichen Jahr 1797 heiratet Felix Zollinger Anna Diener aus Binzikon-Grüningen. Das Paar hat acht Kinder, zwei weitere Knaben werden tot geboren und nur gerade zwei der Kinder überleben das Kindesalter. Im Totenregister der Kirchgemeinde ist damals als häufigste Todesursache «Gichter» – eine Krankheit, die sich in Krämpfen und Lähmungserscheinungen äussert – genannt. Die Säuglinge sterben in der Regel im Alter von einem bis fünf Monaten.

Für kurze Zeit bricht damals die europäische Geschichte in die kleine Welt zuoberst im Glatttal ein. Fremde Truppen besetzen die Schweiz während der Koalitionskriege. Im August 1799 bietet sich den Einheimischen ein besonderes Spektakel. Der russische General Alexander Korsakow zieht mit seinem Heer südlich des Herschmettler Haushügels Gerbel auf der alten Landstrasse Rapperswil–Zürich vorbei. Eine Woche später folgen die

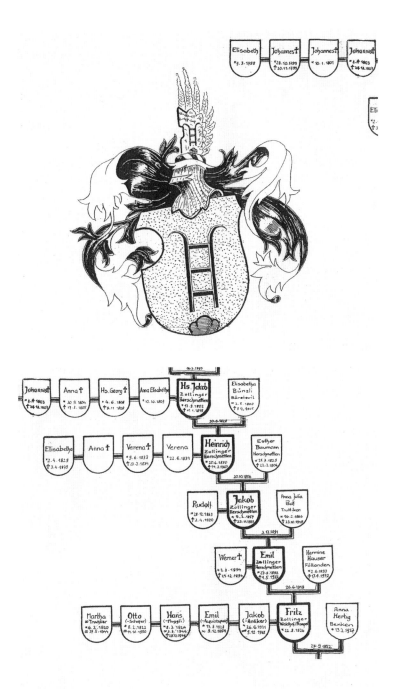

Das Wappen der Familie Zollinger mit einem Auszug aus dem Stammbaum. Jakob Zollinger hat es als 19-Jähriger recherchiert und in seiner Familienchronik dargestellt. In der untersten Reihe finden sich Jakob und seine fünf Geschwister.

verbündeten Österreicher unter General Friedrich von Hotze. Er bezieht mit 5300 Mann im nahen Grüningen Quartier. Ganz Herschmettlen soll dem Durchzug der Truppen staunend zugeschaut haben. Einen Monat später geht es in die umgekehrte Richtung zurück: Die in der zweiten Schlacht von Zürich geschlagenen Russen ziehen plündernd ostwärts ab, verfolgt von den siegreichen Franzosen. Vor allem auf den Höfen in der Fuchsrüti richten sie grosse Schäden an.

Doch zurück zu den privaten Angelegenheiten der Familie Zollinger. Die Brüderteilung führt auch zu einer Präzisierung des Familiennamens. Um die beiden Zollinger-Zweige auseinanderzuhalten, gibt man ihnen Beinamen. Seit Ezechiel haben seine Nachkommen den Beinamen «s'Zäche» getragen, jetzt kommt Felix hinzu. «S'Zäche Felixe» ist fortan der Beiname des Zweigs, dem Jakob Zollinger entstammt. Die Familie bleibt nicht untätig. Es gelingt Felix, durch zahlreiche Zukäufe sein Heimwesen in den folgenden Jahren markant zu vergrössern. Bei seinem Tod umfasst es nahezu acht Jucharten; vier Jahrzehnte zuvor waren es lediglich dreieinhalb Jucharten – eine Jucharte entspricht etwa dem dritten Teil einer Hektare. Der einzige Sohn von Felix, Hans Jakob, ist dann weit weniger rührig. Er ist auf dem Landhandel kaum aktiv und stirbt bereits 1858 mit 56 Jahren. Ob er selbst an der wenig ruhmreichen Züriputsch-Episode der Herschmettler beteiligt war, ist nicht belegt, es ist aber wahrscheinlich. Die konservativen Bauern auf der Landschaft zwingen damals die liberale Zürcher Regierung zum Rücktritt. Am 6. September 1839 zieht eine Schar Herschmettler, mit Stöcken und Knüppeln bewaffnet, gegen Zürich. Aber schon vor dem Wirtshaus Hirschen in Egg «muss der Durst grösser gewesen sein als ihr Patriotismus» heisst es in der Zollinger-Chronik. Die Männer bleiben im Wirtshaus hängen. «Als ihr Freiheitsdrang genug mit Flüssigem abgekühlt war, schenkten alle ihre Waffen der Wirtin als Brennholz» – so viel zu den Herschmettler Kriegshelden.

Die Ehefrau von Hans Jakob, Elisabeth Bünzli aus Bäretswil, stirbt bereits mit 45 Jahren. Von den fünf Kindern überleben drei, Sohn Heinrich (1830–1907) übernimmt das väterliche Erbe. In einem umfangreichen Auskaufsvertrag wird das Erbe detailliert aufgelistet. Die beiden Schwestern werden mit je 500 Franken für ihren Verzicht auf die Realteile entschädigt. Der vergleichsweise stattliche Hof bleibt also ungeteilt – eine gute Voraussetzung für die Zukunft der bescheidenen Existenz. Kommt hinzu, dass der junge Bauer in den Folgejahren Torfland und kurz darauf ein Stück Ackerland zukaufen kann.

Doch dieses gedeihliche Fortkommen hin zu einem bescheidenen Wohlstand findet in der Nacht vom 20. auf den 21. April 1870 ein jähes Ende. Die Bewohnerinnen und Bewohner von Herschmettlen haben sich an diesem Mittwochabend nach dem Schulexamen und dem anschliessenden Umtrunk in den beiden Dorfwirtschaften noch kaum schlafen gelegt, als um halb 12 Uhr nachts das Feuerhorn ertönt. Im Oberdorf steht eine kleine Scheune in Flammen. Ein Anwohner hat das Feuer gelegt, wie sich später herausstellt. Angefacht durch einen kräftigen Westwind breiten sich die Flammen in Windeseile aus. Zuerst fängt das angrenzende Dreifamilien-Flarzhaus Feuer, in dessen mittlerem Teil «s'Zäche Felixe» wohnen. Sie können bloss ihr Leben retten, sonst aber fast nichts. Auch die hinter dem Haus stehende, noch nicht versicherte Scheune geht in Flammen auf. Das Vieh kann bis auf zwei Schweine mit nachbarlicher Hilfe gerettet werden. Noch bevor die auswärtigen Feuerwehren eintreffen, brennen vier weitere Häuser, und das oberste im Dorf beginnt ebenfalls Feuer zu fangen. Es findet in den alten, hölzernen Häusern mit ihren Schindeldächern allzu leichte Nahrung, und zu allem Übel dreht plötzlich der Wind. Ein kräftiger Föhn bläst das Flammenmeer und die herumfliegenden Holzstücke in Richtung Mittel- und Unterdorf. Bis über den zwei Kilometer entfernten Rebberg am Bernet hinaus seien brennende Teile in Richtung Oberottikon geflogen, berichten Augenzeugen. Erst als die grossen Pumpenspritzen aus Hombrechtikon, Rüti, Hinwil und Wetzikon eintreffen, kann das Feuer wirksam bekämpft werden. Der Doppelflarz im Mitteldorf, in dem später Jakob Zollingers Familie wohnen wird, beginnt ebenfalls zu brennen, kann dann aber vor der gänzlichen Zerstörung bewahrt werden.

Am Morgen bietet sich in Herschmettlen ein schreckliches Bild: 13 Wohnungen und 9 Scheunen liegen in Schutt und Asche. 42 Menschen fehlt das Dach über dem Kopf. Im ganzen Oberdorf stehen nur noch drei Häuser. Die Habseligkeiten sind fast alle verloren. Die beiden Söhne Heinrich Zollingers, Jakob und Rudolf, haben trotz ihrer Wache nicht verhindern können, dass gerettete Gegenstände während der Wirren der Nacht verschwinden: vertauscht, verloren, gestohlen. In den folgenden Wochen sammelt der Gossauer Pfarrer Kägi in den Nachbargemeinden Hilfsgelder für die Geschädigten. Bis Ende Juni kommen 4221 Franken zusammen, die an die Opfer des Brands verteilt werden. Auch Kleider und Lebensmittel werden gespendet. Die Schilderung dieser Brandnacht und von deren Folgen hat Jakob Zollinger in einem Kapitel seiner Herschmettler Chronik festgehalten. Er hat dazu zeitgenössische Dokumente und Zeitungsartikel beigezogen. Vor allem aber hat er in jungen Jahren noch mit einem Augenzeugen sprechen können. Rudolf Rüegg (1859–1951) hat die Brandnacht als Elfjähriger miterlebt.

All die obdachlos gewordenen Bewohnerinnen und Bewohner von Herschmettlen beginnen nach dem verheerenden Brand, eine neue Existenz aufzubauen. Die Familie Zollinger bezieht für mehrere Monate die

Wohnung des Schulhauses im Mitteldorf. Die Brandreste werden abgetragen, die Fundamente entfernt. Keines der zerstörten Häuser wird am alten Standort wiederaufgebaut. Nur fünf der geschädigten Familien bleiben im Dorf, darunter «s'Zäche Felixe». Trotz einer nur geringen Versicherungsleistung gelingt es dem mittlerweile vierzigjährigen Heinrich, ein neues Haus mit Scheune aufzubauen. Er kauft dafür zwei Grundstücke, die sein eigenes umgeben. Wegen der finanziellen Notlage muss beim neuen Haus an allen Ecken und Enden gespart werden. Es wird vom Dürntner Baumeister Johann Jakob Hess gebaut und kostet lediglich 5500 Franken. Trotzdem muss es Heinrich sogleich an den Baumeister verpfänden. Auch in den Folgejahren ist Heinrich gezwungen, Schulden zu machen. Einmal sind es 200 Franken, zweimal sogar 1100 Franken.

Trotz der prekären Lage ist das Ehepaar Zollinger im Dorf sehr beliebt. Besonders Heinrichs Gattin, Esther Baumann (1828–1906), wird als gütige, liebevolle und intelligente Frau hochgeachtet. Sie schenkt den Nachbarskindern Trauben und Äpfel, und wenn Metzgete ist, werden Bittsänger – sogenannte Chrumbbeisänger – niemals abgewiesen. In ihren alten Tagen sitzt die rundliche Esther gern an der Sonne vor dem Haus. Dort gibt es Sträucher mit «Chruselbeeri» (Stachelbeeren) und «Sante Hanse Beeri» (Johannisbeeren), von denen sie im Herbst jeweils an die Kinder verschenkt, die es niemals wagen würden, von den Beeren zu stehlen.

In der Stube des neu gebauten Hauses stehen zwei Webstühle. An Wintertagen arbeiten daran Esther und ihr älterer Sohn Jakob. Vater Heinrich besorgt derweil zusammen mit dem jüngeren Sohn Rudolf das Vieh. Er ist ein ruhiger, zurückhaltender Mann, der sich aber durch Fleiss und grosse Gewissenhaftigkeit auszeichnet – Eigenschaften, die er seinen Nachkommen weitergibt und die bis tief ins 20. Jahrhundert hinein so etwas wie das weitherum bekannte und geschätzte Zollinger-Ethos bilden. Um die drückenden finanziellen Sorgen der Familie zu lindern, arbeiten die beiden Söhne nicht nur auf dem Hof. Rudolf hilft auf der Post Ottikon aus. Wegen unglücklicher Umstände verpasst es der hochintelligente junge Mann jedoch, nach dem Rücktritt von Statthalter Schaufelberger dessen Nachfolger auf der Post zu werden. Auch eine Försterstelle im Sennwald, die ihm ein festes Einkommen gesichert hätte, bekommt er nicht. Rudolf stirbt früh. Sein älterer Bruder Jakob arbeitet auf dem Landwirtschaftsbetrieb von Baumeister Hess in Dürnten. Weil er sich mit Reben bestens auskennt, wird ihm die Aufsicht über den Weinberg anvertraut. Besonders geschickt sind die beiden Zollinger-Brüder beim Turpen, dem Stechen von Torf. Zusammen mit dem Nachbarn Jakob Baumann, Stutze Schaagg genannt, kauft Vater Heinrich ein Stück Turpenland bei Betzholz. Doch kommt es bald schon zu Streitigkeiten, weil Stutze Schaagg angeblich immer die hochwertigeren

Stücke an sich reisst. Die beiden Zollinger-Brüder führen ihr Brennmaterial mit einem Kuhgespann nach Hombrechtikon und Stäfa, wo sie es verkaufen. Aber auch das Herschmettler Schulhaus wird mit zollingerschen Turpen warmgehalten, wie eine Rechnung aus dem Jahr 1875 belegt.

Dank Fleiss und Geschicklichkeit kommt die Familie langsam aus ihrer finanziellen Bredouille heraus. Vater Heinrich kann an die Zukunft seiner beiden Söhne denken. 1891 kauft er im Herschmettler Mitteldorf gegenüber der Weinschenke für 10 500 Franken ein kleines Heimwesen dazu. Neben einem Flarzhausteil mit Stall und Scheune umfasst es mehrere kleine, weit verstreute Stücke Acker-, Wies- und Riedland. Es wird 1907 von Sohn Jakob übernommen und bleibt für vierzig Jahre die Heimat der Zollinger. Das nach dem Brand von 1870 neu erbaute, aber stark verschuldete Haus im Oberdorf hingegen wird verkauft, weil Rudolf es nicht übernehmen will. Esther und Heinrich sterben mit einem Jahr Abstand 1906 und 1907. An der Abdankung für Heinrich in der Kirche Gossau erinnert Pfarrer J. J. Frei an den schweren Schicksalsschlag von 1870 mit den Worten: «Weinend und händeringend standen sie am Tag nach dem Unglück am Grab ihrer Habe.»

In der Zwischenzeit ist 1892 Emil geboren worden, der Vater von Jakob Zollinger, genannt Kobi. Emils Eltern sind Jakob Zollinger und Anna-Julia

Das Elternhaus von Jakob Zollinger und des Autors in Herschmetten. Links der Hausteil der Familie Zollinger, rechts jener der Familie Girschweiler. Neben der hinteren Haustüre steht Kobi als Bub in den 1930er-Jahren.

Bai aus Truttikon im Weinland. Anna-Julias Vater ist dort ein angesehener Schreinermeister und Rebbauer. Das junge Paar wohnt vorerst in einer gemieteten Wohnung im Oberdorf, zieht aber schon bald in den umgebauten Hausteil im Mitteldorf um. Ein zweiter Sohn des Paares stirbt zwei Jahre später mit nur neun Monaten an Diphterie. So muss Emil als Einzelkind im kleinen elterlichen Unternehmen schon früh tüchtig mithelfen. Die Familie ist stark verschuldet, und der Erlös aus dem kleinen landwirtschaftlichen Gewerbe reicht nicht aus. Da erhält Vater Jakob 1902 eine Teilzeitstelle als Strassenwärter beim Kanton und erzielt damit ein gesichertes Einkommen. Das ermöglicht es ihm, sich allmählich von der Last der Schulden zu befreien. Das dritte wirtschaftliche Standbein der Familie ist jenes von Mutter Anna-Julia. Sie arbeitet ganzjährig am Seidenwebstuhl in der Stube, im Winter bedient Jakob neben ihr einen zweiten. Aufträge bekommen sie von einem Stadtzürcher Seidengeschäft. Auch Emil hilft mit. Seine Aufgabe ist es, die Spülchen mit Seidenfaden voll zu spulen. Sie werden in die Webschiffchen eingelegt. Diese Tätigkeit liegt dem Buben nicht sonderlich am Herzen, und so kommt es öfter vor, dass die Qualität seiner Arbeit ungenügend ist, wie er in seinem eigenen Lebenslauf vermerkt.

Haben die Eltern einen dringenden Auftrag und leisten deshalb Überstunden, hat Emil Küchendienst. Kaffee kochen und Milch erwärmen sind auf dem einfachen, zweilöchrigen Sandsteinherd keine knifflige Sache. Hingegen braucht es einige Übung, bis das Kehren der Rösti in der Bratpfanne glückt, sodass am Schluss eine kompakte, braun gebrannte Scheibe auf dem Tisch dampft. Gelingt dieses kleine Kunststück, so ist sogar Vater Jakob zufrieden, der mit Lob sehr sparsam umgeht. Emil schreibt in seinem 1966 verfassten Lebenslauf, dass er eine glückliche Jugend gehabt habe. Der Vater habe sich als «ernster, nachdrücklicher, mit Gerechtigkeit gepaarter Erzieher entpuppt». Die sanfte, liebevolle und fromme Wesensart der Mutter habe aber Vaters eiserne Zucht und Disziplin zu mildern vermocht. Es ist eine Familienkonstellation, die sich in der nächsten Generation wiederholen sollte.

Der kleine Emil besucht gern und häufig seine Grosseltern Esther und Heinrich im oberen Bauernhaus. Er tritt 1899 in die dörfliche Sechsklassenschule bei Lehrer Emil Trachsler ein, weiterum als Brissago-Miggel bekannt. Emil zeigt sich interessiert und lernt leicht. So sind Lehrer und Eltern der einhelligen Meinung, er solle die Sekundarschule in Gossau besuchen. Emil ist nicht begeistert, fügt sich aber und marschiert drei Jahre lang zweimal täglich eine knappe Stunde nach Gossau und zurück. Wegen eines parteiischen Lehrers, der den Kleinbauernsohn schikaniert, wo er nur kann, verleidet Emil die Schule im dritten Jahr der Sekundarschule vollends. Als die Eltern und sein Primarlehrer ihn drängen, ins Lehrerseminar Küsnacht einzutreten, widersetzt sich der Schulmüde diesem Ansinnen vehement. Gern würde er dagegen eine Lehre als Bau- oder Maschinenzeichner absolvieren. Das aber kommt für den Vater nicht infrage: «Entweder du wirst Lehrer, oder du bleibst zu Hause und hilfst auf dem Hof», lautet seine unmissverständliche Botschaft. Emil fügt sich. Neben der Arbeit auf dem Hof geht er in die Fabrik nach Bubikon, in die Schraubenfabrik Frey in Wändhüsle. Später wechselt er in die Maschinenfabrik Rüti, die Joweid.

Ab 1914 muss er im Ersten Weltkrieg wiederholt Militärdienst leisten. Jedermann glaubt, der Spuk sei in ein paar Monaten vorbei. Doch der Abnützungskrieg in Europas Schützengräben zieht sich über vier quälend lange Jahre hin. 1916 lernt Emil bei Nachbarn eine junge Besucherin kennen, ein Mädchen, das ihm ins Auge sticht: Hermine Hauser, eine Bauerntochter aus Fällanden. Ein Jahr später verloben sie sich, 1919 findet die Hochzeit statt. Darauf folgt das für die Familie so wegweisende Jahr 1920.

Aus dem Exil zurück nach Herschmettlen

Als am 26. Juni 1931 der jüngste Sohn von Hermine und Emil Zollinger-Hauser in Riedikon-Uster seinen ersten Schrei ausstösst, stehen fünf ältere Geschwister an seiner Wiege. Martha ist elfjährig, Otto ist neun, Hans sieben. Fritz ist fünf und Emil, genannt Migg, dreijährig. Das neu geborene Kind bekommt wie zahlreiche seiner Ahnen den Vornamen Jakob, wird in der Familie und unter Freunden aber ein Leben lang Kobi – oder Köbi – genannt.

Die Familie wohnt in der Ustermer Aussenwacht Riedikon, nicht in Herschmettlen. Wegen eines familiären Zerwürfnisses, dessen Ursprung auf den Herbst 1920 datiert ist, lebt sie sechs Jahre lang im Exil. Im besagten Jahr hat sich im Leben des jungen Vaters Emil Entscheidendes zugetragen. Zwei Kolporteurinnen der Vereinigung der ernsten Bibelforscher gehen in Herschmettlen von Haus zu Haus. Sie bieten das Buch *Der göttliche Plan der Zeitalter* an. Emil Zollinger kauft es. Dazu erhält er einen Handzettel mit der Einladung zur öffentlichen Vorführung des *Photodramas der Schöpfung* an vier Abenden im Gossauer Gasthaus Löwen. Emil geht hin und ist begeistert. «Was ich da hörte, war wirklich Neuland, war aufrüttelnd, packend, ein weites Tor biblischer Erkenntnis öffnete sich gleichsam», schreibt er in seinem Lebenslauf, den er 1966 mit 74 Jahren verfassen wird. Es folgen Nachvorträge mit Bibelauslegungen in Wetzikon. Emil schafft sich alle sieben Bände der Schriftstudien an und sammelt die Zeitschriften. Er schliesst sich der Oberländer Gruppe der Bewegung an. Und er vollzieht 1923 an der Hauptversammlung der Schweizer Bibelforschervereinigung, wie die Zeugen Jehovas damals noch heissen, in der Zürcher Stadthalle die Wassertaufe als öffentliches Bekenntnis zur Gemeinschaft. Seine Ämter in der Gemeinde, so das Präsidium des Musikvereins Gossau, gibt Emil Zollinger ab. Jetzt fühlt er sich frei für seine missionarische Arbeit. Seine Gattin Hermine duldet das Engagement widerspruchslos. Nach und nach macht sie selbst mit und lässt sich später auch taufen. Die Kinder Martha und Fritz schliessen sich zusammen mit ihren späteren Familien und Nachkommen ebenfalls den Zeugen Jehovas an. Hans und Migg stehen rasch abseits, und Otto und Kobi lavieren lange. Erst mit der Gründung seiner Familie distanziert sich Kobi endgültig. Obwohl Emil und Hermine tief überzeugt sind von ihrer Sache und weiterum im Oberland neue Glaubensgefährten anzuwerben trachten, akzeptieren sie, dass sich einzelne Kinder abwenden. Das bestätigen zwei spätere Schwiegertöchter: «Mein Schwiegervater ermunterte mich einmal, ebenfalls zu den Versammlungen nach Wetzikon zu kommen, mein Nein akzeptierte er aber klaglos. Und er hat mich nie wieder zu bekehren versucht», sagt Jakob Zollingers spätere Frau Elisabeth Zollinger-Anliker heute. Und ihre Schwägerin Carolina Zollinger-Acquistapace, die Ehefrau von Migg, machte exakt die gleiche Erfahrung.

Der Wandel seines Sohnes Emil zum religiösen Eiferer passt Vater Jakob ganz und gar nicht. Er hat gehofft, sein einziger Sohn würde eine politische Karriere machen. Immer heftiger lässt er Emil seine Abneigung gegenüber dessen Engagement spüren. Und dies, obwohl der Sohn alles unternimmt, um seine Pflichten auf dem Hof und innerhalb der Familie nicht zu vernachlässigen. 1924 eskaliert der Zwist. Jakob droht, Emils Familie vom Hof zu jagen. Auch mehrere Aussprachen mit dem Vater bringen für Emil keine Versöhnung. Mutter Anna-Julia steht unglücklich zwischen den Fronten und versucht nach Kräften, zu vermitteln und zu schlichten. Doch im Herbst 1925 sieht sie ein, dass es besser ist, wenn die junge Familie auszieht. Zwar ist ihr bang, mit ihrem griesgrämigen Gatten allein zurückzubleiben, doch sie denkt an das Wohlergehen ihrer drei Enkel und trennt sich schweren Herzens von ihnen.

Die Familie Zollinger 1924. Links Hermine und Emil Zollinger-Hauser, vorne das Grosselternpaar Anna und Jakob Zollinger-Bai. Dazwischen die kleine Martha und eine Schwester von Anna im Hintergrund.

Erste Station im Exil ist Ettenhausen-Wetzikon, wo die junge, mittlerweile fünfköpfige Familie eine preiswerte Wohnung findet. Doch ein halbes Jahr später zieht sie auf den Gossauer Berg weiter, weil Emil in der Schreinerei Trüeb in der Unterottiker Chindismüli eine Stelle gefunden hat. Nach der Geburt der Söhne Fritz und Migg zieht die Familie 1928 nach Nänikon. Emil arbeitet jetzt in einer Ustermer Holzbaufirma. Weil die Wohnung Mängel aufweist, ziehen sie aber bald nach Riedikon um, wo im Sommer 1931 ihr jüngster Sohn Kobi geboren wird.

Wenige Monate später erleidet Jakob Zollinger in Herschmettlen einen Schlaganfall, dem er Tage später erliegt. Jetzt stellt sich für Emil und seine Familie die Frage: Bleiben, wo sie sind, oder nach Herschmettlen zurückkehren? Emil würde gern bleiben, denn er hat in Uster eine ihm zusagende und gut bezahlte Stelle, der Patron will ihn auch nicht ziehen lassen. Doch Anna-Julia Zollinger möchte ihr Herschmettler Heim nicht verlassen. Und die Gossauer Behörden setzen sich dafür ein, dass Emil die Strassenwärterstelle seines Vaters bekommt, denn allein mit dem bescheidenen Hof lässt sich die neunköpfige Familie nicht durchbringen. So kehrt Emil mit Hermine und den sechs Kindern Anfang 1932 nach Herschmettlen zurück. Er ist verantwortlich für den Unterhalt der damals noch ungeteerten Staatsstrassen Herschmettlen–Birch, Fuchsrüti–Hanfgarten und Hanfgarten–Grund–Herschmettlen, zusammen rund sechs Kilometer. Damit wegen dieser ausserhäuslichen Arbeit Vieh, Äcker, Obstbäume, Wiesen, Weiden und Riedland nicht vernachlässigt werden, muss die Jungmannschaft tüchtig mithelfen. Kinderarbeit also zuhauf, damals so selbstverständlich wie nötig.

Die junge Familie wohnt nun also wieder in Herschmettlen, dieser etwas besonderen Siedlung weitab der grossen Oberländer Zentren. Ob es ein Dorf oder doch nur ein Weiler ist, ist umstritten. Anfang der 1930er-Jahre gibt es immerhin noch zwei Dorfwirtschaften, den «Sonnenhof» im Unterdorf und die Weinschenke gleich gegenüber dem zollingerschen Doppelhaus im Mitteldorf. Auch hat es einen Dorfladen für den täglichen Bedarf und eine Sennhütte zuunterst im Töbeli. Sie wird dann 1937 zusammen mit der Käserei in der Fuchsrüti stillgelegt, als die Herschmettler und die Fuchsrütler Bauern gemeinsam eine neue Käserei an der Hauptstrasse im Ermisriet bauen. An der Strassengabelung im Mitteldorf steht das stolze Schulhaus. Zum Schulkreis Herschmettlen gehören auch das Ermisriet im Westen und die Fuchsrüti im Süden sowie der Weiler Hellberg im Nordosten, hinter dem Sennwald. So hat Lehrer Emil Trachsler nicht selten um die fünfzig Schülerinnen und Schüler in seiner Schulstube zu belehren, zu bändigen und wenn nötig zu züchtigen.

Die Herschmettler Familien bilden zwei Gruppen: die Bauern und die Fabrikarbeiter. Selbstständige Handwerker gibt es kaum, dafür fehlt die

Kundschaft. Wer keinen eigenen Hof hat, arbeitet auswärts in einer Fabrik, hauptsächlich in der Schraubenfabrik Frey in Wändhüsle-Bubikon oder in der «Hösli», der Papierhülsenfabrik Robert Hotz und Söhne beim Bahnhof Bubikon. Nicht wenige der Fabrikarbeiter haben zu Hause noch ein Stück Land hinter dem Haus und halten ein Schwein, ein Rind oder ein paar Ziegen. Die Bauern gehen einer körperlich anspruchsvollen Arbeit nach: Kuh- und Ochsengespanne dominieren, Maschinen, welche die Arbeit erleichtern würden, gibt es noch nicht. Es kommt zu Rivalitäten und kleinen Reibereien zwischen den Bauern und den Fabrikarbeitern. Die Bauern beneiden die «Fabrikler» um ihre geregelten Arbeitszeiten und ihren bescheidenen Ferienanspruch. Die Arbeiter missgönnen den Bauern wiederum ihre Freiheiten und die reichhaltiger ausfallende Selbstversorgung. Doch die kleinen Sticheleien hindern die Frauen und Männer nicht daran, wöchentlich die Proben des Frauen- und Töchterchors beziehungsweise des Männerchors in Ottikon zu besuchen, anschliessend kehren sie jeweils gemeinsam ein.

Die Herschmettler gelten seit jeher als eigenwilligste Dorfgemeinschaft in Gossau mit einem starken Zusammenhalt. Das gilt bis heute. Zusammen mit Bertschikon, Grüt und Ottikon gehört Herschmettlen zu den Gossauer Aussenwachten. Der Bezug zum Gemeindezentrum ist lose. Gossau ist weit weg. Man geht dort in die Sekundarschule, man besucht sonntags allenfalls den Gottesdienst in der Kirche oder bemüht sich, an einer Gemeindeversammlung teilzunehmen. Die Bauern holen im Lager der Landwirtschaftlichen Genossenschaft auf dem Gossauer Berg ihren Dünger und ihr Saatgetreide. Sonst aber arbeiten die Herschmettler, wenn auswärts, dann in Bubikon. Für Einkäufe sind Wetzikon, Rüti und selbst das Städtchen Grüningen attraktiver. Und das Tor zur weiten Welt sind in dieser noch fast autolosen Zeit der Bahnhof Bubikon oder das Bahnhöfli der Wetzikon-Meilen-Bahn in Unterottikon.

So orientieren sich die Herschmettler, wenn auch in kleinräumigen Verhältnissen zu Hause, doch nach allen Himmelsrichtungen. Topografisches Symbol für diesen Blick hinaus in die Welt ist der Gerbel, ein runder, etwas quer in der durch Eis und Schnee gestalteten Landschaft liegender Moränenhügel. Er liegt auf der Wasserscheide von Glatt und Jona und exakt auf der Gemeindegrenze zwischen Gossau und Bubikon. Es ist ein Ort, von dem aus der Blick über mehr als ein Dutzend Kirchtürme im Oberland, am Greifensee, am Pfannenstiel und am Südufer des Zürichsees schweift. Hier auf diesem Hügel hütet Kobi Zollinger zusammen mit seinem Bruder Migg schon als kleiner Bub Kühe. Es mag sein, dass er deswegen zeitlebens den Gerbel als Zentrum seines Fühlens, Denkens und Handelns beschreibt. Sinnigerweise steht dort oben heute eine Ruhebank zu seinen Ehren, und sein wunderbar gezeichnetes Panorama lädt Wanderer dazu ein, die Gipfel der

Glarner- und Innerschweizer Alpen benennen zu lernen. Schon als kleiner Junge setzt sich Kobi in den Kopf, all die Gipfel, die er vom Gerbel aus sehen kann, einmal in seinem Leben zu besteigen. Ein Vorhaben, das der begeisterte Berggänger dann auch umsetzt.

Kobi verschafft sich Respekt

Der Jüngste hat in Familien oft eine besondere Stellung. Das ist auch bei der Familie Zollinger in den 1930er-Jahren so. Der Abstand zum nächstälteren Bruder Migg beträgt anders als die zwei Jahre zwischen den restlichen Geschwistern drei Jahre. Nicht, dass Kobi allzu sehr verwöhnt wird, aber weil es genug kräftigere Hände zum Anpacken gibt, fällt seine Abneigung gegen körperliche Arbeit nicht schwer ins Gewicht. Kaum kann er richtig gehen und reden, beginnt er, seine Umgebung zu erforschen. Natürlich hört er in der Familie aufmerksam zu, wenn seine Geschwister Neuigkeiten austauschen. Von seinem Vater und von der Grossmutter Anna-Julia Zollinger hat er das wache Interesse für alles, was sich ereignet, geerbt. Seine eigentlichen Mentoren aber sind Frieda und Oskar Baumann. Das Geschwisterpaar, das wenige Schritte oberhalb des zollingerschen Hauses einen Bauernhof betreibt, ist belesen und vielseitig interessiert. Frieda erzählt dem aufgeweckten Knaben aus früheren Zeiten und rezitiert aus ihrem unglaublichen Fundus Kinderreime und Gedichte. Oskar weiss alles über die Geschichte des Dorfes, die Arbeit in der traditionellen Landwirtschaft und kennt unzählige Sagen und Legenden. Er sitzt als Vertreter von Herschmettlen 27 lange Jahre im Gossauer Gemeinderat und ist Mitgründer der lokalen Sektion der Bauern-, Gewerbe- und Bürgerpartei (BGB). Und er ist 1930 – in der schweren Zeit der Weltwirtschaftskrise – der Initiant zur Gründung der Raiffeisenkasse Gossau, der einzigen im Zürcher Oberland. Oskar dient ihr auch als langjähriger erster Präsident. Frieda und Oskar lehren Kobi, die Natur genau zu beobachten, und erklären ihm das wundersame Tun der Bienenvölker, die sie in ihren Körben an der Scheunenwand und im nahen Brännhüsli halten. Wenn der junge Kobi Zollinger später seine Zeitungsberichte zu naturkundlichen oder geschichtlichen Themen verfasst, ist Frieda stets die erste Leserin, Oskar der erste Leser. Und nichts ist ihm wichtiger als ein anerkennendes Wort von ihnen.

Die häusliche Aufgabe, die Kobi am liebsten übernimmt, ist das Hüten des Viehs auf dem Gerbel. An Hanfstricken führen Migg und Kobi die drei, vier Kühe auf den nahen Hügel hinauf. Dort müssen sie dafür sorgen, dass Netti, Flori, Schäfli oder Brüni keine fremden Kräuter fressen. Zäune gibt es nicht, und die beiden Buben haben stets darauf zu achten, dass ihre Kühe nicht auf Nachbars Grundstück grasen. Die Nachbarbuben von der Familie Hefti haben für die eigenen Kühe dieselbe Aufgabe. Wenn die Hirten ihre Pflicht vernachlässigen und es zu Reklamationen kommt, bricht bei Zollingers ein zürichdeutsches und bei Heftis ein Donnerwetter in Glarnerdialekt los. Beide Väter sind bekannt für ihr strenges Regime gegenüber ihrem Nachwuchs. «Unser Vater war sehr streng, aber gerecht», bemerkt Fritz Zollinger Jahrzehnte später, und sein Bruder Emil pflichtet ihm bei. Ab und zu habe es Schläge gegeben, aber nie seien sie unverdient gewesen.

Natürlich hecken die Viehhüter gemeinsam den einen oder anderen Bubenstreich aus. Einmal stehlen Migg, Kobi und ein Kamerad in der Fuchsrüti Eier und veranstalten mit ihnen ein klebriges Schützenfest. Der Geschädigte meldet den Vorfall Vater Zollinger, der die Buben bestraft. Ein andermal wirft ein Verdingbub bei Oskar Baumann aus der Scheune Trester auf eines der damals noch selten vorbeifahrenden Autos hinunter. Der Automobilist schreibt daraufhin einen zornigen Brief an Dorflehrer Robert Merz. Einen besonderen Streich weiss auch Walter Kunz aus der Fuchsrüti zu erzählen. 1938, er selber ist erst vier Jahre alt, Kobi Zollinger schon sieben, beobachtet die Mutter von Walter am Sonntagmorgen, dass Buben auf dem Dach der alten Sennhütte in der Fuchsrüti herumklettern und Scheiben einschlagen. Vater Kunz hat die stillgelegte Käserei erst kurz zuvor erworben. Am Samstag darauf kommt Kobi vorbei – er trägt wie üblich das *Gelbe Heft* aus, eine illustrierte Zeitschrift, deren Vertrieb die Zollingerbuben organisieren. Mutter Kunz erkennt am schön gemusterten Pullover einen der sonntäglichen Übeltäter. Sie kann sich eine Bemerkung nicht verkneifen und meint, Vater Zollinger solle seine Kinder am Sonntagmorgen besser in die Sonntagsschule schicken, anstatt sie in der Nachbarschaft vandalieren zu lassen. Es ist eine kaum verkappte Anspielung auf Emil Zollingers Engagement bei den Zeugen Jehovas in Wetzikon.

Kobi beim Hüten der Kühe auf dem Gerbel – seine Lieblingsbeschäftigung auf dem elterlichen Hof. Die Weide hat keinen Zaun, der Hirte muss also sehr aufmerksam sein.

Als frech oder aufmüpfig kann man Kobi wegen solch einzelner Eskapaden aber nicht beschreiben. Vielmehr ist er ein zurückhaltender, oft in sich gekehrter, stiller Knabe, «mit starkem Hang zum Grüblerischen», wie es sein Lieblingsbruder Migg ausdrückt. Er beklagt sich bei seinen Geschwistern immer wieder, weil er sich einsam fühlt. Doch Einsamkeit und Langeweile weiss er schon früh kreativ zu nutzen. Kaum ist er des Lesens mächtig, verschlingt er Bücher. Er liest, was er in der Bibliothek seines Vaters oder bei den Baumann-Geschwistern findet oder was ihm Migg zusteckt: Heimatliteratur, Romantisches, Abenteuerromane, Klassiker, Lexika, aber auch Krimis und Schundhefte.

Kobi fehlt es keineswegs an Inspiration, und er beginnt zu schreiben. Er hat ebenso wie sein Vater und seine Geschwister Talent. Von seiner ersten Schulreise aufs Rosinli und auf den Pfäffikersee am 23. Juli 1938, einem heissen Sommertag, schreibt er einen detaillierten Bericht mit nur wenigen orthografischen Fehlern in ein winziges, selbst gebasteltes Heft. Und nur zwei Monate später entschliesst er sich, publizistisch aktiv zu werden. Im Selbstverlag namens Tierfang gibt er eine eigene Illustrierte heraus, die Herschmettler Heimat-Zeitung. Auf kleinste Blätter im Format 5,5 mal 7 Zentimeter schreibt er mit Bleistift Erlebnisse und Gedanken nieder. Dabei zeigt sich auch gleich sein zweites grosses Talent: das Zeichnen. Er wird die Symbiose zwischen Text und Illustration ein Leben lang in all seinen Publikationen beibehalten und pflegen. → S. 158–171

Für sich allein gestaltet er sein Werk nicht, es soll ja eine richtige Illustrierte sein. Bruder Migg ist anfänglich Mitherausgeber und erster Abonnent, seine Nachbarin Frieda Baumann die zweite. Später gehören zum treuen Leserkreis zuerst auch zwei, schliesslich drei Brüder Rüegg aus dem Unterdorf. Die fünfköpfige Leserschaft ist organisatorisch zusammengeschlossen: zuerst im Naturschutzbund, später im Heimatbund. Kobi lässt sein einziges, handgefertigtes Exemplar unter den Abonnenten zirkulieren und erhält es am Schluss zurück. Ordentlich wie er ist, sammelt er alle Exemplare über die Jahre hinweg in einer Kartonschachtel. Volle sechs Jahre, nur mit geringen Unterbrüchen, erscheint sein Werk erst im Wochenrhythmus, später monatlich. Nach und nach wird es grösser und endet 1944, im «Grossformat» 10 mal 14 Zentimeter.

Der Inhalt zeugt von Anfang an von den vielfältigen Interessen Kobis. Er porträtiert in kleinformatigen Farbstiftzeichnungen alte Schweizer Städte. Oder er stellt in Bild und Legenden zehn Kleearten vor. Ein andermal sind es vier Fasanenarten mit sehr schönen Farbstiftzeichnungen. Er beschreibt eine naturkundliche Wanderung im Mai. Dann wiederum startet er eine Serie von Porträts berühmter historischer Gestalten, meist mit einer Zeichnung auf dem Titelblatt: Johann Wolfgang von Goethe, Gottfried Keller, Königin Wilhelmina von den Niederlanden, Ludwig Uhland, Königin Victoria, William Shakespeare und die Frau von General Guisan finden sich darunter. Ein Schadenfeuer im Ritterhaus Bubikon nimmt Kobi zum Anlass für einen geschichtlichen Abriss zur prächtigen Johanniteranlage in seiner Nachbarschaft. Zum 1. August und zu Weihnachten gibts thematische Sondernummern.

Naturkundliche, historische und geografische Themen nehmen viel Raum ein. Aber auch eine Rätselecke und die Rubrik «Lustig» finden immer wieder Platz. Ein Beispiel: Der kleine Heiri murmelt beim Mittagessen vor sich hin: «Das isch schlächt.» Die Mutter ist erstaunt: «Du hast doch sonst das Voressen gern – oder hast du am Ende eine Gewürznelke erwischt?» Tatsächlich grübelt der Kleine zwischen seinen Zähnen ein solches Objekt hervor, legt es auf den Tisch und sagt, indem er es betrachtet: «Näi, es isch e Schruube.»

Selbstverständlich hat die illustrierte Heimat-Zeitung auch Inserate. Kobi erfindet Waschmittel- und Schokolademarken und preist deren Produkte an. Der Alleinredaktor macht Werbung für seine Leihbibliothek, bei der sich Abonnenten für eine Gebühr von einem Rappen pro Woche und Buch mit Lesestoff eindecken können. Oder er wirbt für die Heimataus-

Frieda Baumann mit ihren Hühnern. Die Herschmettler Nachbarin weckt im kleinen Kobi die Wissbegierde und stillt sie mit zahlreichen Geschichten und Versen.

stellung, welche die Zeitung alljährlich organisiert und die in der Stube von Frieda Baumann im Oberdorf stattfindet – inklusive Verköstigung. Frieda bereitet aus diesem Anlass jeweils eine Apfelwähe in ihrer alles andere als ordentlichen Küche inmitten von Hühnern und Katzen zu. Doch Migg Zollinger betont noch achtzig Jahre später: «Das Essen bei Frieda schmeckte uns besser als dasjenige zu Hause.»

Der Redaktor und Verlagsleiter in Personalunion richtet sich immer wieder mit wichtigen Mitteilungen an seine Leserschaft, so im Sommer 1944, im Alter von 13 Jahren:

«Brief an die Abonnenten

Die Heimat-Zeitung ist nun seit Mitte April nicht mehr erschienen.
Es war mir leider nicht möglich, sie regelmässig erscheinen zu lassen.
Dagegen ist diese Nummer nun eine prächtige Doppelnummer.
Sie hat 28 Seiten! So dick und bunt war bis jetzt noch nie eine Heimat-Zeitung.
Da ich nun diesen Sommer nicht mehr viel Zeit zum drucken habe, habe ich beschlossen, dass die Heimat-Zeitung über den Sommer im Monat nur noch einmal erscheint. Dagegen wird sie immer 28 Seiten haben und viel reichhaltiger und schöner gestaltet sein. Ich schreibe sie dann auch mit Tinte, da diese viel besser leserlich ist.
Ich hoffe, dass dieser Plan meinen Lesern gefällt.
Hochachtungsvoll
Redaktor
J. Zollinger»

Seine Zeitung wird wie bereits erwähnt von einem Bund getragen: Naturschutzbund heisst er zuerst. Eines Tages stellt der Verleger fest, dass der ursprüngliche Name Tierfang-Verlag töricht sei. Woher er diesen Namen genommen hat, weiss wohl nur Kobi selbst. Heimat-Verlag passe viel besser zu Heimat-Zeitung, findet er nun, und so wird auch der Naturschutz- in einen Heimatbund umgewandelt.

Dennoch sind die Natur und deren Schutz schon dem Knaben ein grosses Anliegen, er ist ein Umweltschützer zu einer Zeit, in der es diesen Begriff noch gar nicht gibt. So empört er sich über ein Erlebnis auf einem Spaziergang und entschliesst sich, dem Redaktor der Heimat-Zeitung – also sich selbst – einen Leserbrief zu schicken.

«Ein trauriges Beispiel eines Naturschänders

Ich schritt eine sanft absteigende Strasse hinunter. An beiden Seiten der Strasse waren steile Böschungen, die mit Wiesensalbei und Schafgarbe bewachsen waren. Ich spähte zwischen die Kräuter, ob ich auch einige Erdbeeren fände. Aber ich fand nichts. Ich schritt weiter. Am Boden bemerkte ich etwas. Und was sah ich da? Im Strassen-

graben lag ein dicker, grosser Strauss Margueriten. Die grössten und schönsten Margueriten waren abgerissen worden, um dann auf schändlichste Weise fortgeworfen zu werden. Der Strauss war schon dürr und beschmutzt, sonst hätte ich ihn mit nach Hause genommen – Naturfreunde! lasst das gesagt sein. Bekämpft diese schändliche, ja grausame Untugend des Blumenfortwerfens!
J. Z.»

Man liest diese Zeilen mit Schmunzeln und erahnt darin bereits den hartnäckigen Naturschützer späterer Tage. Im Herbst 1944 wird die Heimat-Zeitung eingestellt. Kobi besucht jetzt die Sekundarschule in Gossau und setzt sich für seine publizistische Freizeittätigkeit neue Ziele.

Bei allem schriftstellerischen Eifer, der neben der Heimat-Zeitung auch noch unzählige erfundene Geschichten oder naturkundliche Sammlungen in Kleinformat hervorbringt: Nur aus Schulbankdrücken und Schreiben besteht der Alltag im Hause Zollinger nicht. Kobi betreibt zusammen mit Migg auch noch einen Reisebund. Dieser führt mit einer Handvoll Mitglieder an den Wochenenden Exkursionen in die nächste und etwas weitere Umgebung durch. Die Teilnehmer sind stets mit Botanisierbüchsen ausgestattet und sammeln fleissig interessante Objekte in der Natur. → S. 172–175

Und auch wenn er sie nicht liebt: Die Arbeit auf dem Hof fordert auch Kobis Mithilfe. Was da im Verlauf eines Jahres an Arbeiten zu leisten ist, beschreibt er in seinem ersten Tagebuch. Am 1. Januar 1943 nämlich, im Alter von elfeinhalb Jahren, beginnt er, Tagebuch zu führen. Eine Gewohnheit, die er abgesehen von einem einzigen längeren Unterbruch zeitlebens beibehalten wird. In den ersten Jahren finden sich Einträge für jeden Tag, eine Art Kurzprotokoll des Tagesablaufs. Ein paar Jahre später hat er sich als Seminarist die Mühe gemacht, seinen ersten Tagebuchjahrgang im Hinblick auf die auf dem Hof anfallenden Arbeiten genau durchzusehen. Darum ist in der zollingerschen Familien- und Hofchronik für 1943 ein Arbeitsprotokoll für das ganze Jahr zu finden. Es sind Verrichtungen, die der Jüngste weitgehend selbst hat leisten müssen, rund 115 Einträge. Ein kleiner Auszug: Am 5. Januar gilt es den frisch gefallenen Schnee vom Hausplatz zu räumen und Stroh für die Lager der Kühe zu schneiden. Am 17. Februar ist die Schnapsbrennerei auf der Stör, und der Trester muss zum Brennen herangetragen werden. Am 14. März spaltet Kobi den ganzen Tag lang Holz. Am 4. April hütet er erstmals in diesem Jahr das Vieh. Am 19. Mai beginnt die Heuernte. Im Strasset muss Gras gemäht und «gezettet», mittags gewendet und abends «geschöchelt» werden. Am 24. Juni müssen Kirschen gepflückt werden. Am 28. Juli wird auf dem Heuboden der Raps mit Flegeln gedroschen. Am 4. September lautet der Eintrag «Zwetschgen geschüttelt, Strassenemd eingebracht, gemostet». Am 14. Oktober werden Runkeln ausgerissen und geputzt. Am 16. November führt Kobi mit den Kühen Netti und Brüni Mist auf die Felder. Am 9. Dezember lehrt er Ochse Sepp das Ziehen eines Wagens.

Luxus sucht man vergeblich im kleinen Hausteil im Herschmettler Mitteldorf. Die Buben schlafen zu viert im gleichen Zimmer, je zwei teilen sich ein Bett. Immerhin leidet die Familie dank dem Strassenwärtereinkommen von Vater Emil seit ihrer Rückkehr nach Herschmettlen keine Not. Der Speisezettel umfasst vor allem Eigenes und nahrhaftes Essen. Migg Zollinger erinnert sich: Zum Frühstück gabs gesottene Milch mit getunkten Brotmocken, ab und zu auch Haferbrei. Beim Zmittag war die Suppe wichtig. Dazu gab es Kartoffeln, viel Gemüse, ab und zu Fleisch. Die besten Stücke verzehrten stets der Vater als Familienoberhaupt und allfällige Besucher. Die Mutter und die Kindern gingen oft leer aus, reklamierten aber nicht. Beim Znacht war die Rösti wichtig. Und Mutter Hermine buk viel. Immer eigenes Brot, nur dunkles natürlich – Weissbrot oder «Gipfeli» kannte man nicht. Auch wunderbare Kuchen mit Nüssen kamen regelmässig auf den Tisch. Ganz zu schweigen von den geliebten Wähen, die mit Zwiebeln, Spinat, eigenen Kirschen, Zwetschgen oder Äpfeln belegt waren. Das Lieblingsdessert des Zollinger-Nachwuchses war aber «gschwungne Nidel», also Schlagrahm nature ohne Beigabe und selbstverständlich aus Milch der eigenen Kühe hergestellt.

Gegen Ende der 1930er-Jahre verringert sich dann der finanzielle Druck. Denn jetzt beenden die ersten Kinder die Schule und treten ins Erwerbsleben ein. Martha macht ein Haushaltlehrjahr am Zürichsee, geht dann für ein Jahr ins Welschland und absolviert anschliessend eine Verkäuferinnenlehre in Bäretswil. Nach dem frühen Unfalltod ihres Gatten Karl Trachsler arbeitet sie dann mehr als ein Vierteljahrhundert als Chefsekretärin in der Gossauer Accum. Otto arbeitet zuerst wie einst Vater Emil bei «Schrüübli»-Frey in Bubikon, später wird er Strassenwärter beim Kanton – eine Familientradition. Hans, begeisterter Funkamateur, arbeitet an verschiedenen Orten, bis er bei Siemens in Zürich seine Technikbegeisterung ausleben kann. Fritz entschliesst sich für die Landwirtschaft. Und Migg wird Maler und wandert 1961 nach Kalifornien aus. Die Löhne geben die jungen Erwachsenen – bis auf ein kleines Sackgeld – zu Hause ab. Und so abonniert die Familie bald Zeitschriften, hat ein Radio und den ersten Telefonapparat weit und breit. «Wir bildeten deshalb ein kleines Dorfzentrum», erinnert sich Migg.

Vor allem samstags und sonntags hat Kobi mitunter eine besondere Aufgabe. Er geht mit seiner Mutter auf Mission – in Bubikon, in Wolfhausen und in anderen Dörfern der Umgebung. Es sind kaum Bemerkungen erhalten, wie er sich zu dieser Aufgabe gestellt hat. Nur einmal findet sich im Tagebuch der Hinweis, er habe sich geweigert, mit Vater Emil in Rapperswil missionieren zu gehen, was Mutter Hermine sehr erbost habe. Die strenge Religiosität von Vater Emil äussert sich in der Familie in einem täglichen, längeren Tischgebet und in wöchentlichen Andachten. Solche besucht auch der Nachwuchs gelegentlich in Wetzikon – der fünf Kilometer lange Weg wird zu Fuss zurückgelegt. Migg Zollinger sind die spannenden Erlebnisse unterwegs, im Ambitzgiried oder im Sennwald, stärker in Erinnerung geblieben als die Unterweisung in den Versammlungen.

Im Zweiten Weltkrieg dann bekommt Emil Zollinger Ärger. Als Zeuge Jehovas weigert er sich, mit einer todbringenden Waffe wie dem Karabiner in den Militärdienst einzurücken. So kreuzt der Gossauer Polizist im Herschmettler Mitteldorf auf. Emil Zollinger habe sich sofort nach Pfäffikon zu begeben. Dort sitzt er im Sommer 1940 nach einer Verurteilung vor dem Militärgericht eine mehrmonatige Haftstrafe als Dienstverweigerer ab. Sonntags pilgert seine Familie zur moralischen Unterstützung dorthin. Und sie erhält vom Vater regelmässig Briefe aus dem Gefängnis. Als Emil Zollinger entlassen wird, verdrückt die Frau des Verwalters ein paar Tränen. Zu gern hätte sie den geschätzten Assistenten weiterhin an der Seite ihres Gatten gesehen. Emil Zollinger fungiert gegenüber den Ganoven aller Art als Hilfswärter, ja er predigt ihnen gar und hat die Erlaubnis, seine Zeitschriften zu verteilen.

Zu Hause betreibt der neunjährige Kobi in dieser Zeit sein kleines Unternehmen und führt dabei die Tätigkeit seiner älteren Geschwister fort. Zollingers verwalten Zeitschriften aus dem Hause Ringier. Kobi ist der Manager. Er setzt fürs Verteilen von *Ringiers Unterhaltungsblätter,* vom *Schweizer Heim,* der *Schweizer Illustrierten, Gartenlaube* und *Schweizer Familie* fürs Einkassieren und die damit gekoppelte Versicherung auch Schulkameraden ein, führt die Buchhaltung und zahlt die Botenlöhne aus. Nicht immer sei das lustig gewesen, erinnert sich Migg Zollinger. Da gibt es einsame Höfe mit bösen Hunden, vor denen den Zollinger-Buben graut. Und dann gibt es wiederholt Ärger mit den Finanzen. Ist jemand nicht zu Hause, legen die Buben die Zeitschriften neben die Haustür. Beim nächsten Mal behaupten Abonnenten dann jeweils keck, sie hätten vor einer Woche schon bezahlt. Mit seinen vielseitigen Aktivitäten verschafft sich der Jüngste innerhalb der Familie und darüber hinaus auf jeden Fall schon früh gebührenden Respekt.

Schülerlust

So mitteilsam Jakob Zollinger zeitlebens bezüglich seiner Forschungsergebnisse zu den verschiedensten Themen gewesen ist, so wenig hat er den Mitmenschen seine innersten Gefühle offenbart. So findet sich in der umfangreichen Hinterlassenschaft auch kein Hinweis auf seine Gefühlslage am ersten Schultag. Weil er sehr wissensdurstig ist, ist anzunehmen, dass er sich auf diesen besonderen Tag im April 1938 freut. Sein Schulweg ist kurz – keine 300 Meter liegt das Schulhaus an der Dorfkreuzung vom zollingerschen Doppelfl arzteil entfernt. Kobi weiss bestimmt genau, was da auf ihn zukommt. Bruder Migg sitzt im gleichen Schulzimmer in der vierten, Fritz in der sechsten Klasse. Sie werden ihm schon einiges über das strenge Regime von Lehrer Robert Merz erzählt haben. Der junge Lehrer hat drei Jahre zuvor das Erbe des legendären Herschmettler Langzeit-Schulmeisters Emil Trachsler angetreten. Trachsler ist 1935 nach 44 Berufsjahren in den Ruhestand getreten.

Sechs Erstklässler sind es, die im grossen Schulzimmer auf eine Schar Zweit- bis Sechstklässler treffen. Hans Rüegg aus dem nahen Unterdorf, Hans Obrist aus der Fuchsrüti, Trudi Woodtli, Rös Meier und Vreni Egli, alle aus dem Hellberg hinter dem Wald, das sind Kobis Klassenkameraden. Ausser Hans Rüegg kennt er sie noch kaum. Rasch bildet sich eine klare Hierarchie innerhalb der Klasse heraus: Kobi ist der Klassenprimus, intelligent und fleissig. Auch Hans Rüegg und Hans Obrist sind sehr gute Schüler, und die Mädchen geben sich Mühe, den Buben nicht allzu sehr hinterherzuhinken. Kobi Zollinger und Hans Obrist sind sehr scheu und zurückhaltend. An einen besonderen Erfolg erinnert sich Trudi Woodtli Jahrzehnte später: Beim Vergleich der Zeugnisse stellt sie einmal fest, dass sie Kobi in zwei Fächern geschlagen hat: Singen und Turnen liegen dem Zollinger-Sprössling nicht. Trudi Woodtli formuliert es klar und direkt: «Singen konnte das kleine Bürschchen nicht, und im Turnen war er eine Flasche.» Das Lernen aber fällt ihm leicht. Naturkunde, Geografie, Geschichte und Sprache sind seine Lieblingsfächer. Und natürlich das Zeichnen. Schon früh offenbart sich sein Talent. Einmal müssen die Schülerinnen und Schüler ihre Familien aufs Papier bringen. Bei Kobi sind die Gesichter der Eltern und Geschwister klar erkennbar, erinnert sich Hans Obrist anerkennend. Das schafft sonst niemand in der Klasse. Auch seine Aufsätze pflegt Kobi mit einer Zeichnung anzureichern. Oft schildert er in den Aufsätzen einfache Begebenheiten des Alltags, so in einem Text aus der 5. Klasse, in dem er beschreibt, wie er mit einem Klassenkameraden, Herrn Huber – einem Herschmettler Nachbarn – und Frieda im Wald entsorgten Müll nach brauchbaren Wertstoffen durchsucht:

«Unsere Altstoffsammlung

An einem sonnigen Mittwochmorgen ging ich hinaus und wartete auf Hansruedi. Es währte nicht lange, so kam er geschritten. Als er mich sah, sprang er. Nun liefen wir frohen Mutes ins Hasp hinunter. Im Hasp grub Herr Huber die Wurzelstöcke der gefällten Tannen aus. Als wir mit Sortieren begannen, sagte er lachend: «Es ist recht, dass ihr den Schutt einmal wegräumt!» Wir machten zwei Haufen, das Blech und das Eisen. Es hatte viel Email. Dieses nahmen wir nicht. Wir fanden auch noch Kupfer, Gummi, Leder und eine Zinntube. Glas hatte es nur wenig. Wir sahen, dass ein grosser Teil des Schuttes von Erde und Unkraut überwuchert und bedeckt war. Herr Huber sagte: «Wenn ihr den Pickel braucht, könnt ihr ihn nur nehmen.» Als wir allen Schutt, den man nehmen konnte, an den Haufen geworfen hatten, kam Herr Huber mit dem Pickel, ohne dass wir etwas gesagt hatten und pickelte den Schutt in der Erde auf. Dann ging er wieder. Als wir den aufgepickelten Schutt an den Haufen gelegt hatten, kam er ein zweites mal. Beim drittenmal als er pickelte, liess er den Pickel plötzlich fallen und sprang erschrocken zur Seite. Als wir verwundert nachsahen, sagte Herr Huber erschrocken: «Ich habe sie mit dem Pickel verletzt, sie blutet ja.» Frieda sagte: «Sie muss leiden, tötet sie!» Herr Huber schlug der Schlange den Kopf ab, und warf sie ins Gestrüpp. Er sagte: «In solchen alten Schuttablagerungen sind die Schlangen gern.» Nun war es uns hier nicht mehr geheuer. Auch Herr Huber hatte keine Lust mehr, weiter zu pickeln. Es hätte ja auch keinen Schutt mehr im Boden gehabt. Aber nun lasen wir noch tapfer die Büchsen zusammen, bis wir fertig waren. Nun sortierten wir noch die Büchsen einer kleineren Schuttablagerung. Als wir mit allem fertig waren, liefen wir zum Schulhausplatz hinauf. Dort hatte es schon einen grossen Haufen Blech. Wir holten Hansruedis Leiterwagen und begannen den Altstoff auf den Schulhausplatz zu führen. Auf dem Weg bekamen wir noch unser altes Glätteeisen. Als wir das dritte Mal auf dem Schulhausplatz anlangten, sagte Herr Merz: «Nun könnt ihr heimgehen.» Wir gingen freudig mit dem Gedanken, dass wir eine Schulreise machen dürften nach Hause.»

Die Leute entsorgen zu dieser Zeit ihren Abfall unbedacht in den Wäldern. Lehrer Robert Merz schickt seine Schüler regelmässig an diese Plätze, um Wertstoffe herauszulesen und auf den Schulhausplatz zu tragen. Dort kommt sie ein Altstoffhändler vom Zürichsee abholen und bezahlt die Metalle nach Gewicht. Mit dem Erlös machen die Primarschüler alle zwei Jahre eine Schulreise auf die Rigi, aufs Rütli oder an den Rheinfall.

Weil ihn die Dorfschule nicht allzu sehr fordert, kann Kobi getrost seinen Hobbys nachgehen: dem Reisebund, der Heimat-Zeitung, ersten Erkundungen in der Natur, dem Lesen. Lehrer Merz schätzt den strebsamen, bescheidenen Knaben wohl sehr, wie Jahrzehnte später ein Gratulationsschreiben vermuten lässt, das er an Jakob Zollinger schickt, als dieser 1995 den Zürcher Oberländer Kulturpreis erhält. Und den beiden jüngsten Zollinger-Buben wird im Februar 1944 eine ausserordentliche Ehre zuteil: Robert Merz besucht mit all seinen Schülerinnen und Schülern die Naturkundeausstellung bei Zollingers zu Hause. Kobi und Migg haben sie dort in der Nebenstube eingerichtet: Einen ausgestopften Buchfinken, Vogelnester, Gewölle, Versteinerungen und viele weiter Objekte haben sie gesammelt und liebevoll arrangiert. Auch Vater Emil fühlt sich vom Besuch geehrt.

Bei Kobis Klassenkameraden ist das Urteil über Lehrer Merz geteilt. Trudi Woodtli geht gern zu ihm, Hans Obrist dagegen mag den gestrengen Schulmeister nicht, obwohl er nicht direkt unter ihm leidet. Vor allem die gnadenlosen Nachforschungen bei «dubiosen Vorfällen» missfallen dem feinfühligen Bauernsohn aus der Hinteren Fuchsrüti. Hans Rüegg ist die «militärische Zucht» im Schulzimmer von Robert Merz in Erinnerung geblieben. In einem Punkt sind sich die Klassenkameraden rückblickend einig: Am besten gefällt es ihnen in der Schule, wenn Offizier Merz im Militärdienst weilt – und das kommt in diesen Kriegsjahren oft vor. Dann nämlich vertritt ihn meist seine herzensgute Ehefrau Nelly. Die Schülerinnen und Schüler verehren sie. Anders aber geht es zu und her, wenn auswärtige Vikare einspringen. «Die reinste Katastrophe ist das gewesen», erinnert sich Trudi Woodtli. Eine besonders schlimme Erinnerung an einen von ihnen hat Ludwig A. Minelli. «Einmal schlug ein Vikar einem Schulkameraden mit einem Vierkantlineal brutal auf die Finger.» Der Sechstklässler Minelli marschiert daraufhin auf direktem Weg zu Schulpfleger Robert Rüegg im benachbarten Bauernhaus und beschwert sich lautstark über den Vorfall. Ob es etwas genützt hat, weiss Minelli heute nicht mehr.

Wie aber kommt der Küsnachter Malerssohn, spätere Journalist, Jurist und Sterbebegleiter überhaupt an die Herschmettler Dorfschule? Das ist eine besondere kleine Geschichte. 1938/39 absolviert Martha, Kobis Schwester, bei der Mutter Minelli in Küsnacht ihr Haushaltlehrjahr. Fünf Jahre später meldet sich Emil Zollinger bei den Minellis. Er suche für seinen Sohn Migg eine Lehrstelle als Maler. Ob Vater Ludwig Minelli ihn unterrichten könne, fragt er. Ein Kostgeld kann man allerdings nicht bezahlen, dafür gibt es zu Hause zu viele Mäuler zu stopfen. Und so kommt es zu einem Tauschgeschäft: Migg Zollinger tritt in die Malerlehre ein und wohnt bei der Familie Minelli, weil der tägliche Weg mit den damaligen öffentlichen Verkehrsmitteln nicht zurückgelegt werden kann. Ludwig, von allen Vico genannt, dagegen zieht nach Herschmettlen. Vater Zollinger soll den etwas widerspenstigen Knaben an seinen strengen Erziehungsprinzipien teilhaben lassen und kurieren. Anderthalb Jahre wohnt Vico in der für ihn fremden ländlichen Umgebung. Er teilt mit dem ein Jahr älteren Kobi Zimmer und Bett. Schaden nimmt er dabei keinen, im Gegenteil: Später bekennt er gegenüber den Zollinger-Söhnen, er habe die Zeit in Herschmettlen sehr genossen. Mit List wird er hier von Kuh- auf Ziegenmilch umerzogen. Er trägt in der Tanse – einem auf dem Rücken zu tragenden Transportgefäss – die Milch in die Käserei, er hütet Kühe und hilft beim Heuen oder beim wöchentlichen Verteilen von Ringiers Illustrierten. Einmal leistet er sich dabei einen Scherz, der zu einer heftigen Auseinandersetzung bei Zollingers führt. Einer Abonnentin in der entfernten Hinteren Fuchsrüti legt er nahe, doch auf das Abonnement zu verzichten. Er hat keine Lust, den langen Weg dorthin weiterhin auf sich zu nehmen. Dieser Umgang mit der Kundschaft erzürnt Vater Zollinger.

In Herschmettlen sei er politisiert worden, sagt der streitbare spätere Dignitas-Gründer rückblickend. Bei Zollingers gibt es damals schon Zeitungen, Illustrierte, ein Radio und den ersten Telefonapparat im Dorf. Auch seine Bekanntschaft mit Ernst Brugger geht auf diese Zeit zurück: Ludwig A. Minelli geht bei ihm in Gossau während eines guten halben Jahres zur Schule. Und dort interveniert der Gerechtigkeitsfanatiker, wie er sich selbst nennt, ein zweites Mal. Ein Verdingbub zeigt ihm schlimme Verletzungen am Rücken, die ihm seine Pflegeeltern zugefügt haben. Vico meldet das Ernst Brugger. Was diese Klage bewirkt hat, entzieht sich Minellis Kenntnis ebenfalls. Später begegnen sich Minelli und Brugger in der Politik wieder: als aufmüpfiger Landesringler und Rechtsanwalt der eine, als kantonaler

Das alte Schulhaus in Herschmettlen mit Baujahr 1828 an der Dorfkreuzung. Hier erleben die sechs Zollinger-Kinder in der Sechsklassenabteilung ihre Primarschulzeit.

Justizdirektor der andere. Ludwig A. Minelli bleibt ein Leben lang mit Jakob und der Familie Zollinger in losem Kontakt.

Es erstaunt nicht, dass Kobi Zollinger, Hans Rüegg und Hans Obrist nach der sechsten Klasse in die Sekundarschule übertreten. Auch Rös Meier begleitet sie, während die beiden anderen Mädchen die Abschlussklasse von Lehrer Walter Gohl in Ottikon besuchen. Viele Eltern und Lehrer vertreten damals den Standpunkt, dass es sich für Mädchen nicht lohne, die Sekundarschule zu besuchen. Sie würden ja ohnehin bald heiraten, und die ganze Bildung sei dann vergeblich, sagen sie. Selbst bei aufgeweckten Bauernbuben kommt es vor, dass ihnen der Primarlehrer von der Sekundarschule abrät: «Zum Puure bruuchsch das nüüd.» Der grosse Vorteil der Abschlussklassen ist, dass sie im Sommerhalbjahr nur an zwei Vormittagen pro Woche geführt werden. Diese Oberstufenschülerinnen und Oberstufenschüler stehen also als Arbeitskräfte schon über weite Zeit zur Verfügung.

Im Haus Zollinger wird diese Diskussion nicht geführt. Es sind alle damit einverstanden, dass der intelligente, grüblerische Nachzügler beim gestrengen Mathematiker Fritz Vollenweider und dem jugendlichen Ernst Brugger weiterhin zur Schule gehen soll. Von Anfang an sind die Herschmettler bei den Sekundarlehrern der 27-köpfigen Klasse beliebt. Robert Merz hat sie gut geschult, und sie parieren.

Der Schulweg ist lang. Das Sekundarschulhaus steht neben der Kirche und dem Restaurant Alpenblick auf dem Gossauer Berg. Auch die Bertschiker und die Grütner Sekundarschüler haben einen langen Weg. Wobei die Grütner zur Not auch die «Wurst mit Brot»-Bahn, die Strassenbahn Wetzikon–Meilen, benutzen können. Die Herschmettler aber fahren auf ihren einfachen, übersetzungslosen Velos nach Gossau. Weil Gummischläuche in der Kriegszeit rar sind, sind ihre Gefährte mit Vollgummipneus ausgerüstet. Ist einer schadhaft, wird er von der Schule ersetzt.

Ernst Brugger, der seit 1936 in Gossau tätige Lehrer, ist bei Schülern und Eltern beliebt. Er bemüht sich um einen lebendigen Unterricht mit vielen Aktualitätsbezügen. Für Franz Lehmann, einen Schüler jener Jahre, war der Samstagmorgen der Höhepunkt seiner Schulwoche, wie er sagt. Ein Schüler hat dann jeweils die Aufgabe, die Aktualitäten der Woche auf Basis der Berichte im *Freisinnigen,* der Oberländer Tageszeitung, und im Radio Beromünster zusammenzufassen. Anschliessend wird diskutiert und politisiert. Diese Schulung zeigt Wirkung. Als Lehmann seine einstigen Schulkameradinnen und Schulkameraden zwanzig Jahre später bei einem Klassentreffen wieder sieht, bekleiden mit einer einzigen Ausnahme alle ein öffentliches Amt. Das beeindruckt den langjährigen Gemeindeschreiber Lehmann. Er führt es klar auf Bruggers Schulung zurück. Hans Rüegg erinnert sich allerdings, dass Brugger auch verletzend sein konnte. Hans hat

Mühe im Französischunterricht und wird vom Lehrer blossgestellt. Auch später als Gemeindepräsident geht Brugger mit Opponenten nicht besonders rücksichtsvoll um. Für den Bezirksschulpfleger Jucker aus Rüti steht die Qualität der Arbeit Bruggers aber ausser Zweifel: «Der geborene Lehrer erteilt einen fein durchdachten, anregenden und methodisch gut aufgebauten Unterricht. Die Schüler folgen den Intentionen des Lehrers mit sichtlichem Interesse und Freude. Ein guter Geist herrscht in dieser Schule», heisst es im Bericht zum Examen 1946.

Der Erfolg des jungen Lehrers schürt mitunter die Eifersucht seines erfahrenen Kollegen Fritz Vollenweider. Es fallen immer wieder spöttische Bemerkungen. Gegen aussen allerdings funktionieren die beiden als Team, wie die Protokolle der Sekundarschulpflege jener Jahre zeigen. Die beiden Lehrer sind in der Regel gleicher Meinung, wenn sie an den Sitzungen überhaupt beide anwesend sind und sich äussern. Quartiermeister Ernst Brugger rückt in den Kriegsjahren oft in den Militärdienst ein. Einmal werden gar beide Lehrer gleichzeitig fürs Vaterland abkommandiert, und ein bedauernswerter junger Vikar muss beide Abteilungen führen.

Gefürchtet sind Fritz Vollenweiders knifflige Denkaufgaben, berüchtigt seine Pingeligkeit bei der Darstellung. Titel müssen in ein Entwurfsheft geschrieben, ausgemessen und dann – mit Tusche – ins Reine übertragen werden. Und er pflegt mitunter eine derbe, verletzende Sprache: «Du Schludere, du fuuli Trucke», sagt er etwa zu einer Schülerin, die eine Kleinigkeit vergessen hat, und das gehört noch zu den harmlosen Beispielen. Besonders die Grütner Sekundarschüler stehen bei ihm unter Generalverdacht. Und dann gibt es auch klare Abstufungen in der Art der Behandlung. Besonders unsanft wird damals mit Verdingkindern umgegangen. Alle Bubenstreiche werden ihnen angelastet, weil es nur ihnen selbst zu Schaden kommt, nicht auch noch den Eltern oder Geschwistern. Die Lehrer können davon ausgehen, dass die angeblichen Sünder von ihren Pflegeeltern gleich nochmals bestraft werden. Am anderen Ende der Skala figurieren die Kinder der Einflussreichen im Dorf. Gerhard Schnurrenberger, Sohn des Patrons der Elektrogerätefirma Accum, gibt zu, er sei in seinen beiden Sekundarschuljahren ein kleiner Schlingel gewesen. Dank seiner sozialen Stellung hatte er sich vor Fritz Vollenweider dennoch nicht zu fürchten.

Lehrer Vollenweider kann sich aber auch von einer ganz anderen Seite zeigen. Bei einer Schulreise ins Berner Oberland zahlt er der ganzen Klasse die Billette von der Kleinen Scheidegg aufs Jungfraujoch. Und gegenüber ehemaligen Schülerinnen und Schülern ist er äusserst grosszügig. Entscheidet sich einer beispielsweise für ein Welschlandjahr, bezahlt er ihm ein Jahresabonnement der heimischen Regionalzeitung – als Mittel gegen das Heimweh wohl. Kommen die Jugendlichen aus der Fremde zurück, dürfen sie in der Klasse von ihren Erlebnissen berichten. Auch Vollenweider erhält vom Visitator gute Zensuren. Er nutze seine reiche Erfahrung für einen anregenden Unterricht in einem freundlichen Ton. Und die Hefte zeugten von einem klaren und systematischen Aufbau der Arbeit, heisst es im Bericht.

Die Lehrer sind oft abwesend, weil sie Militärdienst leisten müssen. Darunter leidet der Schulunterricht, denn nicht immer sind die Vikare für die ihnen übertragenen Aufgabe kompetent genug. Und weil der Kohlevorrat für die Heizung zur Neige geht und kein Nachschub in Sicht ist, verlängert die Schulpflege im Februar 1944 die Winterferien um eine Woche. Das Budget der Sekundarschule Gossau hat einen bescheidenen Umfang. 12 160 Franken müssen 1945 aus Steuermitteln aufgebracht werden, das entspricht 35 Steuerprozenten. Es gibt für die rund fünfzig Schülerinnen und Schüler zwei Schulreisen: Fritz Vollenweider reist mit den Erstklässlern und den Mädchen der zweiten Klasse zwei Tage in den Jura, Ernst Brugger mit den Knaben der zweiten Klasse und den Drittklässlern ins glarnerisch-bündnerische Grenzgebiet um Elm. Die Beiträge der Schulkasse an die Reisekosten betragen total 108 beziehungsweise 114 Franken. Für eine Wochenstunde Stenografie in der zweiten Sekundarklasse erhält Ernst Brugger 100 Franken Entschädigung pro Quartal. Weil wegen des Kriegs keine Arbeitskräfte verfügbar sind, übernimmt Fritz Vollenweider die dringend nötige Säuberung des Badeweihers im Tannenberg mit den Schülern. Obwohl Vollenweider sich dafür einsetzt, dass die Gemeinde im Zuge anstehender Umbauarbeiten eine richtige Badeanstalt erstellt, kommt das Werk noch nicht zustande – kein Geld für derartigen Luxus. Angesichts solcher Verhältnisse erstaunt es nicht, dass sich Gossau schwertut, seine alten Schulbauten durch grössere und zeitgemässe Gebäude zu ersetzen. Jahrelang wird wegen des Standorts und der Kosten für ein neues Oberstufenschulhaus diskutiert, ebenso ist ein zentrales Primarschulhaus in Gossau Dorf umstritten. Erst 1951 können die beiden Komplexe eingeweiht werden. Seminarist Kobi Zollinger erhält dannzumal vom Gemeindepräsidenten, seinem Ex-Lehrer Ernst Brugger, einen ehrenvollen Auftrag: Er darf in der Einweihungsbroschüre anhand alter Protokolle die frühe Gossauer Schulgeschichte erzählen.

Kobi Zollinger kommt ohne Schwierigkeiten durch die drei Sekundarschuljahre. Zwar ist er noch immer schüchtern, klein gewachsen und etwas linkisch. Er fällt nicht wegen seiner Streiche auf, vielmehr überzeugt er mit seinen Leistungen. Als die Klasse einmal das Aufsatzthema Gossauerried vorgesetzt bekommt, schreibt er ein blaues Schulheft bis auf zwei Seiten voll. Das grosse Ried wird in jenen Jahren melioriert und verschwindet, die Anbauschlacht tobt. Lehrer Ernst Brugger liest den Aufsatz vor – die Klassenkameraden staunen und bewundern den Autor. Grundlage für Kobis

Aufsatz dürfte die umfangreiche, handgeschriebene und reich illustrierte Dokumentation *Das verlorene Paradies* sein, die sein Bruder Migg just in jenen Jahren dem Gossauerried widmet und die in Buchform vorliegt.

Einmal allerdings setzt Kobi eine Schulkameradin durch sein forsches Auftreten in Erstaunen. Nach dem Examen gibt es im Bahnhöfli-Saal für die Oberstufenschüler ein Getränk, einen Schüblig, ein «Büürli» und Tanz. Und tatsächlich fordert Kobi Zollinger das zurückhaltende Mädchen als Allererste zum Tanz auf. Alice Jost ist wie Kobi eine Bauerntochter aus bescheidenen Verhältnissen und kann ihr Glück kaum fassen. Jetty Schnurrenberger, eine andere Klassenkameradin von Kobi, erinnert sich dankbar an die «geistigen Sponsoren» in der Schulbank hinter ihr und ihrer Freundin. Dort sitzen Hansjörg Lavater – ihr späterer Verlobter – und Kobi Zollinger. Sie flüstern den Mädchen wacker ein, damit Fritz Vollenweider sie nicht blossstellen kann.

Im Frühling 1947 schreiben die Schülerinnen und Schüler an einem Montag an die Wandtafel: «Wir gratulieren dem Kantonsrat.» Fritz Vollenweider sieht es und verbessert: «dem *Herrn* Kantonsrat». Ernst Brugger ist am Sonntag ins kantonale Parlament gewählt worden. Die politische Karriere, die ihn noch ins Gemeindepräsidium, in den Regierungs- und schliesslich in den Bundesrat führen wird, hat begonnen. Praktisch zur gleichen Zeit wechselt Kobi Zollinger ans Seminar Küsnacht. Nach langem Überlegen hat er sich für die dortige Aufnahmeprüfung angemeldet und sie bestanden. Die beiden Sekundarlehrer haben den begabten jungen Erwachsenen zu diesem Schritt ermuntert und dem Vater Stipendien für die anfallenden Kosten in Aussicht gestellt. Kobi selbst begegnet dem Seminar mit sehr gemischten Gefühlen. Er ahnt wohl, dass es ihm nach reichlich Schülerlust bald auch einigen Frust bescheren wird – und er liegt mit seinen Vorahnungen nicht ganz falsch.

Schülerfrust

Max Meili erinnert sich gut an den ersten Morgen am Unterseminar Küsnacht. «Ich war zeitlich etwas knapp unterwegs. Als ich ins Schulzimmer trat, war nur noch ganz vorne eine Bank frei. Ich setzte mich. Wenig später kam noch ein schmächtiges Bürschchen herein. Es setzte sich neben mich auf den freien Platz. Es war Kobi Zollinger. Wir teilten die Bank von nun an fünf Jahre lang.» Die beiden 16-Jährigen aus dem Oberland verstehen sich ohne viele Worte. Beide sind Flarzbuben aus bescheidenen Verhältnissen und kleinen Dörfern. Meili kommt aus Ehrikon-Wildberg, Kobi aus Herschmettlen-Gossau. Ihre Väter sind sogenannte Rucksackbauern, deren kleines Bauerngut zu wenig abwirft, um damit eine Familie zu ernähren. Vater Meili arbeitet in einer Textilfabrik in Turbenthal, Emil Zollinger ist kantonaler Strassenwärter im Teilzeitamt.

Max und Kobi fühlen sich in ihrer Klasse mit den vielen Töchtern und Söhnen aus wohlsituierten Familien vom Zürichseeufer und aus der Stadt fremd. «Auf uns hatte nun wirklich niemand gewartet», resümiert Meili. Auch die Lehrer – alle mit dem Respekt einflössenden Titel «Professor» dekoriert – lassen die Bauernbuben das soziale Gefälle spüren. Kobi Zollinger hat es schon Überwindung gekostet, sich überhaupt am Seminar zu bewerben. Eigentlich möchte er lieber eine Laufbahn als Förster oder als Geometer einschlagen. Diese beiden Berufe nennt er zumindest, als im Sommer 1946 Lehrer Ernst Brugger bei den Schülern der dritten Sekundarschule eine Umfrage zur anstehenden Berufswahl startet. Aber sein Vater, die Lehrer und der Berufsberater raten ihm zum Lehrerberuf. An Neujahr 1947 kommt Kobi zwar zur Einsicht, dass Primarlehrer für ihn die falsche Wahl sei – gleichwohl will er sich fürs Seminar bewerben. Anschliessend aber möchte er an der ETH studieren, zum Beispiel «Ing. agr.» – also Agrarwissenschaften –, wie er ein paar Tage später in sein Tagebuch schreibt. Nachdem dank den Stipendien auch die finanziellen Bedenken ausgeräumt sind, wird Küsnacht klar angepeilt. Doch Kobi ist gefühlsmässig hin- und hergerissen. Er sorgt sich wegen der wichtigen Fächer Singen und Turnen – seine beiden grossen Schwächen. Auch befürchtet er «zerstörende Einflüsse» am Seminar. Nur Tage später erörtert er mit Lehrer Walter Gohl in Ottikon auch die Frage der Konfession. Gohl rät ihm, zur Landeskirche überzutreten. Dies mit dem Argument, als Zeuge Jehovas oder als Konfessionsloser habe er kaum Chancen, im Kanton Zürich eine Stelle als Lehrer zu bekommen. Kobi widersetzt sich dem empfohlenen Vorgehen und ist gemäss Tagebucheintrag froh, «standhaft geblieben zu sein». Jehova werde es ihm zu danken wissen, glaubt er. Schliesslich kommen Gohl und Kobi überein, den Entscheid um ein, zwei Jahre aufzuschieben. Vorerst gibt Kobi am Seminar an, konfessionslos zu sein. Nach all diesen Überlegungen hat er aber noch eine Aufnahmeprüfung zu bestehen und sich schriftlich zu bewerben. Der handgeschriebene Brief des Sekundarschülers findet sich in den Akten des Seminars Küsnacht im Staatsarchiv des Kantons Zürich:

«An die
Direktion des kantonalen Unterseminars
Küsnacht ZH
Sehr geehrter Herr Direktor!
Da ich nächsten Frühling aus der Schule austrete, bin ich gezwungen, die Berufswahl zu treffen. Dabei habe ich mich zum Lehrerberuf entschlossen. Da meine Eltern und Lehrer damit einverstanden sind, und auch der Berufsberater mich dazu ermuntert hat, möchte ich mich für die 1. Klasse des Unterseminars Küsnacht anmelden.
Ich wurde am 26. Juni 1931 in Riedikon bei Uster geboren. Nach sechs Jahren Primarschule in Herschmettlen besuchte ich die Sekundarschule in Gossau. Jetzt stehe ich in der 3. Klasse dieser Schule. Meine Eltern, Emil und Hermine Zollinger-Hauser, bewirtschaften in Herschmettlen ein kleineres bäuerliches Heimwesen. Meine Geschwister, 1 Schwester und 5 Brüder, von denen einer, kaum verheiratet, kürzlich 23-jährig gestorben ist, sind alle älter als ich.
Ich hoffe, dass ich nun den richtigen Beruf gewählt habe, und dass es mir gelingen wird, die Aufnahmeprüfung zu bestehen. Ich würde mir Mühe geben, im Seminar fleissig und zuverlässig zu arbeiten, damit Sie mit mir zufrieden sein könnten.
Indessen zeichnet
hochachtungsvoll
Jakob Zollinger, Herschmettlen-Gossau (Zch.)»

In diesem nüchternen Bewerbungsschreiben findet sich eine Formulierung, die für den unsicheren Jugendlichen typisch ist. Er freut sich nicht auf das Ende seiner obligatorischen Schulzeit und sieht die Berufswahl auch nicht als Chance. Die Angst vor Neuem wird Kobi Zollinger sein Leben lang begleiten. Er möchte im Leben stets an dem festhalten, was er kennt, seine geistige und gefühlte Heimat niemals verlassen. Auch wenn er wiederholt die Erfahrung macht, dass die Konfrontation mit Unbekanntem bereichernd und nicht so schlimm wie erwartet ist, heilt ihn das nicht von dieser Angst. Gemäss Beobachtungen seiner Kinder hat sie sich mit zunehmendem Alter gar noch verstärkt.

Um am Küsnachter Unterseminar aufgenommen zu werden, braucht es neben dem Bewerbungsschreiben und der bestandenen Aufnahmeprüfung auch noch eine Empfehlung der Sekundarlehrer. Die beiden Gossauer Pädagogen sparen im Fall von Kobi Zollinger nicht an Lob.

«Empfehlung
Jakob Zollinger, geb. 1931, wohnhaft in Gossau-Herschmettlen,

stammt aus einer rechtschaffenen, einfachen Bauernfamilie. Der Kandidat war während seiner Schulzeit stets ehrlich, fleissig und zuverlässig. Charakterliche Mängel irgendwelcher Art sind uns keine bekannt.
Jakob Zollinger besitzt als Eigenart eine ausgeprägte Beobachtungsgabe für die Vorgänge in der Natur, was ihn vor allem im Aufsatzunterricht und im Zeichnen befähigt, oft Arbeiten von erstaunlicher Reife abzuliefern.
Wir können Jakob Zollinger für die Aufnahme ins kantonale Unterseminar bestens empfehlen.
Gossau-Zch., den 23. Jan. 1947
Der Lehrer math.-nat. Fächergruppe
F. Vollenweider
Der Lehrer sprachl.-hist. Fächergruppe
E. Brugger»

Die Aufnahmeprüfung besteht er Anfang März 1947 mit Bravour. Eigentlich könnte Kobi im Seminar Küsnacht also selbstbewusst auftreten. Doch ist er nach wie vor schmächtig und schüchtern. Weil er den Weg von Herschmettlen an den unteren Zürichsee mit den damaligen öffentlichen Verkehrsmitteln nicht täglich zurücklegen kann, bezieht er bei einer Küsnachter Gastfamilie ein Zimmer. Genauso, wie es drei Jahre zuvor schon sein Bruder Migg zu Beginn seiner Malerlehre getan hat. Familie Buck nimmt ihn und einen weiteren Seminaristen auf. Ihr Sohn Rolf besucht eine Parallelklasse am Seminar. Es ist eine einfache Dachkammer ohne Komfort und Heizung, die Kobi genügen muss. Aber er ist ja nicht verwöhnt. In der bescheidenen Wohnung des Elternhauses hat er während der ganzen Kindheit Kammer und Bett mit seinem Bruder Migg geteilt. Dennoch: Nicht ohne Bitterkeit vermerkt Kobi einmal in kalten Wintertagen, dass das Zimmer des Kollegen beheizt und weit komfortabler sei. Einmal erwägt er sogar, das Logis zu wechseln. Rückblickend aber zeigt er sich später sehr zufrieden mit seiner Unterkunft. Und Rolf Buck betont, Kobi Zollinger sei der Familie der liebste aller Pensionäre gewesen. Anfänglich habe er sich mit dem introvertierten Oberländer kaum unterhalten können, doch mit der Zeit sei dieser lockerer geworden. In der dritten Klasse unternehmen die beiden sogar zusammen eine zehntägige Ferientour durch den Nationalpark. Und ihr Kontakt ist zeitlebens nie abgebrochen.

Ende April 1947 also beginnt die Seminarkarriere von Kobi Zollinger. In der Klasse sitzen 16 Knaben und 4 Mädchen. Von den Lehrern zeichnet Banknachbar Max Meili ein wenig schmeichelhaftes Bild. «Da gab es unter den Herren Doktoren und Professoren so viele Neurotiker und Sadisten, die uns Schülern das Leben schwerer machten, als es nötig gewesen wäre.» Von der damals aufkommenden Reformpädagogik sei in Küsnacht noch nichts zu spüren gewesen. «Da hatte man nur zuzuhören, aufzuschreiben, auswendig zu lernen und wiederzugeben, sollte man gefragt werden.» Persönliche Interessen, eigene Initiative oder gar die Mitgestaltung des Lernprozesses seien verpönt gewesen, Gehorsam und Wohlverhalten verlangt worden, sagt Meili.

Vom Küsnachter Geist zeugt das Erlebnis einer Seminaristin auf der Maturreise nach Paris in den 1960er-Jahren. Ein Lehrer gab den Mädchen den dringenden Rat, auf keinen Fall mit einem Schwarzen zu sprechen. Begründung: «Das sind Tiere, keine Menschen.» Tatsächlich befindet sich das schon 1832 in den Räumen der ehemaligen Johanniterkomturei gegründete erste Zürcher Lehrerseminar in den ersten Nachkriegsjahren in einer schwierigen Konsolidierungsphase – kurz zuvor hat es eine grosse Krise durchlaufen. Zuerst musste der langjährige, autoritäre Direktor gehen, dann wurden zwei Deutschlehrer entlassen, die mit den Nationalsozialisten sympathisierten. Jetzt versucht der neue Seminardirektor Walter Zulliger das Institut in eine gedeihlichere Phase zu führen. Wie der Schrift zum 150-Jahr-Jubiläum des Seminars zu entnehmen ist, bekommen die Seminaristen von den Auseinandersetzungen innerhalb der Lehrerschaft aber wenig bis gar nichts mit. Die Abläufe im Lehrkörper, in der Direktion und in den Aufsichtsbehörden sind nicht transparent.

Kobi äussert sich in seinem Tagebuch nicht direkt oder gar pointiert zu den Lehrern und zum Schulklima. Auch hinterfragt er vieles nicht mit der gleichen Intensität wie sein Banknachbar Max. Er kämpft mit anderen Problemen: Immer wieder nennen ihn Mitschüler hinter seinem Rücken despektierlich «en chliine Siech». Das verletzt ihn, doch tröstet er sich mit der Feststellung, geistige Grösse sei wichtiger, in seinem Tagebuch darüber hinweg. Nur Tage später rügt ihn der Geschichtslehrer, weil er desinteressiert sei – beruhigt ihn dann am Ende der Lektion aber: Er habe Kobi lediglich ermuntern wollen, seine Schüchternheit zu überwinden. Auch der Mathematikprofessor stellt den jungen Erwachsenen vom Land bloss, entschuldigt sich dann aber auf einem anschliessenden gemeinsamen Spaziergang. Bald schon stellen sich im Turnen Magenprobleme ein: Es ist wohl eine Folge des Widerwillens, mit dem Kobi den Unterricht bei dem ihm ungeliebten Turnlehrer besucht. Die beiden pflegen bis zum Abschluss vier Jahre später eine konfliktreiche Beziehung. Dazu kommt der Klavierunterricht, den er schon vor dem Eintritt in Küsnacht begonnen hat und der ihm gar nicht liegt. Damals müssen Zürcher Lehramtskandidaten ein Instrument erlernen: Klavier und Geige stehen zur Auswahl. Wer ein anderes Instrument spielen möchte, stellt ein Gesuch. Auch im Singen blamiert er sich bereits in den ersten Wochen. So vertraut er seinem Tagebuch im Januar 1948 dann erleichtert an, er befinde sich mitten im Stimmbruch. Später wird Kobi ein eifriger Sänger im Männerchor Ottikon, auch wird er zuvor zusammen mit Bruder Migg viele lange Nächte als singendes Vagabundenduo mit Gitarre, Ukulele und Lumpenliedern im Gepäck von Landbeiz zu Landbeiz ziehen.

Doch der Küsnachter Schulalltag besteht nicht nur aus negativen Erlebnissen. Von Zeichenlehrer Albert Hess wird Kobi gefördert. Wiederholt brilliert er beim Malwettbewerb, der jeden Sommer durchgeführt wird. Und für seine gehaltvollen und wohlformulierten Aufsätzen bekommt der schreibgewandte Oberländer viel Lob und Bestnoten. Sein Selbstwertgefühl aber bleibt labil, seine Stimmung schwankend. Anerkennung bedeutet ihm viel, Tadel bedrückt und entmutigt ihn. Und doch gelingt es ihm nach und nach, sich seinen Platz im Küsnachter Milieu zu erkämpfen. So tritt er der Schülerverbindung Cuosa bei. Ihre offizielle Aufgabe ist es, den Stenografieunterricht zu organisieren und durchzuführen. Die «Cuosa» gibt mit kantonaler Subvention Semesterkurse, organisiert interne Wettbewerbe und beschickt regionale sowie nationale Wettkämpfe im Schnellschreiben, Schönschreiben, Schnelllesen und in Fremdsprachenstenografie. Kobi heisst hier Bobby und erlernt die Stenografie im System Stolze-Schrey, was ihm bei seinen Forschungsarbeiten schon bald dienlich ist. An den Treffen der jungen Männer geht es hoch zu und her, und nicht immer enden die Versammlungen der «Cuosa» ohne nächtliche Ruhestörungen im Dorf. Seminaristinnen sind in jener Zeit nicht dabei, obwohl sie gemäss Statuten «allenfalls» aufgenommen werden könnten. Bei Kobis Eintritt im Spätherbst 1947 zählt die «Cuosa» 22 Mitglieder.

Neben den zahlreichen schulischen Erlebnisse erweitert Kobi Zollinger während der Küsnachter Jahre auch in anderer Beziehung seinen Horizont. Er gliedert sein Leben in einem späteren Resümee einmal in fünf Phasen von je rund 15 Jahren Dauer. Nach der behüteten Kindheitsphase im kleinen Oberländer Dorf hat jetzt die Zeit der turbulenten Wanderjahre begonnen: zuerst das Unterseminar in Küsnacht, dann das Oberseminar in Zürich, gefolgt von den ersten Stellen als Primarlehrer in Dietikon, Schlatt und auf dem Hirzel. Mit dreissig Jahren dann wird er zu seinen geografischen Wurzeln zurückkehren und dort bis zu seinem Lebensende bleiben.

Am Seminar findet er ein paar Freunde. Banknachbar Max Meili, der Bauernsohn Hans Lusti aus Schönenberg und Rolf Buck sind die engsten. Zusammen mit ihnen entdeckt er die Kulturstadt Zürich: Aufführungen im Schauspielhaus beeindrucken ihn sehr, häufig besucht er klassische Konzerte, und auch die neusten Filme schauen sich die Seminaristen gern an. Besonders schätzt Kobi die grossen barocken Oratorien von Bach und Händel. Und dann dies: Im Juli 1948 beschreibt der 17-Jährige in seinem Tagebuch den Ablauf einer sonntäglichen Kreisdienstversammlung der Zeugen Jehovas in Schaffhausen, an der er zusammen mit seinem Bruder Otto teilgenommen hat. Der Nachmittag habe sehr interessante Vorträge gebracht, welche die volle Aufmerksamkeit der Zuhörer verdient hätten. Das sei ihm aber kaum möglich gewesen: «Leider schlich sich immer ein anderer Umstand ein, der meiner Aufmerksamkeit schadete und den ich früher nicht gekannt hatte: Mädchen. Das macht halt das Alter, in dem ich jetzt stecke!»

Der altkluge Kommentar lässt tief blicken. Kobi Zollinger ist ein junger Mann mit Prinzipien – zumindest theoretisch. Er wählt jeweils an Neujahr ein Motto für die folgenden zwölf Monate, demgemäss er leben möchte. 1947 ist es der Vorsatz, die Balance zu halten zwischen ernsthaftem, tiefsinnigem Streben und Lebensgenuss in Form geselliger Zerstreuung. 1948 möchte er sich für mehr Harmonie innerhalb der oft zänkischen Familie einsetzen. Das kommt nicht von ungefähr. Im Jahr zuvor wurde die Familie Zollinger vor eine Zerreissprobe gestellt. Längst nicht alle Familienmitglieder sind mit dem Entscheid einverstanden, Herschmettlen zu verlassen und das Angebot des Kantons Zürich anzunehmen, zwischen Gossau und Grüt einen neuen landwirtschaftlichen Hof zu bauen und zu bewirtschaften. Hinzu kommt ein schwerer Schicksalsschlag, den die Familie zum Jahreswechsel 1946/47 Jahr trifft. Sohn Hans ist mit 22 Jahren im Zug einem Herzschlag erlegen. Er hinterlässt seine junge Frau und sein Söhnchen Hans, das erst wenige Monate alt ist. Es ist der erste von drei Unglücksfällen mit tödlichem Ausgang in der Familie Zollinger. In der Mitte der 1950er-Jahre kommt Marthas Ehemann Karl Trachsler bei einem Motorradunfall ums

Der neu erbaute Waldhof der Familie Zollinger zwischen Gossau und Grüt im schneereichen Winter 1948/49 mit Hund Barri im Vordergrund.

Leben, und im Jahr 2001 wird Ottos Sohn Hansruedi Opfer eines Autounfalls. Anfang November 1947 zieht die Familie dann in ihr neues Heim ein, wo Kobi als Küsnachter Wochenaufenthalter nur noch am Wochenende und in den Ferien wohnt. Nach anfänglichem Widerstreben – er trauert Herschmettlen und seinen dortigen Nachbarn und Gefährten nach – lebt er sich im neuen Waldhof aber gut ein. Nur die körperliche Arbeit auf dem Hof schätzt er auch künftig nicht. Die Mithilfe auf dem Hof von Vater und Bruder Fritz hält ihn von seinen ureigensten Interessen ab: dem Erforschen seiner Umgebung und dem Erwandern naher und ferner Ziele.

Und jetzt kurz nach dem Stimmbruch also die nächste verwirrende Entdeckung: das andere Geschlecht. Er ist mittlerweile nicht mehr der kleine, schmächtige Knabe, sondern ein attraktiver junger Mann. Mit Stolz vermerkt er seine körperliche Entwicklung innerhalb von zwei Jahren in einem Tagebucheintrag im Dezember 1949: 17 Zentimeter gewachsen, 16 Kilogramm schwerer. Ein stattlicher junger Mann also ist er geworden, und damit beginnen sich auch die Mädchen für ihn zu interessieren. Bei Nachhilfestunden für einen Weinbauernsohn in der Umgebung des Seminars lernt er dessen Schwester kennen. Immer wieder begegnen sich die beiden, gehen miteinander ins Kino, an Konzerte, auf den Seminarball. Doch wegen des sozialen Gefälles überkommen ihn wiederholt Gewissensbisse. Zudem trifft er sich – oft parallel – auch mit anderen jungen Frauen. Das wird zum Problem, als er einmal zusammen mit Bruder Migg und dessen Verlobter Linely die Hinwiler Chilbi besucht. Dort begegnet er gleichzeitig zwei Mädchen, die er umwirbt – «leider», wie er schreibt. Er stellt sich blind und taub und duckt sich weg. Dieses Szenario wiederholt sich mehrere Male während seiner Wanderjahre. Er geniesst zwar seine Attraktivität in vollen Zügen, geht dann aber wiederum hart mit sich ins Gericht. Er findet sein Gebaren schändlich und möchte mit den Gefühlen der Mädchen eigentlich nicht spielen. Dem Ende der Beziehung zur Weinbauerntochter geht ein familiärer Eklat voraus, der aus heutiger Sicht verwunderlich erscheint.

An einem schönen Sommersonntag fährt die junge Frau mit dem Velo beim Waldhof in Gossau vor. Sie wolle Kobi besuchen, sagt sie. Der sei nicht anwesend, heisst es da etwas schroff, und die Velofahrerin fährt über den Pfannenstiel zurück an die Goldküste. Drei Tage später erhält Kobi in Küsnacht Post: Bruder Fritz empört sich in einem Brief im Namen der Familie über das sonntägliche Ereignis: dass eine unangemeldete unbekannte Frau ihn zu Hause aufsuche, gezieme sich nicht. Und wie reagiert Kobi? Er weiss nichts Besseres, als seiner Freundin brieflich das Ende ihrer Beziehung mitzuteilen. Zwar – und das ist auch typisch Kobi – treffen sich die beiden kurz darauf erneut, doch das Aus kommt dann gleichwohl. Nachtragend sind die jungen Leute jedoch nicht – noch Jahrzehnte später tauschen die beiden Grüsse zum Geburtstag und zu besonderen Ereignissen Glückwünsche aus.

Je länger der Küsnachter Aufenthalt dauert, desto mehr Raum nehmen die ausserschulischen Aktivitäten der Seminaristen ein. Nächtliche Eskapaden häufen sich, manchmal kommt Kobi drei- oder viermal pro Woche erst gegen Morgen nach Hause. Feuchtfröhlich gestalten sich die Nächte jeweils im «Wilden Esel», wie die Seminaristen das Restaurant Weinberg nennen. Das ist ihr Stammlokal oben im Dorf. Dort laufen sie nicht Gefahr, ihren Lehrern zu begegnen, denn die verkehren in der «Sonne» unten am See. Der «Weinberg»-Wirt und dessen Tochter empfangen die durstigen Seminaristen mit offener Tür. Und sie nehmen es mit der gesetzlich geregelten Polizeistunde nicht besonders genau. An den darauffolgenden Morgen leiden die nächtlich Aktiven dann jeweils in ihren Schulbänken. Einige wenige Male bleibt Kobi dem Unterricht denn auch mit allzu schmerzendem Kopf fern. Er fälscht einmal sogar die Unterschrift von Schlummermutter Klara Buck für ein Entschuldigungsschreiben. Das erachtet er in seiner Not als opportun, im Nachhinein aber als äusserst verwerflich.

Doch parallel zu diesem ausschweifenden Lebensstil entwickelt sich während der Seminarzeit auch der Forscherdrang des jungen Zollinger weiter. Als Erstes beschäftigt er sich eingehend mit seinem Heimatdorf. Wann genau und weshalb er den Entschluss fasst, eine Herschmettler Chronik zu verfassen, ist nicht festgehalten. Sicher ist, dass er 1949 als 18-Jähriger mit seinen volkskundlichen Umfragen beginnt. Er kreiert einen Fragebogen mit 65 Fragen zum Leben in früheren Zeiten und verteilt ihn unter ausgewählten Personen in Herschmettlen. Später weitet er sein Forschungsgebiet auf die ganze Gemeinde und deren Umgebung aus. Diese Umfragen führt er über anderthalb Jahrzehnte weiter, wechselt in den 1960er-Jahren dann aber die Methode. Statt des Fragebogens, den er selbst als zu starr einschätzt, führt er später – ausgerüstet mit einem Tonbandgerät – mündliche Interviews. Jahrzehnte später lässt die Gemeinde Gossau alle sechzig Tonbandkassetten transkribieren. Kassetten und Abschriften sind heute Bestandteil der ortskundlichen Sammlung, ebenso mehr als 2000 auf Karton aufgezogene Fotos aus der Gemeinde, die Kobi zusammengetragen und geordnet hat. Sein Interesse ist vielgestaltig: Alte Sitten, Volksmedizin, Sagen und Bräuche heissen die Kapitel. Er eignet sich durch diese Umfragen ein gewaltiges Wissen an.

Während der Seminarzeit in Küsnacht entdeckt Zollinger das Staatsarchiv und die Zentralbibliothek in Zürich, wo er seinen historischen Wissensdurst stillen kann. Sein erstes Werk ist die Herschmettler Chronik. In minutiöser Arbeit legt er Dossier um Dossier an. Dann schreibt er – quasi als Fortsetzung seiner Heimat-Zeitung – in Druckschrift und mit vielen Zeichnungen und Skizzen angereichert die Zusammenfassung seiner Erkenntnisse in 19 kleinformatige Büchlein, die alle erhalten, heute aber am zerfallen sind. Thematisch beginnt der jugendliche Forscher bei der Geologie, der Landschaft und der Bodennutzung. Danach bespricht er Gemeinschaftswerke wie die Wasserversorgung, die Sennhütte und die Schule oder Dorf- und Flurnamen. Auf die allgemeine Geschichte, das Landschafts- und Dorfbild sowie auf Sitten und Bräuche folgen Anekdoten und Grundeigentumsverhältnisse. Auch das alte Weg- und Strassennetz sowie die Entwicklung der Schulwacht beleuchtet er. Eigentlich plant Kobi Zollinger, die Herschmettler Chronik in einer Publikation der Schweizerischen Gesellschaft für Volkskunde zu publizieren. Warum es nie dazu gekommen ist, ist unklar. Ein Grund könnte der frühe Tod seines Mentors sein. Im November 1950 – also in der vierten Seminarklasse – notiert er in seinem Tagebuch, Professor Weiss wünsche ihn kennenzulernen. Richard Weiss ist seit 1946 erster ordentlicher Professor für Volkskunde an der Universität Zürich. Otto Woodtli, der Deutschlehrer am Seminar, hat ihm von seinem wissbegierigen, begabten Schüler erzählt und ihm einen Artikel von Jakob Zollinger über ein volkskundliches Thema gezeigt, der kurz zuvor im Wetziker *Freisinnigen* erschienen ist und ein breites Echo ausgelöst hat. Schon wenige Tage nach der Einladung besucht Kobi Zollinger die Familie Weiss auf der Küsnachter Allmend: «… er interessierte sich sehr für meine Arbeit und sprach seine Bewunderung über meine Sicherheit und den richtigen Spürsinn u. Begabung für diese alten Sachen aus. Wir besprachen unsere künftige Zusammenarbeit, die sich hoffentlich recht fruchtbar gestalten wird». An der Zürcher Goldküste hat der Flarzbueb im Lauf der Jahre an Selbstbewusstsein gewonnen und seine Schüchternheit abgelegt.

Als junger Lehrer wird Zollinger dann von Schlatt aus jeweils am schulfreien Mittwochnachmittag das Seminar von Weiss in Zürich besuchen. Und dessen Standardwerke *Volkskunde der Schweiz* sowie *Häuser und Landschaften der Schweiz* sind wichtige Grundlagen für seine späteren Arbeiten. Elisabeth Studer-Weiss, die Tochter von Richard Weiss, erinnert sich an die Besuche von Kobi Zollinger bei ihnen zu Hause. «Unser Vater schätzte das grosse Interesse des jungen, talentierten Hobbyforschers», betont sie. Im stichwortartigen Tagebuch ihres Vaters findet sich folgende Bemerkung zur ersten Begegnung der beiden: «Jakob Zollinger, vierte Seminarklasse, mit erstaunlichem volkskundlichem Fragebogen, natürlich-romantischer Drang zur Volkskunde.» Die Weiss-Tochter erinnert sich gar, dass ihr Vater durch die Arbeiten Zollingers angeregt worden sei. Ihr älterer Bruder Hans Weiss, der langjährige Geschäftsführer der Stiftung Landschaftsschutz Schweiz, erzählt von einer zufälligen Begegnung bei der Spannorthütte ob Engelberg. Als ETH-Student malt er im Gebirge weisse Farbkreise auf Felswände, die dann von Vermessungsflugzeugen fotografiert werden, um Karten im Massstab 1:10 000 zu erstellen. Weiss liegt nach einer anstrengenden Tour neben der SAC-Hütte dösend im Gras. Plötzlich entdeckt er einen Mann neben sich, der malt. Dieser bietet ihm eine Zigarre an. Es ist Jakob Zollinger. Hans Weiss erinnert sich an eine tolle Begegnung mit einem anregenden Gespräch. Ein schönes Zeichen der Anerkennung ist es für Jakob Zollinger, als Richard Weiss im Jahr 1957 in seinem Seminar Zollingers Herschmettler Sagensammlung behandelt. Fünf Jahre später stürzt Richard Weiss auf einer Wanderung mit seinen Kindern im Valle di Vergeletto im Tessin zu Tode.

Doch zurück ans Seminar. Einen anderen Höhepunkt seiner Studienzeit hat Kobi Zollinger ein paar Monate zuvor erlebt. In der vierten Klasse wird jeweils eine einwöchige Alpenreise durchgeführt. Für den bisher in seinem Leben wenig gereisten jungen Erwachsenen ein eindrückliches Erlebnis, dem er in seinem Tagebuch rund ein Dutzend Seiten Landschaftsbeschreibungen widmet. Die Exkursion führt vom Berner Oberland ins Wallis und endet im Tessin. Er bilanziert «ein unvergessliches, über alle Massen schönes Erlebnis».

Dann kommt der Frühling 1951, und die Zeit in Küsnacht geht zu Ende. Sie bringt nochmals Hektik. «Schaffe ich die Abschlussprüfung zur Matur?», fragt sich der ewige Zweifler. Sogar der Abschied von seiner «Küsnachter Schreckenshalle» gelingt ihm im Turnen mit einer gelungenen Grätsche, wie er stolz vermerkt. Leider ist die schriftliche Abschlussarbeit mit dem Titel «Ist die heutige Sportbegeisterung ein Zeichen der Vermassung?» nicht mehr auffindbar. Es wäre sicherlich reizvoll, die Argumentation des Sportskeptikers zu verfolgen. Item – Vater Emil Zollinger reist zur Abschlussfeier an, was den Sohn ausserordentlich freut.

Ein junger Lehrer auf Wanderschaft

Der erste Tag am Oberseminar ist ernüchternd. Zwar ist es ein strahlender, ja fast schon heisser Frühlingstag, dieser letzte Dienstag im April 1951. Aber drinnen im Saal des Konservatoriums Zürich ist die Stimmung des jungen Kobi Zollinger miserabel:

> «Heute Beginn des Oberseminars. Eine Institution, der ich von Anfang an feindlich gegenüberstand macht mir nun das Leben für ein Jahr bitter und qualvoll. Morgens Begrüssung durch den Direktor (Prof. Guyer) im Konservatorium. Mein winzigkleines Fünklein Hoffnung und Selbstvertrauen, das dank meinem Optimismus trotz der düsteren Aussichten in mir geglommen hatte, erlosch, als ich das in sachlich-unpersönlichem Ton gehaltene Referat anhörte, in dem etwas von Verantwortung und Bürde lautete. Dann machte uns Vizedirektor Honegger mit der Organisation der Praxis bekannt. Meine letzte Zuversicht schwand endgültig dahin, als er das Schema der Präparation entwickelte und mir dabei ein Licht aufging betreffs der engherzigen und kleinlichen Organisation des Oberseminars. Schwer betroffen und enttäuscht ging ich in die Mittagspause – wie zum Hohn lachte draussen die Sonne am tiefblauen Frühlingshimmel. […] Dazu kam auch die plötzliche Einsamkeit in der grossen Stadt, wo ich nicht weiss, wo mir ein Tisch gedeckt ist, die düsteren Aussichten wegen der alltäglichen Heimfahrt, wegen den lästigen Tram- und Busspesen und was es noch alles gibt. Meine Bitterkeit steigerte sich im Laufe des Nachmittages fast zur ohnmächtigen Verzweiflung, als ich absichtlich im Turnen fehlte (keine Turnkleider) und nachher von den Anderen wie gewohnt angeödet wurde, als wir durch die heisse Asphaltglut der Stadt zum Mühlebachschulhaus hinaus mussten, um dort zu erfahren, dass uns ein schweres und strenges Jahr bevorsteht – nein, das ist zu viel!»

Er beklagt sich weiter über die Freunde, die ihn während der Ferien im Stich gelassen hätten, und fragt sich, ob er jetzt büssen müsse für die glückliche Zeit in Küsnacht, in der er sich ausgiebig seiner geliebten Herschmettler Chronik habe widmen können. Doch es kommt weniger schlimm: Langsam, aber stetig hellt sich schon im Lauf der ersten Woche seine Stimmung wieder etwas auf. Am zweiten Morgen erleidet er zwar einen «furchtbaren Schlauch» im Turnen und klagt, an diesem Institut sei rein gar nichts von akademischer Freiheit zu spüren. Aber gleichwohl sieht er Anzeichen, dass seine «Qual und Niedergeschlagenheit» nachlässt. Das Mittagessen, das er an unterschiedlichen Orten einnimmt, macht ihm bereits Spass. Erst auf der «Katz», dann in der «Rheinfelder Bierhalle» bei einem Cervelat-Salat mit grossem Dunklem, gefolgt vom «Fröschengraben» am dritten Tag – so kann er die Stadt zumindest wirtschaftsgeografisch allmählich kennenlernen. Am ersten freien Nachmittag geht er ins Staatsarchiv und forscht an der Hofgeschichte des heimatlichen Weilers Ermisriet weiter – erfolgreich, wie er vermerkt. Am Donnerstag findet er eine Vorlesung zur Geschichte der Pädagogik sehr kurzweilig. Dann lässt ihm Professor Suter am Naturwissenschaftlichen Institut der ETH bei der Wahl des zu bearbeitenden Themas sogar völlig freie Hand. Und nachdem er am Freitag in der Übungsschule im Schulhaus Fluntern eine sehr schöne Schulfunksendung über den Marder gehört hat, ist für ihn die erste Oberseminarwoche vollends gerettet. → S. 206–207

In diesem Wechselbad der Gefühle geht die Zeit rasch vorbei. Weil schon im folgenden Frühjahr die Ausbildung abgeschlossen sein wird, befasst sich der angehende Junglehrer gedanklich mit einer möglichen ersten Stelle. Am Pfingstsonntag fährt er mit dem Velo ins Tösstal. In Dürstelen hoch über Hittnau bestaunt er die alten Ständerbauten, die schmucken Flarzhäuser mit Dachbalkeninschriften und andere volkskundliche Zeugen alter Zeiten und denkt dabei: «Hier möchte ich Lehrer sein.» Ein paar Wochen später fehlt er an einem Donnerstag am Oberseminar. Er geht morgens zum Coiffeur und widmet sich dann der Herschmettler Schulgeschichte, die er fast fertigstellt. Nachmittags fährt er in sein Heimatdorf, um dem Schulhausabwart ein Buch zurückzubringen. Er besucht auch kurz die junge Lehrerin Annelis Speck, die an der Herschmettler Primarschule die Nachfolge von Ernst Pfenninger angetreten hat. An diesem goldenen Abend denkt er auf der Heimfahrt über die Frage nach, die ihm der Hauswart gestellt hat. Ob er nicht bald als Lehrer in sein Heimatdorf zurückkehren möchte, wollte dieser wissen. Er habe diesen Gedanken «nicht mehr mit der früheren Entschiedenheit verworfen», vertraut Kobi seinem Tagebuch an.

Nach einer Bergwoche im Klöntal mit Wandern, Zeichnen und Malen tritt er Ende August seine erste Praktikumsstelle auf dem Land an. Die Seminarleitung hat es gut mit ihm gemeint: Er kann seine ersten Erfahrungen in der 5. und 6. Primarklasse von Lehrer Max Bührer in Bubikon machen. Bührer ist ein erfahrener und anerkannter Berufsmann. Zudem ist der Arbeitsweg in die Nachbargemeinde kurz. Und der angehende Lehrer kennt Bubikon gut, ist er doch unmittelbar an dessen Grenze aufgewachsen. Zum dreiwöchigen Praktikum haben die Seminaristen einen ausführlichen Bericht zu verfassen. Kobis Bericht umfasst rund sechzig reich illustrierte Seiten und ist thematisch weitgespannt. Zunächst stellt er die Gemeinde und deren Schulverhältnisse vor, dann charakterisiert er drei Schüler. Es folgt die Zusammenfassung des dreiwöchigen Geschehens inklusive der Schulreise an den Vierwaldstättersee. Der letzte Teil des Berichts enthält die Präparationen der Lektionen in allen didaktischen und methodischen Details sowie das Urteil über deren Erfolg. → S. 190–193

Trotz seinen Befürchtungen, den Anforderungen besonders im Turnen, Singen und Rechnen nicht zu genügen, erhält Jakob Zollinger eine überaus positive Rückmeldung von seinem Praktikumslehrer. Und er selbst konstatiert in seinem Abschlussbericht, nach langen Jahren der theoretischen Ausbildung sei er seinem künftigen Beruf während des Bubiker Praktikums nähergekommen. Er habe wegen seiner vielseitigen Interessen – Literatur, Naturkunde, Geografie, Geschichte, Lokalgeschichte und Heimatkunde – die praktische Auseinandersetzung mit dem Lehrerberuf immer wieder hinausgeschoben. Jetzt aber hat er nach seinem Empfinden den entscheidenden Schritt getan.

Ein Tagebucheintrag aus der Bubiker Praktikumszeit ist bemerkenswert, weil er in ähnlicher Form während der kommenden vierzig Jahre seines Lehrerdaseins immer wieder auftauchen wird. Nach einem Lob für das kameradschaftliche und sehr wohlwollende Verhalten seines Praktikumslehrers folgt der Ärger: «Hingegen was mich von Anfang an vor den Kopf stiess, war auch hier in Bubikon die gescheite Diskutiererei unter den Lehrern, die mir so verhasst ist. Besteht wohl unser ganzer Beruf in solchen abstrakten und unendlich gescheiten und erhabenen Reden? Trostlose Aussicht für mich!» Leider nennt der Klagende den Inhalt der Debatten nicht und schreibt auch nicht, was genau ihn daran ärgert. Er tut es auch in den zahlreichen späteren Einträgen jeweils nicht, und es entsteht der Eindruck, er habe Lehrerzimmer insgesamt nicht ausstehen können. Er meidet sie während seiner ganzen Karriere so gut wie immer möglich, indem er Schulsituationen bevorzugt, in denen er allein oder in sehr kleinen Kollegien unterrichten kann. Am besten funktioniert das dann während der drei Jahrzehnte in Herschmettlen. Dort sind es von seinem Schulzimmer zum Pausenkaffee in der Küche seines Lehrerhauses nebenan zwanzig Treppenstufen und fünfzig, sechzig Schritte. Auch von den Weiterbildungsangeboten für die Lehrerinnen und Lehrer hält er nicht allzu viel. Er besucht sie stets mit einer gehörigen Portion Widerwillen und nur dann, wenn sie obligatorisch sind – es sei denn, sie behandeln eine seiner Domänen.

Natürlich macht der Seminarist auch mit der Schule in städtischen Verhältnissen Bekanntschaft. «Städtische Schulhäuser: Wie ich sie hasse, diese lärmigen, hässlichen Zwangsanstalten», notiert er Ende Februar 1952. Schon Monate zuvor hat er einem frechen Oberstufenschüler einen Denkzettel verpasst. Auch später gleitet ihm – wenn er Liederlichkeit, mangelnden Sinn für Ordnung und Sauberkeit oder Hinterhältigkeit feststellt – immer wieder einmal die Hand aus. Das ist damals in den Schulzimmern noch nicht verboten und deshalb weitverbreitet. Erst gegen Ende seiner Lehrerkarriere wird es zum Problem, weil es Eltern gibt, die für solche Vorkommnisse kein Verständnis mehr aufbringen.

Dann, nach einigem Hoffen und Bangen, erhält Jakob Zollinger am 14. April 1952 die erste Abordnung als Verweser – so werden Lehrer genannt, die nicht gewählt sind, sondern von der Erziehungsdirektion an eine freie Stelle geschickt werden. Junglehrerinnen und Junglehrer können ihren ersten Schulort nicht selbst wählen. Schon neun Tage nach der Verfügung soll er im imposanten Dorfschulhaus von Dietikon im Limmattal eine 1. und 2. Klasse übernehmen. Seine Reaktion fällt zwiespältig aus. Einerseits ist er erleichtert, dass er auf Anhieb eine Stelle bekommt, was 1952 nicht selbstverständlich ist. Andererseits ist er mit dem ersten Schulort nicht glücklich – er hätte sich gewünscht, in Dürstelen, Herschmettlen oder Bubikon zu unterrichten. Kobi ist enttäuscht, weil er «nicht aufs Land, sondern in eine schreckliche Vorstadtgemeinde geschickt» wird, und wundert sich, wie sich ein Mensch seiner «Prägung in einer solchen Brutkastenschule, wie sie Dietikon und andere halbstädtische Gemeinden aufweisen, wohlfühlen» könne.

Um das befürchtete Leiden zu begrenzen, fasst er einen Plan. Erstens will er alles daransetzen, im Sommer seine wegen der Ausbildung um ein Jahr verschobene Rekrutenschule absolvieren zu können, um nicht das ganze Schuljahr «dort unten hocken zu müssen». Und zweitens möchte er sich nach einem Jahr aus dem Limmattal absetzen. Doch einmal mehr kommt es anders als erwartet. Die Rekrutenschule absolviert Kobi erst im Sommer 1953 als Telefonsoldat in Airolo, und in Dietikon bleibt er statt einem volle drei Jahre. Schon nach den ersten Sommerferien schreibt er nämlich von «beglückenden Schultagen, die mich meinen Beruf lieben gelehrt haben». Aber nicht nur die Schule ist für den Oberländer im unfreiwilligen Exil durchaus erträglich. Er findet in Frau Mettler eine verständnisvolle, gutmütige Schlummermutter, und selbstverständlich erkundet er ab der ersten freien Minute seine neue Umgebung und entdeckt dabei deren Schönheiten. Die Limmat mit ihren lauschigen Winkeln am Ufer, der Honeret am oberen westlichen Berghang mit seinem lauschigen Weiher oder das Reusstal jenseits des Mutschellen sind Ziele seiner Streifzüge. In seinen Tagebüchern pflegt Kobi Ende Jahr Bilanz zu ziehen. Das knappe Fazit des Autors zu 1952: «Das erste schöne Jahr nach der Kindheit ist zu Ende.»

Zum positiven Urteil beigetragen haben neben der Schule und der Umgebung auch weitere erfreuliche Erlebnisse. Ende Mai besucht er erstmals eine Vorlesung von Professor Richard Weiss. In der Folge verstärkt sich ihre Zusammenarbeit. Weiss möchte die Herschmettler Chronik von der Schweizerischen Gesellschaft für Volkskunde drucken lassen. Das gibt Kobis Forscherdrang mächtig Auftrieb, auch wenn er befürchtet, durch einen solchen Auftrag seine Freiheit und seine Selbstständigkeit zu verlieren. Er widmet sich erstmals intensiver den Bauernhäusern und nimmt den baulichen Bestand erster Gebäude auf, eine Sparte, in der er zum Zürcher Pionier werden wird. Jakob Zollinger gefällt die vielseitige Arbeit an der Schule und in seiner Freizeit. Sie kompensiere seine «Schwerfälligkeit» im Umgang mit anderen Menschen, vertraut er seinem Tagebuch an. Anfang 1953 konstatiert er zu seinem eigenen Erstaunen, dass er sich in Dietikon tatsächlich auch heimisch fühlen kann. Langsam und durchaus schmerzhaft löst er sich von seinem familiären Umfeld. Bruder Fritz hat geheiratet und den Waldhof übernommen. Das führt zu Veränderungen, die dem jüngeren Bruder nicht behagen. Vater Emil schreibt Kobi einen ausführlichen Brief und ist wegen seiner häufigen Wirtschaftsbesuche besorgt. Er vermutet, Bruder Migg habe einen schlechten Einfluss auf ihn. In seiner Antwort widerspricht Kobi diesen Ansichten. Er wolle ein selbstständiges Leben aufbauen, sich den Spannungen im Elternhaus entziehen. Und er verteidigt seinen Lieblingsbruder Migg vehement gegen die Vorwürfe von Fritz und dem Vater.

Während des ersten Berufsjahres erhält Kobi sowohl aus Gossau als auch aus Bubikon Stellenangebote für den Frühling 1953. Er lehnt sie ab, weil er in dieser Phase die familiäre Nähe nicht sucht. Nach drei Jahren Dietikon will der junge Lehrer dann aber Neues erkunden. Apropos erkunden: Schon im Jahr zuvor hat Jakob Zollinger Dietikon Resultate seiner Nachforschungen geschenkt. Die Kommission für Heimatkunde gibt seine Broschüre *Siedlungsgeschichte von Dietikon* als Jahrheft 1954 heraus. Der Autor schlägt darin einen grossen Bogen von der Urgeschichte des Limmattals bis zur turbulenten baulichen Entwicklung des Hauptorts in den Nachkriegsjahren. Das ist typisch: Wo immer Jakob Zollinger sich aufhält, gilt sein Interesse der örtlichen Geschichte und der Umgebung. Auch an seinen nächsten Wirkungsorten Schlatt und Hirzel wird er in kurzer Zeit Spuren hinterlassen, ganz zu schweigen vom Zürcher Oberland, dessen Geschichte er tiefgründig erforscht und in einfacher Sprache und mit Herzblut erzählt.

«Wohin soll ich mich wenden?», lautet die Frage, die sich Lehrer Zollinger am Jahresbeginn 1955 stellt. «Noch ein Jahr Dietikon inmitten stupider Kollegen?» Schon zwei Wochen später entscheidet er sich, eine Stelle in Ebmatingen auf dem Pfannenstielrücken anzunehmen, verpflichtet sich letztlich dann aber in Schlatt. Ein paar Monate zuvor hat er ein Stellenangebot für Herschmettlen bekommen. Noch aber ist er nicht zur Rückkehr in heimatliche Gefilde bereit. Schon bevor er ins verträumte Dorf am Schauenberg zieht, sucht er im Staatsarchiv in Zürich historische Dokumente zur Gemeinde seines künftigen Wirkens und wird fündig. Jahre später – Kobi ist schon nach Hirzel weitergezogen – wird daraus dann der *Streifzug durch die Geschichte der Gemeinde Schlatt*. Der Gemeinderat gibt ihn als illustrierte Broschüre heraus. Bereits vorher profitieren die Schlatter Schülerinnen und Schüler in ihrem Heimatkundeunterricht von Jakob Zollingers Erkundungen.

Schlatt also ist die nächste Station des jungen Lehrers. Von der Westecke des Kantons zieht er an dessen Ostrand, in eine kleine Bauerngemeinde im Hügelgebiet des Schauenbergs, weitab der Grossstadt. Oberschlatt, Unterschlatt, Nussberg und ein paar verstreute Höfe, mehr gibt es dort nicht. Als Zollinger während dieser Zeit einmal kein Auto hat, braucht er volle fünf Stunden, um mit Bus und Zug von Schlatt nach Wetzikon zu gelangen. Da, wo Fuchs und Hase sich Gute Nacht sagen, unterrichtet er. Der Ort entspricht seinem Naturell und seinen Interessen eigentlich weit mehr als das boomende Limmattal, tatsächlich aber wird es eine mühevolle Zeit.

Der neue Lehrer sorgt sich um seine fehlende Kondition beim Jassen, denn nach jeder Schulpflegesitzung ist der Jass das wichtigste inoffizielle Traktandum. Kaum im Dorf angekommen, wird er auch schon als Helfer ins Schlatter Schiessbüro aufgeboten. Immerhin ist ihm Büroarbeit alleweil lieber als Schiessen. Als er dann auch noch Dirigent des Töchterchors werden soll, weigert er sich. Doch ganz ohne ausserschulisches Engagement der Lehrerschaft funktioniert eine kleine Landgemeinde nicht. Kobi Zollinger macht im Männerchor mit, führt dort bei der Theateraufführung am jährli-

Die Familie Zollinger-Hauser in den 1950er-Jahren. Sitzend die Eltern Hermine und Emil. Dahinter von links nach rechts ihre Kinder Migg, Otto, Martha, Jakob und Fritz. Sohn Hans ist 1946 einem Herzschlag erlegen.

chen «Chränzli» Regie. Er ist dabei, als der schlummernde Ornithologische Verein wiederbelebt wird, und wird dessen Präsident. Und schon nach einem Jahr wählen ihn die Schlatter in ihre Rechnungsprüfungskommission. Das alles täuscht darüber hinweg, dass er Mühe hat, den Kontakt zur Bevölkerung zu finden. Viele Eltern in diesem ländlich-konservativen Milieu sind misstrauisch den Lehrern und der Schule gegenüber – und das überträgt sich auf den Nachwuchs. Manches seiner Mittelstufenkinder erlebt er als «verstockt». Wiederholt fragt er sich, ob er nicht besser in Dietikon geblieben wäre.

Wegen der abseitigen Lage seines neuen Wohn- und Wirkungsortes schafft er sich ein erstes Auto an. Wie sein damaliger Schlatter Lehrerkollege und Freund Willi Ulmer erzählt, ist Kobi Zollingers Occasion damals Auto Nummer drei im Dorf. Nummer eins fährt der Pfarrer, Nummer zwei der Posthalter. Willi Ulmer besitzt wenig später Nummer vier. Allerdings fällt Kobi zunächst durch die praktische Fahrprüfung – manuell geschickt und technisch versiert ist er nicht. Und weil die Entlöhnung der Lehrer in Schlatt bescheiden ist, plagen ihn immer wieder finanzielle Sorgen. Als sein erstes Gefährt ausgedient hat, muss er sparen, bis er sich einen flotten DKW Junior leisten kann. Er hinterfragt immer wieder seinen kostspieligen Lebensstil mit Konzert- und Theaterbesuchen in Zürich und Winterthur oder den Weiss-Vorlesungen in der Stadt. Am Wochenende fährt er oft zu den Eltern nach Gossau, ist mit Freunden unterwegs oder besucht Vorträge von Fachhistorikern, Hausforschern und Ornithologen. Aber er wohnt günstig zur Untermiete im neuen Lehrerhaus, das Willi Ulmer mit seiner Familie bewohnt, und so reicht ihm der kleine Lohn aus. Mit Ulmer und dessen Frau Elsbeth versteht sich Kobi gut, mit der anderen Kollegin, der dritten Person im Schlatter Primarlehrertrio, hingegen gar nicht.

Dafür lernt er ein Schlatter Bauernmädchen kennen. Bei einem Gesellschaftsspiel am Unterhaltungsabend des Turnvereins müssen die beiden einander küssen. Elisabeth Anliker wohnt zusammen mit ihren Eltern, dem Bruder und vier Schwestern im Strick, auf dem bescheidenen Hof unten bei der Badeanstalt. Es ist der Lehenhof des ehemaligen Schlosses und jetzigen Pfarrhauses. Elisabeth ist eine zupackende junge Frau. Als Traktorfahrerin liefert sie im Sommer darauf mit einem grossen Wagen das Holz für den «Bundesfeierfunken» an, den Zollingers Schülerinnen und Schüler dann aufrichten. Der Lehrer beobachtet die Szene mit Wohlgefallen. Fortan lenkt er seine Spaziergänge ab und zu in Richtung Strick. In den folgenden beiden Jahren wogt das Liebesleben mit vielen Höhen und Tiefen auf und ab. Eines Tages fasst sich Kobi ein Herz. Er eröffnet Willi Ulmer seine Absicht, Elisabeth einen Heiratsantrag zu machen. Er wolle sein Anliegen noch am selben Abend bei einem Nachtessen auswärts vorbringen. Andrentags erzählt ein

Schüler Lehrer Ulmer in der Pause, Lehrer Zollinger habe ihn grundlos verhauen. Willi Ulmer stellt seinen Kollegen und Untermieter abends zur Rede und erfährt so die Ursache für dessen Wutausbruch: Bethli hat den Antrag abgelehnt, und Kobi ist verzweifelt. Sie habe sich überrumpelt gefühlt und sei zu dem Schritt damals noch nicht bereit gewesen, erinnert sich Elisabeth Zollinger-Anliker später.

Der schwer enttäuschte Kobi vertraut sich seinem besten Ratgeber in schwierigen Lebenssituationen an: Max Meili, dem treuen Banknachbarn aus Seminarzeiten. Meili rät ihm, Schlatt zu verlassen und eine freie Stelle auf dem Hirzel anzunehmen – vom Osten also in die Südecke des Kantons. Kobi zögert, die beiden inspizieren den möglichen neuen Wirkungsort, und tatsächlich wechselt Jakob Zollinger im Frühling 1959 in den Bezirk Horgen. Er verliebt sich umgehend in die Landschaft mit den wunderbaren runden Hügeln, die von Linden gekrönt sind, ebenso in die zahlreichen Riedsenken dazwischen, die eine reiche Pflanzen- und Tierwelt beherbergen. Und dann ist da das düstere, enge Sihltal mit seinen lauschigen Winkeln. Auch hier gräbt er allerlei Lokalhistorisches aus. Er erzählt im *Anzeiger des Bezirks Horgen* die 125-jährige Geschichte des Schulhauses Hirzelhöhe. Ein ausführlicher Artikel in mehreren Folgen mit dem Titel *Die Kriegsfackel über dem Hirzel* wird separat gedruckt. Auch auf dem Zimmerberg hinterlässt der Lehrer aus dem Zürcher Oberland während dieser zwei Jahre also markante Spuren.

Von Dauer ist das Hirzeler Gastspiel nicht. Seit die Pläne für den Bau eines neuen Schulhauses in Herschmettlen mit zwei anstatt einem Schulzimmer konkreter werden, liebäugelt der bald dreissigjährige Kobi mit der Rückkehr in seine geliebte Heimat. Ein neues Schulhaus samt zugehörigem Lehrerhaus, das hört sich überaus verlockend an. Als er und Elisabeth Anliker sich im Herbst 1961 in Winterthur zufällig über den Weg laufen, verlieben sich die beiden erneut ineinander. Und dieses Mal sagt Bethli nicht mehr Nein: Die gemeinsame Zukunft wird also geplant. Anfang September hat die Herschmettler Schulhauseinweihung als gross angelegtes Dorffest bereits stattgefunden. Der künftige Mittelstufenlehrer hat sich dabei als Chronist im Festspiel mit lokalhistorischem Inhalt schon bestens eingeführt. Im Oktober, nach den Herbstferien, übernimmt er die 4. bis 6. Mittelstufenklasse. Im Mai 1962 dann sollen die Hochzeitsglocken läuten.

Doch der schöne Plan hat einen gewichtigen Haken. Primarschulpräsident Christian Lehmann, der Gossauer Käsermeister mit Emmentaler Wurzeln, legt sein Veto ein. Erstens dürfe das eben fertiggestellte Lehrerhaus über den Winter nicht unbewohnt bleiben, das tue einem Neubau nicht gut. Zweitens komme es nicht infrage, dass der Lehrer es mit seiner zukünftigen Ehefrau ein halbes Jahr lang unverheiratet bewohne. Und drittens solle das Paar deshalb noch vor Weihnachten heiraten. Im Kanton Zürich ist das Zusammenleben von Menschen ungleichen Geschlechts ohne Trauschein zu dieser Zeit noch verboten. Der Heiratstermin wird also kurzentschlossen auf den 9. Dezember 1961 vorverschoben: Hochzeitszeremonie in der Kirche Hirzel am Nachmittag, am Abend dann ein Nachtessen in der Herschmettler «Weinschenke». Weil die Hochzeitsgesellschaft sich verspätet, warten die Schülerinnen und Schüler gefühlte Stunden im Freien vor der Dorfwirtschaft auf das Brautpaar und auf die begehrten «Füürschtäi» zum Schlecken. Unter ihnen ist als Fünftklässler auch der Autor dieser Zeilen.

Die Herschmettler Nachtheuel

Mit der Heirat im Dezember 1961 muss Kobi Zollinger Abschied nehmen von einem Verein, der ihm als Ur-Herschmettler und Volkskundler sehr am Herzen liegt: Der Nachtheuelverein Herschmettlen (NVH) ist der Klub der ledigen jungen Männer im Dorf. Zwar ist der Verein erst 1942 gegründet worden, doch sein Ursprung liegt Jahrhunderte zurück. Das hat Zollinger schon in einem 1953 im *Freisinnigen* erschienenen umfangreichen Artikel nachgewiesen. Und zum Fünfzig-Jahr-Jubiläum der Nachtheuel wird er 1992 die *Mannhaften Wächter im Blumengarten der Mädchen* in einem Beitrag im *Heimatspiegel* feiern. In ungezählten Kulturen weltweit hätten von alters her die unverheirateten Männer eine besondere Stellung gehabt, schreibt Zollinger. Die Knabenschaften mit ihren Ritualen seien eines der urtümlichsten Brauchtümer des ländlichen Lebens.

Der Vereinszweck der Herschmettler Nachtheuel ist kurz nach dem Eintritt von Kobi Zollinger 1951 in den ersten Statuten festgehalten worden: «Der NVH bezweckt die Förderung der Kameradschaft. Er überwacht die Vorgänge im Dorfleben. Wenn sich ein Mädchen aus dem Dorf mit einem auswärtigen Burschen verlobt, so fordert der NVH von ihm einen sogenannten Anstand», einen Brautzoll sozusagen. Weigert sich der Bräutigam, den Brautzoll zu leisten, so greift der NVH «zu tätlichen Sanktionen». 1971 dann bringt eine Statutenrevision eine mildere Form dieses Satzes hervor. Statt «tätlicher» behält sich der Verein seither vor, «geeignete Sanktionen» zu ergreifen. In Tat und Wahrheit ist er machtlos, wenn der Bräutigam sich weigert, diesen «Anstand» in Form eines Geldbetrags in die Vereinskasse zu bezahlen. Als Kobi mit 19 Jahren zu den Nachtheueln stösst, gelten zwanzig Franken Anstandsgeld als normal, dreissig Franken als nobel und vierzig Franken als ausserordentlich grosszügig. Viele Brautpaare entrichten ihren Obolus aber bevorzugt in Naturalien. Sie laden die Jungburschen zu einem fröhlichen Abend mit Speis und Trank ein. Da wird dann gezecht, gesungen und gelacht, oft bis zum Morgengrauen. Verhält sich ein Brautpaar korrekt, so bekommt es am Hochzeitsmorgen früh drei krachende Böllerschüsse mit auf den gemeinsamen Weg.

Walter Kunz, damals längere Zeit Vereinskassier und ein besonders eifriger Heuel, erinnert sich Jahrzehnte später an eine Begebenheit in den 1950er-Jahren. Ein Ottiker Bräutigam weigert sich, den Nachtheueln den Anstand zu entrichten, als er eine Herschmettlerin ausführt. Das dulden die jungen Männer nicht. Nach einer ihrer Versammlungen fahren die Nachtheuel mit Mopeds zum Haus des Schuldners. Sie stossen die Brennholzbeige um, errichten vor der Haustüre eine Barrikade aus «Holzbürdeli» und lassen die Schweine laufen – die Stalltüre verstecken sie. Dann ziehen sie wieder ab. Der Brautvater empört sich andertags als Stammgast in der Herschmettler «Weinschenke» lauthals über das freche Burschenpack.

Kobi Zollinger ist mit Eifer bei den Nachtheuein dabei, auch wenn er in diesen Jahren im Limmattal, am Schauenberg und auf der Hirzelhöhe wohnt und unterrichtet. 1954 übernimmt er von seinem Bruder Migg das Amt des Protokollführers. Migg heiratet in diesem Jahr Carolina Acquistapace und scheidet deshalb aus. Die Nachtburschen treffen sich vierteljährlich zu Versammlungen, bei denen sie ihre nächsten Unternehmungen besprechen. Die Versammlungen beginnen oft erst gegen 22 Uhr, weil der Ottiker Männerchor am Samstagabend seine Proben abhält und die Sänger unter den Nachtheuein so erst verspätet im Versammlungslokal eintreffen. Dafür verschiebt sich das Ende der Zusammenkünfte weit in die Nacht. Die Nachtheuel organisieren jeweils eine jährliche «Bluestfahrt» mit Ross und Wagen im Frühling und im Herbst einen «Sauserbummel» an den Zürichsee oder ins Weinland. Als sie 1954 erstmals ein öffentliches Wiesenfest planen, kommt es zu Streitigkeiten. Ein Verein mit einem Dutzend Mitgliedern soll ein derartiges Fest auf die Beine stellen? Und das mit gerade einmal 67 Franken in der Kasse? Doch die Befürworter setzen sich unter der Führung von Präsident Schaaggi Hefti gegen die Zauderer durch, zu denen auch die beiden jüngsten Zollinger-Brüder gehören. Der volkstümliche Abend unter freiem Himmel wird dank Wetterglück zu einem grossen Publikumserfolg.

Die Herschmettler Junggesellen – die Nachtheuel – auf einem Ausflug mit den jungen Frauen des Dorfes. In Uniform die Brüder Migg (links) und Jakob Zollinger.

Seine Rolle an diesem ersten grossen Dorffest Ende August 1954 beschreibt Kobi Zollinger in einem Tagebucheintrag, in dem er sein ganzes, reich befrachtetes Wochenende schildert. Am Samstagmorgen nimmt er an einer Tagung von Zürcher Lokalhistorikern in Pfäffikon teil. Hans Kläui referiert über die Geschichte des dortigen Römerkastells. Dann werden die Gummi- und Kabelwerke Huber besichtigt. Anschliessend spricht der Lehrer und Mundartautor Ruedi Kägi in heimeligem Oberländer Idiom über den Dichter Jakob Stutz. Es folgt nochmals ein Kläui-Vortrag zur Geschichte Pfäffikons. Nach dem Mittagessen geht es zur Besichtigung von Fresken und Chorbogen in die reformierte Kirche. Den Abschluss der Tagung bildet eine Rundfahrt im Motorboot auf dem Pfäffikersee, bei der Zollinger den Zauber der Landschaft im milden Herbstdunst in vollen Zügen geniesst.

«Gegen Abend fuhr ich heim, um am grossen Dorfabend in Herschmettlen teilzunehmen. Dank des milden Wetters und der über Erwarten zahlreich erschienenen Leute wurde es ein prächtiges Fest! Ich übernahm den Barbetrieb und hatte es dabei natürlich ausserordentlich

Die Nachtheuel auf bekränztem Wagen und mit Kapelle während eines «Sauserbummels» an den Zürichsee.

gemütlich. Marthi Hurni war meine Barmaid. Ich schlief bei Heftis oben und half dann im Laufe des Vormittags das Geschirr und die Flaschen sortieren.»

Nach dem Fest zählen die Nachtheuel die Einnahmen und rechnen ab: 394 Franken 45 Rappen verbuchen sie als Reingewinn, das ist auch finanziell ein toller Erfolg. 1958 dann wagen sie einen zweiten Versuch – er gelingt ebenfalls vorzüglich. Das Herschmettler Fest hat sich damit im Oberland etabliert. 1970 und 1973 folgen Grossanlässe in einem riesigen Festzelt. Dafür spannen alle drei Dorfvereine – der Frauenverein, der Dorfverein und die Nachtheuel – zusammen. Mit dem Gewinn finanzieren die Herschmettler einen Brunnen mit fliessendem Wasser an der Dorfkreuzung. Der Bubiker Bildhauer Rolf Flachsmann trotzt einem roten Ackerstein aus dem Glarnerland mit Meissel und Schleifscheiben ein kleines Wasserbecken ab. Der Linthgletscher hat den Findling seinerzeit herangetragen. Übrigens: Die Nachtheuel können auch galant sein und ihr Imponiergehabe ablegen. So laden sie die jungen Frauen im Dorf zum Dank für ihre Mithilfe bei grösseren Anlässen jeweils zu einem Ausflug ein.

Die fröhliche Nachtheuelschar pflegt das gemeinsame Singen. Die Zollinger-Brüder Migg und Kobi begleiten sie mit ihren Gitarren. Die Versammlungen finden in der heimischen Weinschenke oder dann im Sennhof oder im Thäli in den benachbarten Weilern statt. Es gibt ein fixes Eröffnungs- und ein Schlusslied. Zuerst wird jeweils das Protokoll verlesen. Die Verfasser lassen darin den Humor, aber auch Lob und Tadel für Wohl- oder Fehlverhalten, nicht zu kurz kommen. So bemerkt Aktuar Jakob Zollinger 1960, zur «Bluestfahrt» werde man diesmal auch die Konkurrenten vom Nachteulenklub Ettenhausen-Wetzikon einladen, um gegenseitig bekannt zu werden «und ev. die Frage des Vereinsnamen-Diebstahls neu aufzugreifen». Sein Bruder Hans beklagte in einem Protokoll von 1945 den Austritt von zwei Vereinsmitgliedern, die wegen ihrer Heirat aus dem Männerbund ausschieden. «Ernst Hauser und Hermann Brunner haben sich als eingefangen erklärt. Wir wollen hoffen, dass sie sich in jenen Fangarmen noch wohler fühlen als in unserem Club.»

Eine ganze Reihe begabter Schreiber sorgt so dafür, dass das Protokollverlesen an den Versammlungen zum Genuss wird. Stunden später, wenn die Polizeistunde ausgerufen wird, haben die Wirtinnen alle Mühe, die angeheiterten jungen Männer aus ihrem Lokal zu manövrieren. Einmal im Freien, pflegen sie an der Dorfkreuzung ein Lied in den Nachthimmel zu schmettern. Und oft ist der Abend damit noch nicht zu Ende. Vielleicht weiss einer von ihnen, wo sie noch einen «Kaffee avec» bekommen könnten. Und so brechen sie dann auf und hoffen, mit ihrem Gesang die Lampen hinter dem Kammerfenster eines umworbenen Mädchens zum Leuchten zu bringen. Manchmal glückt es, und der Abend dauert bis in die frühen Morgenstunden, manchmal bleibt auch alles still, oder ein erboster Vater jagt die dreisten Nachtbuben fort.

Einmal, im Sommer 1952, führt eine solche nächtliche Exkursion die Nachtheuel ins Nachbardorf Bubikon. Das «Viermädelhaus» Egli im Rutschberg ist ihr Ziel. Die Töchter Rösli, Heidi und Trudi sind bekannt als gesellige und gute Kaffeebrauerinnen, die Nachzüglerin Margrit darf bei Besuchen der Nachtheuel noch nicht dabei sein und muss ins Bett. Rösli Egli und Kobi Zollinger finden in dieser Nacht Gefallen aneinander. Kurz darauf fährt er mit Bruder Migg in dessen Cabriolet wieder im Rutschberg vor. Als die beiden jungen Männer irgendwann in der Nacht heimwärts fahren wollen, springt der Wagen nicht mehr an. Sie ziehen sich wieder in die Egli-Stube zurück, und das Flirten geht weiter. Als Vater Egli am Morgen zum Melken geht, sieht er auf der Sitzbank vor dem Stall ein Motorteil liegen. Die Zollinger-Brüder rufen einen Kollegen mit Mechanikerkenntnissen, und als der Schaden behoben ist, können sie endlich heimfahren. «Wir haben das

Jakob Zollinger ist ein leidenschaftlicher Wanderer und Berggänger. Im Sommer 1971 besteigt er auf einer Tour der SAC-Sektion Bachtel den Piz Palü und am Tag darauf den Piz Bernina, seinen ersten Viertausender.

Auto den Abhang hinuntergestossen, bis es angesprungen ist», erinnert sich Heidi Böhler-Egli noch heute. Die Zollinger-Brüder vermuten Bubiker Neider hinter der Sabotage. Ihre Fahndung ergibt dann aber, dass ihnen andere Nachtheuel den Streich gespielt und ihre Bubiker Nacht damit verlängert haben. Item, Kobi Zollinger fühlt sich in der Egli-Stube ausgesprochen wohl. Er geht im Haus fortan mehrmals ein und aus. Im Folgejahr verbreitet sich in Bubikon das Gerücht, Rösli und Kobi würden demnächst Verlobung feiern. «Kobi war tatsächlich meine grosse Jugendliebe», gesteht Rösli Civelli-Egli siebzig Jahre später in ihrem Sippenhaus auf dem Mutschellen. Kobi habe die Beziehung aber leider wohl nicht gar so ernst genommen wie sie. Denn als ihm ein potenzieller Schwager ins Gewissen redet und meint, er dürfe nicht mit dem Herzen Röslis spielen, setzt er sich ab. Er ist erst 22 und möchte sich nicht fest binden. Jahrzehnte später begegnen sich die beiden wieder. Einmal an der Gossauer Viehschau, ein andermal am Markt in Bremgarten – beide freuen sich sehr über das Wiedersehen.

Im Lauf der Jahre werden die Unternehmungen des Nachtheuelvereins vielfältiger, und er wird sozialer. Es gibt einen jährlichen Dorfabend im Schulhaus, später findet er wegen der steigenden Anzahl Passivmitglieder in grossen Scheunen statt, welche die Herschmettler Bauern allmählich bauen oder erweitern. Ein Familientag und ein Altersnachmittag werden organisiert. Und zehn Jahre nach Kobi Zollingers Austritt bekommt der Verein sogar ein Lokal geschenkt. Oskar Baumann, der Nachbar und frühe Mentor des kleinen Kobi, hat den Nachtheueln sein ehemaliges Brennhaus vermacht. Migg Zollinger, der Maler mit dem besonderen Flair für alte Schriften, hat schon Anfang der 1950er-Jahre über dessen Eingangstür nebst der Geschichte des Gebäudes und dem Herschmettler Wappen mit den beiden gekreuzten weissen Tabakpfeifen auf blauem Grund einen passenden Spruch angebracht: «Der Schnaps, der ist des Menschen Feind, so hat der Pfarrer jüngst gemeint. Doch in der Bibel steht geschrieben, du sollst auch deine Feinde lieben.»

Mit einigem Einsatz an Arbeit und Geld verwandeln Jakob Zollingers erste Herschmettler Schüler, mittlerweile aktive Nachtheuel, das Gebäude dann in ein kleines Vereinslokal, das in der Folge eifrig genutzt wird. Weil Kobi bei seinem Austritt in den kleinen Kreis der Ehrenmitglieder aufgenommen wird, bleibt er den Nachtheueln zeitlebens verbunden. Er nimmt gelegentlich an ihren Vereinsreisen teil und unterstützt ihre Unternehmungen im Hintergrund. Und er ist besorgt um das Weiterbestehen des Vereins, wenn die Mitgliederzahl zeitweise stark rückläufig ist.

Ein Jahrzehnt nach seiner aktiven Zeit im Verein unternimmt er mit den beiden ehemaligen Nachtheuelkameraden Walter Kunz und Schaaggi Hefti am Berchtoldstag 1971 eine Wanderung. Ein Jahr später gesellt sich

Walter Hefti dazu. Fortan trifft sich das Quartett während Jahrzehnten zweimal im Jahr: Am 2. Januar zur winterlichen Eintageswanderung, in der warmen Jahreszeit zu einem zwei- oder dreitägigen Ausflug. Keinerlei widrige Umstände dürfen diese Termine gefährden, Traditionen müssen eisern gepflegt werden, so das gemeinsame Credo. Selbstverständlich führen sie über ihre Reisen Buch: Mehr als sechzig Ausflüge unternehmen sie zusammen. Mit der Organisation wechseln sie sich ab. Nicht immer verlaufen die Touren harmonisch: Vor allem der Bauer Walter Kunz und Lehrer Jakob Zollinger streiten sich wiederholt. «Spätestens nach dem nächsten Kafi Schnaps oder einem Bier aber war die Stimmung wieder bestens», erinnert sich Walter Hefti. Eine der letzten gemeinsamen Touren führt das Quartett über den Solothurner Jura. Trotz dem schlechten Wetter besteht Kobi darauf, den Gratweg zu nehmen, weil er auf der Hasenmatt zeichnen will. Die drei Kameraden wählen die weniger anspruchsvolle Variante. Und tatsächlich bricht ein Unwetter los. Die drei werden im Hotel in Balsthal immer unruhiger, weil Kamerad Kobi nicht eintrifft. Erst nach Einbruch der Dunkelheit taumelt er – durchnässt und halb erfroren – in die Wirtsstube. «Das war unverantwortlich», ereifert sich Schaaggi Hefti noch Jahrzehnte später, «er hatte in manchen Dingen eine gewisse Sturheit.»

Zurück zu den Wurzeln

Nach anderthalb Jahrzehnten auf Wanderschaft kehrt Jakob Zollinger in sein geliebtes Dorf zurück. Diesen Schritt hat der junge Lehrer lang erwogen und immer wieder verschoben. Jetzt hat er sich für das entschieden, was ihm sein langjähriger väterlicher Freund, der Ottiker Lehrer Walter Gohl, zwei Jahre zuvor geraten hatte.

> «Morgens zeigte ich Walter Gohl meine Ferienzeichnungen. Dabei sprachen wir lange über meine Zukunftspläne, insbesondere in Sachen Heiraten. Er meint, es sei höchste Zeit für mich, solange ich mich noch im Stadium der Bereitwilligkeit befinde; wenn ich dieses verpasse, so bestände die Gefahr, dass ich mich auf ein einseitiges, auf sich selbst orientiertes Junggesellendasein versteife, mich immer mehr in meine Eigenheiten verbeisse und es nachher viel schwerer habe, eine Wahl zu treffen. Überdies sei die Voraussetzung für eine eventuelle Übernahme der Herschmettler Schule und des Lehrerhauses eine Frau! Was soll ich tun? Eben stand ich noch im Begriffe, mein Bethli preiszugeben, und nun höre ich diesen Bescheid!»

Nach der Flucht aus Schlatt und einer kurzen Zeit auf dem Hirzel ist die Entscheidung gefallen: Elisabeth und Jakob Zollinger ziehen als frisch vermähltes Paar Ende 1961 ins neue Lehrerhaus auf dem Herschmettler Schönbüel ein. Aus dem Klassenzimmer und vom Balkon ihres Hauses daneben haben sie freien Blick aufs Dorf und – für den Landschaftsliebhaber und Berggänger besonders wichtig – auf die Glarner- und Innerschweizer Alpen, vom Säntis bis zum Pilatus. Es ist nicht bekannt, ob Kobi jetzt den Entschluss fasst, möglichst alle diese Gipfel einmal im Leben zu besteigen, oder ob er sich das schon früher vorgenommen hat. In Begleitung erfahrener Bergkameraden besteigt er dann sogar den Tödi, den König des heimischen Panoramas.

Voller Elan beginnt der junge Ehemann, am vertrauten Ort zu wirken. Er richtet sich im Schulhaus nach seinen Vorstellungen ein und übernimmt die Mittelstufe. Gegen dreissig Schülerinnen und Schüler sind zu Beginn in der 4. bis 6. Klasse, die er zu unterrichten hat. Schon bald wird seinen Zöglingen klar, dass das Zollinger-Regime streng ist. Denn ebenso viel Wert wie auf das Vermitteln des Stoffes legt der mittlerweile erfahrene Lehrer auf die Erziehung zu Ordnung und Wohlverhalten. Die Schuhe müssen draussen im Korridor ordentlich ausgerichtet im Gestell stehen, die Jacken am richtigen Platz hängen. Regelmässig führt er Fingernagelkontrollen durch: Sind die Nägel sauber geputzt oder weisen sie schwarze «Trauerränder» auf? Hosentaschen werden kontrolliert, Sackmesser, Zündhölzer und einmal gar Zigaretten konfisziert. Haben die Schüler ein sauberes Taschentuch dabei, damals noch aus Stoff? Wenn nicht, schickt er die Kinder manchmal nach Hause, um eines zu holen; auch wenn dies zweimal eine halbe Stunde Fussmarsch bedeuten kann. In Zollingers Herschmettler Anfangszeit nehmen das alle Beteiligten klaglos hin, gegen Ende seiner Lehrertätigkeit drei Jahrzehnte später aber wehren sich Eltern lautstark gegen solch überzogene Ansprüche des Schulmeisters.

Doch seine klaren Ordnungsregeln dienen einem erspriesslichen Unterricht, davon ist Zollinger überzeugt. Wer drei Klassen gleichzeitig zu unterrichten hat, muss klare Grenzen setzen, wenn er erfolgreich wirken will. Und stofflich hat der Lehrer seinen Schülerinnen und Schülern viel zu bieten. Das Rechnen und das Turnen sind zwar weiterhin nicht seine Lieblingsfächer, die Unterrichtsformen variieren da nicht allzu stark. Schwächere Schülerinnen haben auch Jahrzehnte später noch schlechte Erinnerungen an die Kopfrechenwettbewerbe. «Alle Schüler stehen auf», lautet jeweils das Kommando. Wer das Ergebnis einer Rechnung als Erste ruft, darf sich hinsetzen. Die Langsamen bleiben bis zum Schluss stehen und fühlen sich blossgestellt. Zollingers einstige Schwäche im Singen hingegen ist für die Herschmettler Schüler nicht mehr wahrnehmbar. Täglich ertönt frischer Gesang aus seinem Schulzimmer im ersten Stock, gesungen wird viel.

Das Hochzeitspaar Elisabeth und Jakob Zollinger-Anliker am 9. Dezember 1961.

Die Glanzlichter seines Unterrichts setzt Zollinger in den Sparten Natur- und Heimatkunde, die sich mit seinen Hobbys decken. Auf unzähligen Spaziergängen den nahen Waldrand entlang oder hinauf auf die Hügel des Gerbel und des Bernet macht er seine Klassen mit der Tier- und Pflanzenwelt bekannt. Er kennt jedes Pflänzchen, jeden Strauch, er sieht jede Tierspur und erkennt jeden Vogel an seinem Gesang. Als ausgebildeter Ornithologe hat er keine Mühe, an sonntäglichen Exkursionen in die nähere Umgebung den Teilnehmenden frühmorgens vierzig oder fünfzig Vogelarten zu zeigen oder über ihren Gesang bekannt zu machen. Ganz zu schweigen von seinem heimatkundlichen Wissen. Die Schülerinnen und Schüler lernen ihre Umgebung im Detail kennen. Ungezählte Flurnamen sind ihnen später ein Begriff, und sie erfahren viel über das alte Herschmettlen. Dazu schickt er sie auch in Gruppen aus, um betagte Dorfbewohner nach dem Leben in früheren Zeiten zu befragen. Und eines seiner Ziele im Geografieunterricht ist es, dass die Sechstklässler die wichtigsten Gipfel des Alpenpanoramas, das man vom Haushügel Gerbel aus sieht, kennen. Felix Zimmermann erinnert sich an einen sonnigen Nachmittag in den 1970er-Jahren. «Wir wanderten vom Schulhaus aus auf den Bernet, den markanten Hügel zwischen Herschmettlen und Oberottikon. Dort setzten wir uns ins Gras. Lehrer

Das erste Herschmettler Klasssenfoto mit Lehrer Jakob Zollinger, 1962 am Waldrand in der Nähe des neuen Schulhauses aufgenommen. Unter den Viert- bis Sechstklässlern in der zweiten Reihe links ganz aussen der Autor.

Zollinger verteilte jedem ein Blatt Papier mit dem Bergpanorama vor uns, das er mit einer Schnapsmatrize vervielfältigt hatte. Nun galt es, möglichst viele der Gipfelnamen auf dem Blatt einzutragen. Später gab es dazu eine Prüfung.» Diese Übung nimmt jeweils einen ganzen Schulnachmittag in Anspruch.

Welche Autorität Lehrer Zollinger geniesst, zeigt eine Sammlung von Briefen, die ihm Schülerinnen und Schüler geschrieben haben und in denen sie ihm ihre Verfehlungen beichten. «Wir haben im Unterricht die Zehn Gebote betrachtet. Beim Besprechen des achten Gebotes sah ich etwas, das ich bekennen möchte. Ich habe Ihnen Leim gestohlen. Es ist mir herzlich leid und ich bitte Sie um Vergebung», schreibt ein ehemaliger Schüler. Er hofft auf eine kleine Rückmeldung und legt Lehrer Zollinger «den Betrag für das Entwendete in Briefmarken bei». Die Schwester dieses Schülers hat sogar drei Missetaten zu beichten. Einmal habe sie den Lehrer beim Hochsprung betrogen, als sie eine Höhe von 90 statt der effektiv übersprungenen 85 Zentimeter gemeldet habe – und sie sei darauf sogar noch stolz gewesen. Ein andermal sei sie allein im Schulzimmer gewesen und habe gerechnet. Weil sie die Aufgaben nicht verstanden habe, habe sie das Lösungsbuch auf dem Lehrerpult entwendet und die richtigen Ergebnisse abgeschrieben. Zu allem Übel habe sie diese auch noch einer Kameradin weitergegeben. Bei der Selbstkorrektur von Rechnungen habe sie schliesslich hie und da die Wahrheit vertuscht. Nun hat das Mädchen zwei Bitten: Lehrer Zollinger möge ihr doch verzeihen und ihr dies in einem kurzen Brief mitteilen. Er solle es aber so einrichten, dass seine Antwort sie an einem Dienstag- oder Mittwochnachmittag erreiche. Dann habe sie als Oberstufenschülerin frei und könne seinen Brief abfangen, damit ihre Eltern nichts davon erführen. Nebenbei betont die reuige Bittstellerin, sie würde lieber weiter in Herschmettlen zur Schule gehen, obwohl ihr Oberstufenlehrer weniger streng sei als Zollinger. Die Antwort trifft dann auch ein. Offensichtlich hat sie der Lehrer zu einem geeigneten Zeitpunkt – wohl auf einer seiner Wanderungen – in ihren Briefkasten gelegt. Das ist aus einem zweiten kleinen Brief zu erfahren. «Oh, ich bin so froh, dass jetzt alles vergeben ist», lautet die abschliessende Bilanz des Mädchens. Die gleiche Schülerin hat übrigens schon zu ihrer Herschmettler Schulzeit einmal schriftlich eine Sünde gestanden. Sie habe Lehrer Zollinger Nüsse gestohlen, und zwar nicht nur vom Boden, sondern auch direkt vom Baum. «Sie sind sonst sicher gut, aber mich dünkten sie nicht so gut, weil sie gestohlen waren.»

Ein besonders eindrückliches Mittel, mit dem er seinen Unterricht gestaltet, sind seine Wandtafelbilder – das weiterum bekannte Markenzeichen von Lehrer Zollinger. Oft sieht man vom Dorf aus spätabends in Zollingers Schulzimmer noch Licht brennen. Der begnadete Zeichner und

Maler wendet eine oder auch zwei Stunden auf, um mit Kreide in allen Farben eine Vogelfamilie in ihrem Nest, die Flora eines Waldabschnitts, eine Riedlandschaft mit Tümpeln und Torflöchern oder eine Schlachtszene am Morgarten an die Wandtafel zu zaubern. Die Gemälde werden jeweils am folgenden Tag von den Schülerinnen und Schülern bewundert, wenn Lehrer Zollinger sie durch das Wenden der Tafeln enthüllt. Nicht zuletzt wegen solcher Bilder – zum Schuljahresschluss sind es oft drei oder vier – kommen zum Examen jeweils Besucher aus der ganzen Gemeinde nach Herschmettlen. Kurz: Jakob Zollinger ist ein anerkannter Mittelstufenlehrer.

Sein anfänglicher Elan hält eine gute Zeit lang an. Doch diverse Neuerungen in der Schule machen dem Lehrer alter Prägung zunehmend Mühe.

Auftritt der Herschmettler Schülerinnen und Schüler mit ihrem Lehrer am grossen Dorffest 1970 (oben).
Die Klasse hilft mit, die Landschaft sauber zu halten. Fotografie aus den 1960er-Jahren (unten).

Das Unterrichten empfindet er in seinen letzten Jahren als Last, von der er sich aber – trotz anderweitigen Möglichkeiten – nicht zu lösen vermag, bis er mit 62 Jahren dann doch vorzeitig Abschied nimmt. Die letzten Berufsjahre sind wenig erfreulich. Wegen stark variierender Schülerzahlen werden die Abteilungen von Ottikon und Herschmettlen gemischt. Er muss auf die Unterstufe wechseln, was ihm weder liegt noch behagt. «Er hat die Entwicklung, welche die Schule durchlaufen hat, etwas verpasst», hat Fredi Leijenaar beobachtet. Der Ostschweizer kommt 1992 mit einem Teilpensum nach Herschmettlen, ein Jahr vor dem Rücktritt Zollingers. Er übernimmt dessen ehemalige Schülerinnen und Schüler. «Das war für uns eine grosse Umstellung», sagt Sandra Studer-Rüegg, die den Lehrerwechsel miterlebt hat.

Lehrer Zollinger hat im Schulzimmer das Sagen und das Geschehen jederzeit im Auge und im Griff. Doch dann kommt Fredi Leijenaar mit einem völlig neuen Unterrichtsstil. Er arbeitet mit Wochenplänen und coacht seine Schülerinnen und Schüler beim Erfüllen der gestellten Aufgaben. Leijenaar selbst hat keine Schwierigkeiten mit Kollege Zollinger. Ein pädagogischer Austausch findet zwar nicht statt, «aber fachlich – in der Natur- und Heimatkunde – habe ich enorm profitiert vom stets hilfsbereiten Kobi», bemerkt er dankbar. Die Jahre in Herschmettlen sind für ihn rückblickend die schönsten und die besten seiner ganzen Berufskarriere.

Doch zurück zu den Anfängen der jungen Familie Zollinger in Herschmettlen in den frühen 1960er-Jahren. Während Kobi im Schulhaus – dort unterrichten auch die Unterstufenlehrerin und eine Handarbeitslehrerin – unbestrittener Platzhirsch ist, so führt seine Ehefrau Elisabeth ebenso souverän den Haushalt und organisiert die wachsende Familie. 1962, 1964 und 1966 kommen ihre drei Kinder zur Welt, die Töchter Eva und Lisa und dazwischen Sohn Robert, Röbi genannt. Für die Erziehung ist ganz zeitgemäss Elisabeth zuständig. «Nur mit ganz grossen Sorgen ging ich zum Vater», erinnert sich Lisa Jahrzehnte später. Etwa, als sie in der Pubertät Liebeskummer durchleidet und nicht mehr ein und aus weiss. Ihr Vater hört ihr geduldig zu und versucht, sie zu trösten. Eva dagegen hat solche Beratungen nicht nötig. Die einzige Sorge der angepassten Erstgeborenen ist es, ihren Eltern – und vor allem dem Vater – zu gefallen. Obwohl Vater Kobi wegen seiner Forschertätigkeit, seinen Vorträgen, Wanderungen und Zeichen- und Malexkursionen viel unterwegs ist, vermissen ihn seine Kinder kaum. Er ist beim Zmorgen und beim Zmittag stets präsent. Nach Schulschluss brütet er oft in seinem Büro über seinen Büchern und Texten. Er ist – verglichen mit vielen anderen Vätern – trotz allem ziemlich oft zu Hause. Zudem pflegt er ein paar feste Gewohnheiten: Am Abend gibt es wenn immer möglich eine Gutenachtgeschichte. Am Sonntagmorgen unternimmt er mit den Kindern

Spaziergänge in die nähere Umgebung, bei denen er sie auf tausend kleine Naturwunder aufmerksam macht. Diese Stunden geniessen die Kinder sehr. Und in den Ferien verreist die Familie gemeinsam: ins Tessin und ins Bündnerland vor allem, aber auch einmal zum Besuch von Klassenkameraden nach Kroatien. Sie unternimmt unzählige Bergwanderungen und geht auch auf den Heinzenberg Ski fahren.

«Zum Spielen brauchten wir unseren Vater nicht», bemerkt Röbi. Der benachbarte Bauernhof der Familie Wunderlin und der nahe Sennwald bieten ihnen genügend Möglichkeiten, sich mit Kameraden auszutoben. Und alle drei wissen sich auch selbstständig zu beschäftigen. Sie haben das gestalterische Talent ihres Vaters geerbt und malen oder basteln oft stundenlang, häufig ganz still im Büro ihres Vaters, währenddem dieser arbeitet. Einen positiven Charakterzug ihres Vaters heben die drei Kinder ganz besonders hervor: Sie dürfen ihn mit ihren Anliegen jederzeit stören. Er unterbricht dann seine Arbeit und hört ihnen geduldig zu. Dieses Prinzip gilt nicht nur für die Kinder. Auch Besucher aus allen Himmelsrichtungen mit den unterschiedlichsten Anliegen können sich darauf verlassen: Ist der viel beschäftigte Kobi Zollinger zu Hause, so nimmt er sich für sie Zeit. Felix Zimmermann erzählt von einem solchen Erlebnis. 1996 möchte er als junger Vater das Elternhaus kaufen. Das Grundstück aber ist im kantonalen Verdachtsflächenkataster verzeichnet. Die Befürchtung der Umweltschützer: frühere Schuttablagerungen nach Kiesabbau. Felix Zimmermann sucht seinen ehemaligen Lehrer auf und fragt Kobi Zollinger um Rat. Dieser runzelt kurz die Stirn, geht in sein Büro und kommt mit seiner Agenda von 1963 zurück. Damals hatten die Eltern Willi und Erika Zimmermann-Zollinger ihr Haus gebaut. Und Ortschronist Jakob Zollinger war mit dem Zeichenstift zur Stelle und skizzierte den geologischen Aufbau der Baugrube. Sohn Felix weist dieses Dokument bei seiner Bank vor und erhält die benötigte Hypothek umstandslos zugesprochen.

Allmählich wachsen die Zollinger-Kinder heran und treten in die Schule ein. Während dreier Jahre teilen sich Eva, Röbi und Lisa das Schulzimmer mit ihrem Vater, eine Alternative gibt es nicht. Eine heikle Situation: Für Eva bietet diese Zeit eine einzige grosse Herausforderung: «Ich wollte um alles in der Welt vermeiden, meinen Vater im Unterricht direkt anzusprechen, sei es mit einem ‹Du›, mit ‹Vati› oder mit dem für alle anderen geltenden ‹Sie, Herr Zollinger›.» Nicht ohne Stolz vermerkt sie, ihr Vorhaben sei ihr vollständig geglückt. Wie viele sprachliche Windungen und Umformulierungen sie dafür benötigt hat, bleibt ihr Geheimnis. Lisa wiederum bemängelt, dass ihr Vater ihren Ehrgeiz in der 6. Klasse zu wenig geweckt habe. Warum fördert Lehrer Zollinger seine Jüngste im Unterricht nicht besonders? Er will unbedingt vermeiden, seine eigenen Kinder gegenüber den Mitschülern zu bevorzugen. Das zumindest glaubt Röbi. Schon seine guten Noten im Zeichnen haben den Argwohn von Kameraden und deren Eltern geweckt, erinnert er sich. Sein Fazit nach drei Jahren Unterricht beim Vater: «Ich würde als Vater eine solche Konstellation heute mit allen Mitteln zu verhindern suchen.» Er hatte stets den Eindruck, er werde strenger behandelt als seine Kameradinnen und Kameraden. Und das Schlimmste für ihn: «Wenn ich in der Schule einmal Mist gebaut hatte, so war das anschliessend beim Mittagessen nochmals Gesprächsthema. Das hat mir die Suppe gehörig versalzen.» Nach solchen Vorfällen beneidet er jeweils seine mitbeteiligten Kameraden, die ihren Zmittag unbeschwert geniessen können.

Mit jahrzehntelangem Abstand zu ihrer Schulzeit fallen die Zensuren der Herschmettler Schülerinnen und Schüler für Lehrer Zollinger sehr unterschiedlich aus. Sie reichen von «Vorbildlicher, toller Lehrer und beeindruckender Mensch» bis zum unerbittlichen «Hat wohl nicht den optimalen Beruf gewählt». Unbestritten ist, dass intelligente, fleissige und angepasste Schülerinnen und Schüler es gut mit ihrem Lehrer haben. Schwieriger ist es für leistungsschwächere oder unsorgfältig arbeitende Kinder. Werden Hausaufgaben nur flüchtig gelöst oder werden sie gar nicht gemacht, so interessieren Lehrer Zollinger die genaueren Umstände dieser Resultate wenig. Diese Schüler werden bestraft, müssen nochmals von vorne beginnen und saubere Arbeit abliefern. «Ich hatte es gut mit unserem

Vater Jakob Zollinger mit seinen Kindern Röbi, Lisa und Eva gegen Ende der 1960er-Jahre.

Lehrer», sagt Urs Hauser, einer seiner ersten Herschmettler Schüler. «Aber ich habe jene Kameraden bedauert, die regelmässig gerügt wurden.»

Auch Tobias Loosli gehört zu Zollingers frühen Herschmettler Schülern. «Rückblickend muss ich sagen, dass ich und ein paar Kumpel wenig profitiert haben von den Qualitäten unseres Lehrers. Wir hatten stets Flausen im Kopf. Die Blumen am Wegrand, die Vögel im Wald und der Herschmettler Alpenkranz interessierten uns herzlich wenig. Was haben wir Kobi Zollinger doch geärgert, ständig herrschte ein latenter Kriegszustand zwischen uns.» Eine besonders heikle Episode ist Tobias Loosli in Erinnerung geblieben: Zu Hause erzählt er, er habe keine Hausaufgaben zu machen. Lehrer Zollinger wiederum bekommt die Version zu hören, er habe dem Vater helfen müssen und keine Zeit gehabt, die aufgetragene Arbeit zu erledigen. Vater Peter W. Loosli traut der Sache nicht und geht mit Tobias zum Lehrerhaus hinüber. Der Sohn ahnt Schlimmes. Doch glücklicherweise ist der Lehrer nicht zu Hause, und der Vater lässt die Sache auf sich beruhen. Sehr dankbar aber ist Tobias Loosli, dass sein Primarlehrer überhaupt nicht nachtragend war. Später sei ihr Verhältnis als Dorfgenossen völlig entspannt und kameradschaftlich gewesen.

Einmal spricht eine Mutter bei Lehrer Zollinger vor. Ihre Tochter könne nicht mehr schlafen, leide seit Tagen unter Schlafstörungen. Das Mädchen klage, Jakob Zollinger plage ein Pflegekind ungerechtfertigerweise. Der Lehrer stellt diesen Vorwurf in Abrede, und die Situation beruhigt sich glücklicherweise wieder. «Ich habe bei Kobi Zollinger das Verständnis für Lernschwächen vermisst, beispielsweise auch für meine Legasthenie», bemerkt Maja Bosshard-Keller. Sie denke im Nachhinein, er hätte seine vielen Fähigkeiten in einem anderen Beruf besser nutzen können. Sein Einsatz für die Schönheiten des Zürcher Oberlandes hingegen sei bewundernswert, «seine Zeichnungen, Aquarelle und Farbstiftbilder finde ich grossartig». Ein anderer Legastheniker dagegen rühmt Zollingers «Therapie» nachträglich. Der Lehrer trägt ihm auf, täglich eine ganze Heftseite abzuschreiben, bis ihm dies fehlerlos gelinge. Er habe dadurch gelernt, sehr präzise hinzuschauen, sagt Felix Zimmermann heute. Und in der Sekundarschule sei er dann wegen seiner sprachlichen Geschicklichkeit sogar gelobt worden.

Tatsache ist, dass Jakob Zollinger über weite Strecken seiner beruflichen Tätigkeit bei Kollegen und Behörden hohes Ansehen geniesst. Es gibt Briefe von Praktikantinnen, die ihre Zeit im kleinen Dorf beim kompetenten und hilfsbereiten Lehrer in bester Erinnerung behalten. Schulbesucher zeigen sich begeistert von seinem lebendigen Unterricht und beeindruckt von seinem Wissen – insbesondere in der Natur- und Heimatkunde –, das er auch bereitwillig an Kolleginnen und Kollegen weitergibt. Doch es gibt auch hier abweichende Sichtweisen. Eine Ottiker Lehrerkollegin, die mit

Jakob Zollinger zusammenarbeitete, erinnert sich, dass er bei der Zuteilung der Klassen und beim Erstellen der Stundenpläne wiederholt seine Interessen rücksichtslos durchgesetzt habe, um genügend Freiheiten für seine Freizeitbeschäftigungen zu behalten. Bei einem spontanen Schulbesuch in Herschmettlen habe sie eine «schrecklich uninspirierte Rechenstunde» für Drittklässler ohne jede Anschaulichkeit bei der Einführung des Metermasses erlebt. Und an einem Elternabend habe er – in ihrer Abwesenheit – schlecht über sie und ihre Schulführung geredet. Das habe sie sehr enttäuscht, merkt sie an.

Der Walder Pius Baumgartner hat im Jahr 1961 gleichzeitig mit Zollinger seine Sekundarlehrerstelle in Gossau angetreten und hier während fast vier Jahrzehnten unterrichtet. Er rühmt die Zöglinge Zollingers und die Zusammenarbeit mit ihm. Er sei stets froh gewesen, wenn er pro Klasse zwei, drei Schüler aus der kleinsten Wacht der Gemeinde habe begrüssen können. «Sie waren vielseitig interessiert, brachten eine solide Basis mit, wussten sich zu benehmen, und sie hatten kaum je Streit untereinander.» Die Zuteilungsvorschläge von Jakob Zollinger zu den drei Oberstufenabteilungen hätten praktisch immer gepasst. «War dies einmal nicht der Fall und wir mussten einen Schüler nach der Probezeit umteilen, so akzeptierte er das klaglos.»

In den Visitationsberichten von Bezirksschulpflegern, die zwischen 1952/53 und 1992/93 verfasst wurden und alle fein chronologisch geordnet im Nachlass von Jakob Zollinger liegen, findet sich im allerersten Bericht eine Bemerkung, die sich in den folgenden dutzendfach in ähnlicher Form wiederholt: «Mit Geschick weiss er in den Kindern die Liebe zur Natur zu wecken und auf diese Weise seine Lektionen interessant und anregend zu machen.» Der Visitator auf dem Hirzel hebt die beeindruckenden Wandtafelzeichnungen des Lehrers hervor und bedauert die Einstellung «gewisser Familien» zur Schulpflicht. Er findet gleich sechs unentschuldigte Absenzen notiert. Ernst König, der erste behördliche Besucher in Zollingers Herschmettler Lehrerzeit, urteilt, die zeichnerische Begabung des Lehrers wirke sich im gesamten Unterricht sehr vorteilhaft aus. Überdies erhielten die Schülerinnen und Schüler viele Anregungen und machten im mündlichen Unterricht freudig mit. Die letzte Visitatorin schildert eine Szene im Klassenzimmer: «Besonders schön fand ich, wie Herr Zollinger, umringt von den Schülern, beim genauen Beobachten, Beschreiben und Pflegen einer Schale von Kressesprösslingen seine Ehrfurcht vor der Schöpfung an die Kinder weitergeben kann.»

Das Heimatdorf unter dem Mikroskop

Der Wissensdurst und der Forscherdrang des jungen Jakob Zollinger sind bekannt. Er durchstreift schon als Kind seine Umgebung, stellt in seiner Heimat-Zeitung Tiere, Pflanzen, oder Städte vor, und er steigt immer wieder zur Familie Huber ins Oberdorf hinauf, weil sie einen grossen Globus besitzt. Er betrachtet darauf die Länder dieser Erde und lernt innert kürzester Zeit die Namen sämtlicher Hauptstädte auswendig. Er verbringt Stunde um Stunde bei den Geschwistern Frieda und Oskar Baumann, die ihm seine Heimat und deren Geschichte nahebringen.

Dann stellt er beim Übertritt in die Sekundarschule das Erscheinen seiner Heimat-Zeitung ein. Er schafft sich bald darauf ein neues ausserschulisches Betätigungsfeld. Wann genau er den Entschluss fasst, seinem geliebten Heimatort eine eigene Chronik zu widmen, ist nicht bekannt. In einem frühen Tagebucheintrag ist schon 1944 von seiner Herschmettler Chronik die Rede. Während seiner ersten Jahre am Seminar setzt er sich dann zum Ziel, die Geschichte Herschmettlens minutiös zu erforschen und nachzuzeichnen, also einen fast schon mikroskopischen Blick auf sein kleines Dorf zu werfen. Er fasst seinen Geschichtsbegriff dafür weit. Die 21 Kapitel seiner Chronik sind breit gefächert und widmen sich Themen wie der Geologie und der geografischen Lage, der Bodennutzung, der Einwohnerstatistik, der Milchwirtschaft, der Schule, den Bewohnerinnen und Bewohnern, dem Dorfbild und der Umgebung sowie dem Dorfbrand von 1870, aber auch Meliorationen, Sitten/Bräuche/Anekdoten oder das aktuelle Dorfleben werden besprochen. Zu all diesen Themen beginnt er im Lauf seiner Küsnachter Seminarzeit, systematisch Material zu sammeln. Er findet es im Zürcher Staatsarchiv, in der Zentralbibliothek, auf dem Notariat Grüningen, in den Akten der Stadt Rapperswil, im Ritterhaus Bubikon, auf der Gemeindeverwaltung in Gossau und bei seinen Gesprächspartnern. Ein erstes Ergebnis dieser Nachforschungen ist ein ausführlicher Zeitungsartikel zum Brand von Herschmettlen von 1870, der 1949 im *Freisinnigen* abgedruckt wird. Er habe im ganzen Oberland «ein gewaltiges Echo ausgelöst», notiert der 18-Jährige sichtlich stolz in sein Tagebuch.

Der jugendliche Forscher schöpft sein Wissen nicht nur aus verstaubten Schriften. Er kreiert 1949 einen ersten Fragebogen mit volkskundlichen Fragen und verteilt ihn an seine Gewährsleute, die er unter den älteren Bewohnerinnen und Bewohnern der Weiler Herschmettlen, Ermisriet und Fuchsrüti, später auch in den angrenzenden Siedlungen der Gemeinden Gossau, Grüningen und Bubikon findet. Er stellt darin nicht weniger als 65 Fragen zu Sitten, Sagen und Bräuchen oder zur Volksmedizin. Ein paar Beispiele: «Welche Erscheinungen bedeuten Unglück? Glaubt man an Hexen? Was erzählt man sich über Irrlichter in den Rieden? Kennen Sie zauberkräftige Mittel gegen Zahnweh? Was für ein Kostüm trug der Samichlaus?»

Er bittet seine Auskunftspersonen – vorerst acht Frauen und acht Männer –, die Fragen wenn möglich bis zum Stephanstag zu studieren. In den Weihnachtsferien dann besucht er sie, geht mit ihnen den Fragebogen durch, bespricht Unklarheiten. Er stenografiert, was sie ihm erzählen. Im Begleitschreiben zum Fragebogen hat er darauf hingewiesen, dass er im Lauf des Winters die Ergebnisse der Umfrage in einem Zeitungsartikel veröffentlichen wolle. Die Wetziker Redaktion sei «ebenfalls an der Wahrung von altem Volksgut sehr interessiert». Die Frauen und Männer geben dem Seminaristen aus der Nachbarschaft zwar mehr oder weniger bereitwillig und ausführlich Auskunft. Der Artikel, der bereits am 14. Januar 1950 erscheint, begeistert allerdings nicht alle. Er trägt den Titel «Von Gespenstern und Aberglauben im alten Herschmettlen». Einige Bewohner befürchten, sie würden damit als Hinterwäldler abgestempelt und ihr Dorf zum Gespött des ganzen Oberlandes werden. Sie äussern diese Kritik allerdings nicht direkt beim Autor, er vernimmt sie lediglich über Dritte. Bald konstatiert er dann aber, dass sich die Wogen wieder geglättet haben. Und er ist entschlossen, seine Chronik weiterzuführen.

Schon bald erhält Kobi akademische Unterstützung. Professor Richard Weiss fördert den begabten jungen Mann nach Kräften. Vor allem ist er beeindruckt von Zollingers Methode, sich volkskundliches Wissen direkt im Volk zu holen. Ein Forschungsansatz, der den Vorstellungen des ersten Volkskundeprofessors an der Universität Zürich entspricht, damals im akademischen Betrieb aber noch keineswegs üblich ist. Es ist kein Zufall, dass die ersten Veröffentlichungen Jakob Zollingers in der Regionalzeitung dem Dorfbrand von 1870 beziehungsweise den Sagen und Anekdoten gewidmet sind. Vom verheerenden Schadenfeuer waren seine Vorfahren besonders betroffen, verloren sie dabei doch Haus, Hab und Gut. Sitten, Bräuche und ausgefallene Geschichten wiederum sind eine seiner Lieblingssparten.

Die erste Erfahrung mit der Sagenwelt seiner engeren Heimat schildert Zollinger in den 1960er-Jahren in einem Vortrag, den er für die Antiquarische Gesellschaft Zürich hält. Die Notizen dazu finden sich in seinem Nachlass:

«Die erste Begegnung mit dem Sagenkreis meines Heimatdorfes hatte ich – wenn man vom Haaggemaa absieht, der im Feuerweiher hausen sollte und mit dem man uns Kindern zu drohen pflegte – im Alter von sieben Jahren. Damals durften wir Erstklässler mit den übrigen Kindern unserer Sechsklassenschule in einen nahegelegenen Waldweiher baden gehen. Hier befindet sich einer jener Giessen, an denen unser Oberland so reich ist, ein Wasserfall, der in einen runden Felskessel stürzt und rings von Wald umschlossen ist. Der finstere Winkel liegt in einem weit ausgedehnten unbesiedelten Wald- und Sumpfgelände. Das war jedoch nicht der Grund, warum wir Kleinen uns vor dem Baden in diesem Weiher fürchteten. Auf dem Wege dorthin ängstigten uns nämlich die grösseren Kameraden ständig: ‹Pass dänn uuf, deet häts Gspänschter›, sagte der eine. ‹Ja, und es hei sich deet emol eine versäuft›, wusste ein anderer. ‹Und uf säbern Eich deet äne hät sich eine ghänkt!› Nur mit Grauen näherten wir uns dem unheimlichen Giessen, der uns schon von weitem durch die Stämme entgegenrauschte.» → S. 216–217

Zehn Jahre später führt er dann seine ersten volkskundlichen Befragungen in Herschmettlen durch. Und er führt sie nicht nur zwischen 1949 und 1964 weiter, sondern ergänzt sein Wissen über Jahrzehnte. 1990 publiziert er seine Erkenntnisse zur reichen Sagen- und Legendenwelt seiner Heimat in einem ausführlichen Artikel im *Heimatspiegel*. Die ungezählten Geschichten aus früheren Zeiten ordnet er geografisch und ortet mehrere Herschmettler Sagenkreise. Der ergiebigste ist jener in der einsamen Riedlandschaft auf der Wasserscheide zwischen Glatt und Jona. Es ist das kaum besiedelte Grenzgebiet der Gemeinden Grüningen, Gossau und Bubikon rund um den Giessen, vor dem er sich als Erstklässler gefürchtet hat. Hier eine kleine Kostprobe:

«Trüllmeister-Rösi, die couragierte Herschmettlerin Rosina Baumann, war einst gegen Mitternacht mit ihrer Schwester Babettli zu Fuss auf dem Heimweg von einem Verwandtenbesuch in Adletshausen. Rösi ging mit einer Laterne voraus. Da sah sie eine Gestalt vom Giessenwald her auf ihren Weg zustreben. Rösi glaubte in ihr eine Bekannte aus dem nahen Hof Chnebel zu erkennen und grüsste sie laut, als sie diese erreicht hatten: ‹Gueten Obig, Jumpfer Chäller!› Doch kaum hatte sie dies ausgesprochen, war das Wesen plötzlich verschwunden. Rösi blickte hinter sich und stiess ihre Schwester an: ‹Häsch gseh?› – ‹Bis still!›, flüsterte Babettli, starr vor Schreck. Beiden lief es eiskalt über den Rücken.»

In der Nähe des Platzes, an dem die beiden Trüllmeister-Schwestern ihre unheimliche Begegnung hatten, befinden sich die «Richttanne», die alte Richtstätte der Herrschaft Grüningen, und der «Galgenacher», wo Missetäter gehenkt wurden. Diebe, die zum Tod durch den Strang verurteilt wurden, erhielten in vergangenen Zeiten eine letzte Chance: Sie durften vom Richtplatz aus um ihr Leben rennen. Holten ihre Verfolger sie ein, wurde das Urteil vollstreckt. Konnten sie sich in Sicherheit bringen, blieben sie unbehelligt. Eines Tages rannte ein Verurteilter um sein Leben. Etwa 200 Meter vom Richtplatz entfernt stürmte er in ein Bauernhaus, verfolgt von den Knechten des Landvogts. «Ich bin in Angscht und Not, verstecked mich», bat er. Er war gerettet, und fortan hiess der Hof über lange Zeit «Angschtennot» –

Angst und Not. Auf der heutigen Landkarte allerdings ist er mit «Neuweid» benannt. Eine zweite Version zur Erklärung des früheren Namens lautet, die Todeskandidaten hätten im Keller jenes Hauses auf ihren Schicksalstag warten müssen, sie hätten dort also in Angst und Not ausgeharrt. Und eine dritte Version geht auf den Namensforscher Bruno Bösch zurück: Der Name habe seinen Ursprung in einem vorreformatorischen Bildstock, auf dem die Angst und Not Jesu am Ölberg dargestellt gewesen sei.

Eine äusserst makabere Legende zur «Richttanne» erzählt der Herschmettler Oskar Baumann dem jungen Heimatforscher: Einst habe dort ein Scharfrichter von besonderem Geschick und mit enormer Schlagkraft gewirkt. An einem eiskalten Wintertag habe er einen Übeltäter köpfen müssen. Der Schlag des Scharfrichters war so kräftig und präzis, dass der abgetrennte Kopf auf dem Hals liegen blieb. Nach dem grauenvollen Schauspiel zogen die Schaulustigen wegen der klirrenden Kälte rasch in den Grüninger «Bären» ab, um sich dort aufzuwärmen. Kurz darauf trat unauffällig ein Mann in die Gaststube und verlangte ein Getränk. Doch nach kurzer Zeit war er aufgetaut, sein Kopf rollte durch die Wirtsstube, und die Gäste suchten aufgeschreckt das Weite.

Aber Gespenstergeschichten und Sagen sind nicht nur in menschenleeren Gegenden angesiedelt, auch Wegkreuzungen sind prädestinierte Orte des Geschehens. So auch der Springplatz am Rand des Sennwaldes an der Strasse Herschmettlen–Hellberg, wo nicht weniger als sieben Wege zusammenkommen. Und dann passiert manchmal auch mitten im Dorf spätnachts Unerklärliches. Frieda Baumann erzählt folgende Begebenheit:

> «Hansruedeli-Nänne [Friedas Grossmutter] lag in der hinteren Kammer im Sterben. Die Mutter und Zäche-Felixe-Esther [Kobis Urgrossmutter] sassen in der vorderen Stube und wachten. Plötzlich klopfte es dreimal an die Türe. Die Mutter öffnete, doch sie fand keinen Menschen. Am andern Tag starb die Grossmutter.»

Jakob Zollinger sammelt im Lauf der Jahrzehnte unzählige Sagen, Gespenster- und Zaubergeschichten sowie Bannsprüche. Nach fünf schriftlichen Umfragen wechselt er seine Methode. Statt mit schematischen Fragebogen kreuzt er mit einem Tonbandgerät bei seinen Interviewpartnerinnen und Interviewpartnern auf. Er macht dabei die beglückende Erfahrung, dass er auf diese Weise noch viel mehr Geschichten zu hören bekommt. Er stellt bald schon fest, dass er den Redefluss nicht mit Zwischenfragen unterbrechen darf. Sogar seinen Vater – sonst allem Gespenstischen und Okkulten abhold – bringt er dazu, ihm eine merkwürdige Geschichte um Kindstod und Hexerei aus dem Hellberg zu erzählen. Die ergiebigste Quelle sind einmal mehr die Geschwister Oskar und Frieda Baumann, seine Gesprächspartner aus frühesten Jugendtagen. Nicht nur Sagen und Legenden, auch

Sprüche und Gedichte kennen sie zuhauf. Er setzt ihnen in seinem oben erwähnten Vortrag ein kleines Denkmal:

«S Hansruedelis – das war für uns Kinder jeweils ein Zauberwort! Oskar und Frieda Baumann, Geschwister und letzte ihres seit Jahrhunderten in Herschmettlen ansässigen Geschlechtes, bedeuteten für uns dank ihres gewinnenden Wesens und ihres Gemütsreichtums, verbunden mit einem erstaunlichen Gedächtnis, wahre Borne schönster Freuden. Tagelang konnten uns die beiden während ihrer Arbeit Geschichten erzählen und Gedichte rezitieren, ernste und heitere. Lustige Reime und Sprüchlein, Verse […] Und was am schwersten wiegt: mit einer Unzahl von eigenen und überlieferten Begebenheiten aus der Geschichte des Dorfes, mit Schwänken, Anekdoten und mit Sagen pflanzen sie heute noch in allen Herschmettler Kindern die Liebe zu ihrem Dörfchen, die Treue und Anhänglichkeit, die jeder auch in der Ferne noch zu ihm bewahrt.»

Seine ganze volkskundliche Arbeit sowie die Sagensammlung gehen auf den Austausch und Gespräche mit Verwandten und den Geschwistern Baumann zurück, resümiert Zollinger.

So wie bei seinem Spezialgebiet – den Sagen und Anekdoten – verfährt er auch in den übrigen Kapiteln seiner Herschmettler Chronik. Mit Akribie und Spürsinn nimmt er sich jeweils eines Themas an. Nicht weniger als 250 Flurnamen auf einer Gebietsfläche von lediglich drei Quadratkilometern macht er beispielsweise in alten Urkunden und auf Plänen ausfindig. Er erklärt ihre Herkunft und die Bedeutung und zeichnet von Hand einen farbigen Plan mit sämtlichen Flurnamen. Oder er scheut keinen Aufwand, um die Hofgeschichten des Weilers Ermisriet über Jahrhunderte zu rekonstruieren. Auch hierzu zeichnet er Pläne mit Häusern und Scheunen, die längst verschwunden sind. → S. 194–207

Die Herschmettler Chronik besteht aus zahlreichen Unterlagen, die heute in vielen Schachteln geordnet im Dürstelerhaus in Ottikon-Gossau lagern. Die Essenz der Erkundungen von Jakob Zollinger ist in 19 wunderschönen, von Hand geschriebenen kleinformatigen Heftchen zusammengefasst. Sie sind – weil mit Klebestreifen zusammengehalten –, sechzig, siebzig Jahre nach ihrem Entstehen am Zerfallen und müssen daher digitalisiert werden. Genau das Gleiche gilt für die sechzig Tonbandkassetten mit den Interviews. Dieser Aufgabe hat sich der Trägerverein des Gossauer Ortsmuseums angenommen.

Die Herschmettler Chronik ist innerhalb von rund 15 Jahren entstanden. Eigentlich war die Publikation durch die Schweizerische Gesellschaft für Volkskunde vorgesehen, sie kam aber nie zustande. Richard Weiss und Jakob Zollinger planten dieses Vorhaben in den 1950er-Jahren und bereiteten es vor. Noch 1964 glaubt der Autor, die umfassende Geschichte des Dorfes werde «in einigen Jahren in Druck gehen». Vielleicht fehlt ihm dafür dann die Unterstützung seines Fürsprechers Richard Weiss, der 1962 in den Bergen verunfallte und starb. Der Wädenswiler Historiker Peter Ziegler vermutet, dass das Geld für die Publikation gefehlt haben könnte. Ziegler gehörte mit Zollinger zusammen zum Kreis derjenigen, die in jungen Jahren von Weiss gefördert wurden. Es lässt sich also nicht mehr eruieren, wieso der Plan scheiterte. Auch im Archiv der Schweizerischen Gesellschaft für Volkskunde in Basel finden sich dazu keine Hinweise.

Nach der fokussierten Arbeit an der Herschmettler Chronik weitet Jakob Zollinger seine Forschertätigkeit sukzessive aus. Kaum ist er als Lehrer in seine Heimat zurückgekehrt, nimmt er sich der ortsgeschichtlichen Sammlung der Gemeinde Gossau an. Deren Prunkstück ist bis heute die Fotosammlung, die von Zollinger angelegt wurde. Die rund 2000 auf Karton aufgezogenen Reproduktionen, die das Leben in der Gemeinde vom 19. bis ins 21. Jahrhundert dokumentieren, werden aktuell digitalisiert. Schon 1962 erscheint die erste der zwölf Broschüren *Gossau – Deine Heimat,* die Jakob Zollinger künftig bis über die Jahrtausendwende hinaus zusammen mit einem Team im Vierjahresrhythmus im Auftrag der Gemeinde herausgibt.

«...die alten
Häuser noch...»

Schon bevor Jakob Zollinger Ende 1950 in Küsnacht Richard Weiss und dessen Vorliebe für das Erforschen ländlicher Bauten und Siedlungsformen kennenlernt, beginnt er sich für die bäuerliche Architektur zu interessieren. Er möchte herausfinden, inwiefern sich die Lebensweise der Menschen in ihren Bauten manifestiert – eine für das Erforschen der Alltagskultur spannende Frage. Zum Einstieg in die Bauernhausforschung mag aber auch der Bauboom beigetragen haben, der einige Jahre nach dem Ende des Zweiten Weltkriegs im Raum Zürich einsetzt. Nach Jahren des Stillstands scheint in der Zeit des wirtschaftlichen Aufbruchs der Abbruch alter Häuser ein probates Mittel zu sein, um Platz für Neues zu schaffen. Heimatschutz und Denkmalpflege geniessen damals noch nicht jenen Stellenwert, der ihnen zwei Jahrzehnte später mit dem modernen Zürcher Raumplanungsgesetz allmählich zugesprochen wird. Das drohende Verschwinden alter Bausubstanz dürfte den jungen Jakob Zollinger motiviert haben, den kulturellen Wert alter Baukunst aufzuzeigen und die Bauten vor dem Abriss zu bewahren.

Im Mai 1950 führt ihn eine sonntägliche Velotour ins Zürcher Unterland. Er bewundert dabei «volkskundlich interessante Bauernhäuser» in Schwamendingen und Opfikon. Im Frühling des folgenden Jahres ist er auf einem Veloausflug ins Tösstal von der urtümlichen Bausubstanz des Dorfes Dürstelen am Stoffel beeindruckt. Dass er seinen Blick für die alten Häuser immer weiter schärft, zeigt auch ein Tagebucheintrag vom Herbst 1951: Er habe die Sammlung von Haussprüchen seines Bruders Migg ergänzt, heisst es dort. Haussprüche prangen mancherorts über den Türen, oder aber sie zieren die langen Dachbalken unter den breiten Vordächern von Wohnhäusern und Scheunen. Man muss oft aufmerksam hinschauen, um sie überhaupt zu entdecken.

In den Herbstferien 1952 – ein halbes Jahr nach dem Antritt seiner ersten Lehrerstelle in Dietikon – findet sich der Eintrag: «Heute arbeite ich mich in die Bauernhausforschung ein.» Und in der Woche darauf nimmt er sich die ersten Herschmettler Häuser vor. Die systematische Erforschung der Bauernhäuser hat die Schweizerische Gesellschaft für Volkskunde 1946 erst gerade als nationales Projekt lanciert. Zollinger profitiert bei seinen ersten Erkundungen von der Wegleitung, welche die Initianten dafür herausgegeben haben. Der Pionierkanton der Bauernhausforschung ist Graubünden. Im Kanton Zürich beschäftigt sich vorab Richard Weiss mit der Bauernhausforschung. Doch das entscheidende Fachgremium erweist sich mit nicht weniger als 33 Mitgliedern als zu schwerfällig, als dass es rasch vorwärtsginge. Weiss schlägt darum Jakob Zollinger vor, nach Abschluss des Oberseminars ein volles Volkskundestudium zu beginnen und dabei die Bauernhausforschung anzugehen. Doch einmal mehr erweist sich Zollinger als nicht besonders wagemutig: «Damals just dem Seminar entronnen und mit Fähigkeitszeugnis als Primarlehrer bewaffnet, brannte ich aber darauf, meine Sporen in der Volksschule abzuverdienen», schreibt er 17 Jahre später in seinem Zwischenbericht über den Stand der Forschungsarbeiten. → S. 180–181

Obwohl er keine Karriere als Volkskundler einschlägt, bleibt er der Sache treu. Nachdem er in den Folgejahren zahlreiche Bauten im ganzen Zürcher Oberland inventarisiert hat, erreicht ihn jedenfalls Anfang 1967 die Anfrage Heinrich Burkhardts, ob er seine Arbeiten während eines Schuldiensturlaubs entscheidend weiterführen könnte. Zollinger willigt ein. Um das zu ermöglichen, muss die Erziehungsdirektion den Herschmettler Lehrer vorerst für ein halbes Jahr beurlauben. Burkhardt, damals Zürcher Stadtrat, leitet das kantonale Komitee für die Bauernhausforschung. Er bittet Erziehungsdirektor Walter König in einem Brief, das bald eintreffende Urlaubsgesuch Zollingers zu bewilligen und die Vikariatskosten zu übernehmen. Er schreibt weiter von der Qualifikation seines Favoriten für die anstehende Arbeit: «Lehrer Jakob Zollinger ist zur Zeit in Bezug auf die Bearbeitung der Bauernhausforschung im Kanton Zürich der bestausgewiesene Volkskundler.» Er habe sich als Schüler von Richard Weiss mit einer Reihe heimatkundlicher Arbeiten hervorgetan. So habe er im Auftrag der

Jakob Zollinger hält als junger Lehrer bei einem Auftritt im Herschmettler Schulhaus ein Referat.

kantonalen Denkmalpflege für die Gemeinde Gossau «das damals gründlichste Inventar der kulturhistorischen Objekte einer Zürcher Gemeinde» geschaffen. Burkhardts Empfehlung zeigt Wirkung, Jakob Zollinger wird im Herbst 1968 ein erstes Mal beurlaubt. Zwei Jahre später folgt ein zweiter, diesmal ganzjähriger Einsatz für die Bauernhausforschung. Im Herbst 1972 aber beschliesst er dann, sich von der Bauernhausforschung zurückzuziehen. Im Januar 1973 vertraut er seinem Tagebuch an, er fühle sich jetzt «frei von der schweren, für [ihn] allein untragbaren Last des grossen kantonalen Forschungswerks». Er habe seinen Ehrgeiz zurückgebunden und sei wieder er «selbst geworden». Schon 1974 erwägt er allerdings ein weiteres Mal, sich von der Schule zu lösen und die drei Bände über die Zürcher Bauernhäuser in Angriff zu nehmen, verzichtet dann aber erneut und diesmal endgültig.

Einst hatte Richard Weiss gehofft, die Zürcher Bauernhausforschung innerhalb weniger Jahre abzuschliessen. Tatsächlich erscheint der letzte der drei Bände, derjenige über das Zürcher Oberland, aber erst nach genau einem halben Jahrhundert im Jahr 2002. Der junge Historiker Beat Frei schreibt ihn. Wie er in seinem Vorwort betont, hat er sich dabei wesentlich auf die Vorarbeit von Jakob Zollinger abstützen können. Obwohl Zollinger sich zurückgezogen hat und die Publikation seiner Resultate anderen überlässt, bezeichnet Christian Renfer, der ehemalige Zürcher Denkmalpfleger, ihn als den eigentlichen Pionier unter den Zürcher Bauernhausforschern: «Er hat als Erster schon systematische Erhebungen durchgeführt, als noch niemand an die Erhaltung dieses wichtigen kulturellen Erbes dachte.» Doch als Nichtakademiker habe er Neider gehabt und sei von studierten Volkskundlern ignoriert worden. Seine Arbeit sei jahrzehntelang unterschätzt worden. «Der Ehrendoktortitel war für ihn dann eine grosse späte Genugtuung», ist Christian Renfer überzeugt.

Das schönste und populärste Werk des Bauernhausforschers Zollinger ist sein Buch zu den Zürcher Oberländer Flarzhäusern von 1972. In wunderbarer Symbiose von Text und Federzeichnungen malt der Autor ein liebevolles Bild des Arme-Leute-Hauses, das nirgends verbreiteter ist als rund um den Bachtel und im Tösstal. Ursprünglich sind die Flärze oder «Tätschhäuser» hölzerne Kleinbauernbehausungen mit einer einzigen Wohnung und eine bauliche Mischform. Vom Voralpenhaus haben sie das flache Dach, vom Ackerbauernhaus die Trauffront und die Verbindung mit Stall und Scheune. Das markanteste Merkmal gerade der Zürcher Oberländer Flärze aber ist das Aneinanderreihen mehrerer Wohnteile unter dem gleichen First. Zollinger erklärt die Entstehung dieses Mehrfachflarzes mit wirtschaftlichen Gegebenheiten. Weil Ende des 15. Jahrhunderts im Oberland eine starke Zuwanderung einsetzt, befürchten die Dörfer Übervölkerung. Sie wehren sich auf zweierlei Arten dagegen. Erstens erheben sie eine möglichst hohe Eintrittsgebühr für Neuzuzüger. Und zweitens beschränken sie die sogenannten Gerechtigkeiten – die Anteile der Einwohner an der Nutzung von Weiden und Wäldern – auf je einen Anteil pro bestehendes Haus. Auf diese Weise versuchen sie, Neubauten zu verhindern. Doch die Hauseigentümer wissen sich zu helfen: Sie bauen aus einem Haus durch möglichst beidseitiges Verlängern des Firstes Zwei-, Drei-, Vier- oder auch einmal Sechs- oder gar Achtfamilienhäuser. Der despektierliche Name «Flarz» stammt vom flachen Dach und der dadurch geduckten Gesamterscheinung. Weil es mit losen Holzschindeln bedeckt ist, darf das Dach nicht stark geneigt sein. Die Schindeln würden sonst trotz den Holzstangen oder den Steinen, mit denen sie beschwert sind, abrutschen. Jakob Zollingers Herschmettler Elternhaus übrigens verliert diesen Flarzcharakter schon zu Beginn des 20. Jahrhunderts. Grossvater Jakob Zollinger lässt bei einem Umbau den Dachstuhl anheben, aus dem «Tätsch»- wird ein Steildach, jetzt mit Tonziegeln statt mit Schindeln gedeckt. Das ist wohl eine Folge der verheerenden Erfahrungen, welche die Herschmettler 1870 mit den leicht brennbaren Schindeldächern machten. → S. 225

Trotz seiner offensichtlichen Liebe zu dieser wenig repräsentablen Form von Behausung hütet sich Zollinger, den Flarz zu idealisieren. Er beschreibt die «Engnis», die engen Platzverhältnisse insbesondere der Mittelteile, die oft verwinkelten Grundrisse der Stammhäuser, die Dunkelheit und die Kargheit ihres Inneren. Die kleinräumigen Verhältnisse führen oft zu Streitigkeiten. In den Akten des Staatsarchivs und auf den Notariaten findet Zollinger zahlreiche Belege dafür. Da und dort teilen zwei oder gar drei Parteien eine einzige, notdürftig unterteilte kleine Scheune. Oder über der Stube des einen Bewohners liegt das Schlafzimmer des Nachbarn, so kompliziert sind die Besitzverhältnisse. Die Grundstücke sind meist jämmerlich klein und ermöglichen keine bäuerliche Existenz. Trotz all diesen Nachteilen vermag sich der Flarz im Zürcher Oberland über Jahrhunderte als Wohnform zu halten. Er braucht nicht nur weniger Boden als ein freistehendes Gebäude, sondern auch weniger Baumaterial. Und selbst energetisch bietet er Vorteile: Die Wand-an-Wand-Nachbarn helfen beim Warmhalten der Behausung, sie heizen mit. Ein Hauptgrund für das Fortbestehen dieser sparsamen Wohnform liegt aber in der wirtschaftlichen Entwicklung der Region. Die Bewohnerinnen und Bewohner leben nicht von den Erzeugnissen ihres Bodens, sondern von der Heimarbeit, dem Spinnen zuerst, später dem Weben. Erst mit der Gründung der Textil- und später der Maschinenfabriken im 19. Jahrhundert geht die Heimarbeit dann zurück, und zu Beginn des 20. Jahrhunderts verschwindet sie fast gänzlich. Anstatt am Webstuhl beim Stubenfenster oder im Webkeller des Flarzes arbeiten die Bewohner jetzt in der Fabrik. Der Flarz wird zwar oft gleichgesetzt mit ärmlichen Wohnverhältnissen. Doch in der zweiten Hälfte des 18. Jahrhunderts etwa steigen die Löhne der Heimarbeiterinnen markant an. Das lockt Zuzüger an, und viele Flärze werden zu dieser Zeit erweitert.

Aber Jakob Zollinger beschäftigt sich nicht nur mit den Flärzen, obwohl er Ruedi Kägis Gedicht «Arm und glückli» als Motto seines Flarzbuches gewählt hat:
«I stamme us käm Herrehus
S isch nu en alte Flarz.
Hä kän Davoserschlitte gha
Blos eine mitme Schnarz.
[…]»
Nein, Zollinger widmet sich auch den herrschaftlicheren Bauten in seiner Umgebung. In den 1960er- und 1970er-Jahren bewahrt er in seiner Wohngemeinde zusammen mit Gesinnungsgenossen zwei davon vor dem Abbruch.

Das Dürstelerhaus in Unterottikon ist das eine Gebäude. Das markante Doppelhaus mit den bemalten Fallläden und der schönen Dachlukarne an der alten Dorfkreuzung sollte zusammen mit dem benachbarten «Fabrikli» Ende der 1960er-Jahre abgebrochen werden und einer neuen Überbauung weichen. Doch dagegen organisiert sich Widerstand. Längst hat Jakob Zollinger die Geschichte des Hauses recherchiert. Wann genau im 16. Jahrhundert es erbaut worden ist, findet er zwar nie heraus. Auf jeden Fall wird es aber ab 1592 von Schwarzpur Jagli Furrer bewohnt. Der einflussreichen Familie, die in der nahen Chindismüli rasch zu Reichtum gekommen ist, gehört das Haus bis ins 18. Jahrhundert hinein. Dann geht es an die wohlhabende und angesehene Familie Weber aus Hinteregg über. Die Familie, die regelmässig Landrichter und Offiziere stellt, baut das Haus zwischen 1784 und 1790 um und aus, es erhält sein heutiges Aussehen als stattliches Doppelhaus mit zwei Wohnungen. Kurz darauf wird es in den Wirren der Helvetischen Revolution 1802 geplündert – als Strafmassnahme gegen den aufrührerischen Bewohner der oberen, westlichen Wohnung, Friedensrichter und Amtshauptmann Hans Heinrich Weber. Die helvetischen Truppen erbeuten dabei unter anderem eine Schnupftabakdose, Tabak und Tabakspfeifen, 73 Mass Wein und Most sowie 46 Pfund Fleisch, Butter und Käse. Die Webers schwören daraufhin dem Militär ab. Johannes Weber wird Gemeindepräsident, Grossrat, Statthalter und von 1849 bis 1870 Bezirksgerichtspräsident. Er erbaut 1834 das stattliche Steinhaus schräg gegenüber. Kurz zuvor hat ein Verwandter 1817 das «Fabrikli» nebenan gebaut und es als mechanische Baumwollspinnerei betrieben, verkauft es aber schon 1825 weiter. Zu seinem heute gebräuchlichen Namen kommt das Doppelhaus dann 1877 durch den Verkauf an Kantonsrat Johannes Dürsteler-Weber. Er stammt ursprünglich aus dem nahen Itzikon-Grüningen und wächst im Unterottiker «Rössli» als Sohn des Wirtes auf. Im «Rössli»-Saal stellt er seine ersten Zwirnstühle und Spinnmaschinen auf. 1843 dann zieht sein Unternehmen nach Medikon-Wetzikon um. Dort werden feine Seidenerzeugnisse produziert, die noch in der Mitte des 20. Jahrhunderts mit dem Slogan «Idewe, der gute Strumpf» beworben werden. Das Ottiker «Fabrikli» dient der Firma Dürsteler rund neunzig Jahre lang als Seidenwinderei. Bis zu 34 Arbeiterinnen – mit ihren Familien wohnen einige von ihnen im benachbarten Doppelwohnhaus – bereiten dort die Rohseide für die Weiterverarbeitung in der Hauptfabrik in Medikon-Wetzikon vor. 1973 wird der Betrieb dann endgültig stillgelegt.

Jakob Zollinger kann nicht billigen, dass ein solch stattliches, 400-jähriges Haus, in dem für die Region bedeutende Persönlichkeiten gewohnt haben, verschwinden soll. Für ihn ist das Haus der wertvollste profane Bau der Gemeinde. Dass er mit seiner damaligen Einschätzung richtig lag, beweist der Umstand, dass das Haus seit 2018 im Bundesinventar der schützenswerten Bauten verzeichnet ist. Die Textilfirma Dürsteler hat schon in den 1950er-Jahren mit dem Gedanken gespielt, das baufällige Haus abzureissen. Sie erkundigt sich beim Zürcher Heimatschutz, ob eine allfällige Renovation finanziell unterstützt werden würde. Später überlegt sie sich, die benachbarte Seidenwinderei aufzugeben und das ganze Areal neu zu überbauen. Doch der Widerstand in der Gemeinde gegen dieses Vorhaben wächst. Der Ottiker Lehrer Walter Gohl macht sich für den Erhalt des Hau-

Das Dürstelerhaus in Unterottikon. Dank dem Einsatz von Jakob Zollinger dient das 400-jährige Doppelhaus seit 1974 der Gemeinde Gossau als Ortsmuseum und Begegnungsort.

ses stark. Kaum nach Herschmettlen zurückgekehrt, schaltet sich Jakob Zollinger zusammen mit seinem Mentor Oskar Baumann ein – die beiden sind die Gemeindebeauftragten für Natur- und Heimatschutz. Sie schreiben 1962 dem Gemeinderat einen eindringlichen Brief, in dem sie den Erwerb des Hauses und dessen spätere Nutzung als Ortsmuseum vorschlagen. Der Gemeinderat geht auf den Vorschlag ein und unterbreitet der Firma Dürsteler ein Kaufangebot. 150 000 Franken ist er bereit, für das «Fabrikli» und das Kosthaus zusammen aufzuwenden. In den folgenden Jahren passiert nichts. Doch der Zürcher Heimatschutz und die kantonale Denkmalpflege stufen den Bau bald schon als schutzwürdig ein. «Das Haus ist in Form und Konstruktion ein Bau, der in seiner Reinheit und Geschlossenheit Seltenheitswert besitzt, ein kostbarer Zeuge handwerklichen Könnens aus der zweiten Hälfte des 18. Jahrhunderts», schreibt Professor Hans Suter in seinem Gutachten aus den 1960er-Jahren. Dann trifft im Frühling 1970 die überraschende Mitteilung aus Wetzikon ein. Die Dürsteler AG sei unter Auflagen bereit, das Wohnhaus der Gemeinde zu schenken. Am 2. November 1970 nimmt die Gemeindeversammlung das Geschenk an und bewilligt 206 000 Franken für die Renovation. Die Schenkerin macht Auflagen: Die Gemeinde muss sich verpflichten, das Haus innert fünf Jahren aussen und innen zu renovieren und einem öffentlichen Zweck zuzuführen. Und der Name «Dürstelerhaus» soll bestehen bleiben und so an die letzten privaten Eigentümer erinnern. 1974 wird im westlichen Wohnteil das Gossauer

Das Fähndrihaus vor der Renovation. Das Haus einer einstigen Fabrikanten- und Beamtenfamilie prägt heute das Strassenbild im Gossauer Mitteldorf.

Ortsmuseum eröffnet, der östliche bleibt vorerst bewohnt. 2013 dann wird nach einem zweiten Umbau auch die östliche Wohnung Teil des Museums. Dort, in der Ostecke des ersten Obergeschosses, ist heute der umfangreiche Nachlass von Jakob Zollinger untergebracht. Seine Erben haben ihn der Gemeinde 2018 geschenkt, und in dieser Kammer werden diese Zeilen geschrieben. Das benachbarte «Fabrikli» hat die Familie Dürsteler verkauft. Es ist – äusserlich kaum wahrnehmbar – zu Loftwohnungen umgenutzt worden. Die Fabrik, das Doppelwohnhaus und das stolze Steinhaus auf der anderen Strassenseite – «Statthalterhaus» genannt – prägen zusammen noch heute das Unterottiker Dorfbild.

Weil die alten Gossauer Häuser von rührigen Antiquitätenhändlern über Jahrzehnte stark geplündert worden seien, wie Zollinger einmal beklagt, wird das Haus nicht zu einem Museum voller alter Gegenstände. Vielmehr entscheidet sich die Natur- und Heimatschutzkommission, die der Gemeinderat bildet und die das Museum betreibt, für ein Konzept mit Wechselausstellungen. Sie sind anfänglich historischen, heimat- und naturkundlichen Themen gewidmet. Jakob Zollinger prägt das Geschehen im Ortsmuseum während zweier Jahrzehnte entscheidend mit. Als seine Kräfte dann nachlassen, zieht er sich langsam zurück. Seit den späten 1990er-Jahren finden im Ortsmuseum auch Wechselausstellungen von Künstlerinnen und Künstlern statt.

Ebenso umstritten ist der Erhalt des Fähndrihauses an der Grütstrasse im Gossauer Mitteldorf. Der imposante mehrstöckige Bau ist wie das Statthalterhaus in Unterottikon und der Sonnenhof in Herschmettlen nach dem Vorbild der Weinbauernhäuser am Zürichsee mit Steildach und repräsentativem Treppenaufgang ausgestattet. Es wurde 1758 von Rudolf Homberger aus Unterwetzikon errichtet, der zuvor an dieser Stelle ein altes Bauernhaus abgebrochen hatte. Homberger war Textilverleger – ein Fergger. Damit gehörte er wie Beamte, Müller oder Offiziere einer ländlichen Oberschicht an. Sie legte Wert darauf, ihre höhere soziale Stellung in der Bauweise ihrer Wohnhäuser zum Ausdruck zu bringen. Homberger stieg als Sohn eines Wetziker Richters, der ursprünglich aus der Gossauer Leerüti stammte, zum Amtsfähnrich der Herrschaft Grüningen auf, was dem Haus seinen Namen gab. Er vererbte den erfolgreich betriebenen Zwischenhandel mit hausgewobenen Textilien an seine Söhne. Sein stattliches Haus unterteilte er in vier symmetrische Wohnungen im erhöhten Erdgeschoss und im ersten Obergeschoss mit gemeinsamem Eingang und Treppenhaus. Die Söhne bewohnten sie. Hans-Heinrich, einer von ihnen, war in der Helvetik erster Gemeindepräsident von Gossau, das damals zur selbstständigen Gemeinde wurde. In der Folge bauten die Homberger-Brüder gegenüber von ihrem Haus die Baumwollspinnerei Gossau. Später wurde das Fähndrihaus Teil der Elektrofirma Accum, die in der Mitte des 20. Jahrhunderts mit ihren Boilern das grösste Unternehmen der Gemeinde war. «Das Fähndrihaus war also nicht nur Offiziers- und Beamtensitz, sondern eine regelrechte Fabrikantenvilla geworden», schreibt Zollinger in einem Zeitungsartikel 1991.

In der Mitte des 19. Jahrhunderts wechselte der Besitzer. 1869 erwarb die Sennereigenossenschaft Gossau Teile des Hauses und die Scheune daneben. An deren Stelle baute sie eine Käserei an, die heute die Apotheke beherbergt. Als in der Mitte des 20. Jahrhunderts westlich davon eine neue, grössere Käserei gebaut wurde, überlegte man sich, das Fähndrihaus abzubrechen.

1981 liegt die Abbruchbewilligung vor. Auf Betreiben Jakob Zollingers und anderer engagierter Personen entschliesst sich der Zürcher Heimatschutz zum Kauf des Hauses und verhindert so, dass es abgerissen wird. Weil dann aber die Gossauer Stimmbürger an der Gemeindeversammlung das Budget für die geplante Renovation ablehnen, kommt das Vorhaben nicht zustande. Dem Heimatschutz gelingt es in der Folge, das Haus einem Bauunternehmer zu verkaufen, der es – unter den Auflagen des Denkmalschutzes, dem es seit 1986 unterstellt ist – mustergültig renoviert und umnutzt. Im Juli 1991 verfasst Jakob Zollinger als Ortskorrespondent des *Zürcher Oberländers* einen Artikel zur Einweihung des Gossauer Schmuckstücks mit dem Titel «Das Fähndrihus – bauliches Kleinod in Gossau». Nicht nur in Unterottikon, sondern auch in Gossau Dorf ist ein geschichtsträchtiges und repräsentatives Haus gerettet worden. Und das aktive Mitglied des Ottiker Männerchors, Jakob Zollinger, kann mit Inbrunst einen Klassiker aus dem Schweizer Chorrepertoire singen: «Die alten Strassen noch, die alten Häuser noch, die alten Freunde aber sind nicht mehr.»

Der streitbare Bürger

Jakob Zollinger ist zwar politisch interessiert, Ämtern steht er aber skeptisch gegenüber, weil ihm seine Freiheit und seine Unabhängigkeit zu wichtig sind. Er kann gleichwohl nicht verhindern, dass er schon im zweiten Schlatter Lehrerjahr in die Rechnungsprüfungskommission gewählt wird. Und auch das Präsidium des Ornithologischen Vereins schlägt er nicht aus, weil die kleine Gemeinde sonst für den ihm so wichtigen Natur- und Vogelschutz nichts unternehmen würde. Als er wieder in Gossau wohnt, tritt er der Partei seines Mentors Oskar Baumann bei, der BGB und späteren SVP. Er verlässt sie später enttäuscht wieder, weil die SVP sich kaum um seine ureigensten Anliegen – eine intakte Natur und den Erhalt baulicher Denkmäler – kümmert. Er lässt sich in die grosse Planungskommission wählen, die in den 1970er-Jahren die Revision der Gossauer Ortsplanung begleitet. Er wird Vorstandsmitglied der Ritterhausgesellschaft Bubikon und leitet in dieser bedeutenden Oberländer Institution mehrere Jahrzehnte lang Führungen. Nach seinem Rücktritt wird er Ehrenmitglied. Er sitzt auch viele Jahre als Vertreter der Benutzer in der Archivkommission des Zürcher Staatsarchivs. Dort erlebt ihn Staatsarchivar Otto Sigg als standfesten Mitstreiter. Und er schätzt ihn als unabhängigen, seriösen Historiker, der unbeirrt von Modeströmungen seinen Weg geht. Beeindruckt hat ihn zudem das künstlerische Talent Zollingers: Es habe ihm erlaubt, seine Arbeiten optisch optimal zur Geltung zu bringen, sagt Sigg.

Auch wenn Jakob Zollinger kein bedeutendes politisches Amt anstrebt, mischt er auf seine eigene Art trotzdem politisch mit, wo er seine Interessen, diejenigen seiner Mitbewohner und vor allem jene der Natur gefährdet sieht. Er ist ein Natur- und Umweltschützer der ersten Stunde, weniger Gruppenaktivist als einsamer Kämpfer, weniger Gestalter als Verteidiger. Veränderungen steht er in fast allen Lebensbereichen misstrauisch bis ablehnend gegenüber, er setzt sich für das Bewahren alter Zustände ein. Zwar muss er wiederholt zugeben, dass alles doch nicht so schlimm herausgekommen ist wie befürchtet, doch seine grundsätzlich ablehnende Haltung hindert ihn daran, etwas offensiv gestaltend anzugehen.

Einmal beobachtet er beispielsweise, wie Naturschützer im Oberhöflerried radikal roden, Hecken zurückschneiden, Weidenstöcke ausgraben. Er beklagt in seinem Tagebuch das in seinen Augen rücksichtslose Vorgehen. Einige Zeit später findet sich dann die Notiz, die Rodungsaktion habe dem Ried gutgetan. Oder er kämpft mit Verve für das markante bauliche Ensemble auf dem Gossauer Berg mit der reformierten Kirche, dem Pfarrhaus, dem Restaurant Alpenblick, dem alten Oberstufenschulhaus, den Flärzen an der Kirchgasse und der Buchmann-Scheune. Diese soll abgerissen werden und einem neuen Kirchgemeindehaus weichen. Der Neubau soll zwar mit seiner schlichten Holzfassade noch an einen landwirtschaftlichen Bau erinnern, doch ist zum Entsetzen Zollingers eine intensiv ziegelrote Fassade geplant. Sein Aufbegehren bleibt wirkungslos. Als das Kirchgemeindehaus dann steht, findet er versöhnliche Worte. «Als wir ihn nach Abschluss einer Kirchturmrenovation zu einem Apéro auf dem Turmgerüst einluden, meinte Jakob Zollinger hinunterblickend, dass das Kirchgemeindehaus doch noch gut herausgekommen sei», erinnert sich Architekt Peter Hodel.

Eine weitere Episode erzählt der Künstler Roberto Lauro, einer der Nachbarn des Ehepaars Zollinger nach dessen Umzug von Herschmettlen in die Unterottiker Chindismüli. Die Gemeinde plant in den 1990er-Jahren für den versteckten Weiler am oberen Rand des Gossauer Rieds eine grosszügige Industrie- und Gewerbezone. Die Anwohnerinnen und Anwohner formieren sich zum Widerstand. Sie feiern einen Teilerfolg. Die Gemeinde spricht sich letztlich für eine bescheidenere Wohn- und Gewerbezone aus. Erst als eine schöne alte Scheune abgerissen wird, weil sie einem neuen Wohnhaus weichen muss, wehrt sich auch Jakob Zollinger. Er hat in diesem Moment realisiert, welche Veränderungen der neue Zonenplan dennoch mit sich bringt – sein Einspruch kommt zu spät.

Mündliche Auseinandersetzungen liegen Jakob Zollinger nicht. Vor den Gemeindewahlen 1970 gerieten er und der Autor dieser Zeilen aneinander, nicht verbal, sondern fernschriftlich. Es ist das einzige kleine Zerwürfnis in einer immerhin rund fünfzigjährigen Bekannt- und Freundschaft. Jakob Zollinger berichtet in der Regionalzeitung über eine Parteiversammlung der BGB, der grössten und wichtigsten politischen Kraft in der damals noch stark bäuerlich geprägten Gemeinde. Die Versammlung habe ihren Kandidaten für das neu zu besetzende Gemeindepräsidium erkoren. Es sei müssig, diesen alteingesessenen Bewerber vorstellen zu wollen, schreibt Korrespondent Zollinger. Sein ehemaliger Schüler – eben erst als Bürger aktiv geworden – stört sich an dieser Aussage. Er schreibt den ersten Leserbrief seines Lebens: Es seien in den vergangenen Jahren viele Neuzuzüger in der Gemeinde angekommen, und die hätten sehr wohl das Recht, alle Kandidaten für die Gemeindeämter vorgestellt zu bekommen. Jakob Zollinger schreibt daraufhin eine Replik und meint, der jugendliche Schreiber habe mit «Kanonen auf Spatzen geschossen». Von Angesicht zu Angesicht besprochen wird die Angelegenheit nie. Streitgesprächen geht Jakob Zollinger auch privat aus dem Weg. Elisabeth Zollinger-Anliker erzählt: «Wollte ich mit ihm einmal ein Eheproblem besprechen, wich er aus, indem er meinte, das sei und bleibe schon gut.»

Im Vorfeld der Gemeindewahlen entwickelt sich aus dem kleinen Geplänkel ein heftiger Schlagabtausch zwischen Jakob Zollinger und dem «Landesring der Unzufriedenen», wie er die neue Ortsgruppe des Landesrings der Unabhängigen (LdU) nennt. Von Mauern der Ablehnung, von politischen Wartesälen für Neuzugezogene, von der Integrationswirkung der Vereine und der Rolle der Parteivorständekonferenz ist da die Rede. Jakob Zollinger verweist auf die politische Karriere seines Sekundarlehrers Ernst Brugger, der just vier Monate zuvor den Gipfel seiner Laufbahn erklommen hat. Er war im Dezember 1969 in den Bundesrat gewählt worden.

> «Der Verein ist die Schule der Demokratie – dieser Leitsatz geistert nicht nur ‹in gewissen Köpfen› herum, wie sich der Einsender vom Montag so schön ausdrückt. Ihn hat immerhin kein Geringerer als unser Bundesrat Ernst Brugger eh und je verfochten und uns in beispielhafter Weise vorgelebt. Im Gegensatz zu unseren heutigen ‹Stürmi› hat auch er sich lange und gerne in dem ominösen ‹Wartsaal› geduldet und sich nicht geschämt, in Vereinen aller Art von der Pike auf zu dienen: vom Männerchor über den Verkehrsverein bis zum Leiter der Damenriege, ehe er in höhere Sphären aufrückte.»

Die politischen Neuankömmlinge in Gossau aber wollen sich unter keinen Umständen in den Wartsaal setzen und schlagen verbal zurück. Der LdU-Kandidat für die Rechnungsprüfungskommission, der die Wahl dann nicht schafft, antwortet mit beissender Ironie: Gossau habe Gott sei Dank noch seinen guten Geist, der Althergebrachtes beschütze und vor Neuen und Neuem stirnrunzelnd den Warnfinger erhebe.

Dagegen konnte Landschaftsschützer Jakob Zollinger nichts ausrichten: Bau der Forchautobahn in der Mitte der 1970er-Jahre. Im Hintergrund das neue Herschmettler Schulhaus.

Auseinandersetzungen in Zeitungsartikeln führt Jakob Zollinger zuhauf. Denn die zweite Hälfte des 20. Jahrhunderts bringt dem Zürcher Oberland einen gewaltigen Bevölkerungszuwachs. 1970 leben in Gossau 4750 Personen. Das sind rund 1400 mehr als acht Jahre zuvor. Es werden in Gossau, im Grüt und in Bertschikon neue Quartiere gebaut, und diese Neubauten und ihre Folgeeinrichtungen verändern die Landschaft. Der Kampf von Landschaftsschützer Zollinger ist weit weniger erfolgreich als jener zur Rettung schützenswerter Bauten.

Als die Forchautobahn dicht neben dem Herschmettler Schulhaus vorbei gebaut wird, nennt er sein geliebtes Heimatdorf «zerschnitten und bedrängt». Zwar kann er – vereint mit anderen – verhindern, dass sie während der Nacht beleuchtet wird und den Anwohnerinnen und Anwohnern die Nacht zum Tag macht. Aber dass sie ihn vom nahen Wald trennt und das permanente Rauschen des Verkehrs die Ruhe stört, macht ihm schwer zu schaffen.

Weiter beschliesst die Kehrichtverwertung Zürcher Oberland am Rand der national geschützten Landschaft bei einem der schönsten Drumlins ein Schlackendepot anzulegen. Im Lauf der Jahre wird aus dem vom Linthgletscher einst ebenmässig geschliffenen Wissenbüel im Ermisriet eine schwer schlagseitige Schlackenhalde. Kaum hat Landschaftsschützer Zollinger sich damit abgefunden, bekommt das Oberland eine Gemeinschaftsschiessanlage – einen Kilometer von Zollingers Schulhaus entfernt. Er liefert in der Regionalzeitung den Befürwortern ein verbales Gefecht, das für ihn negativ ausgeht. Der Schiessplatz wird in der Nähe des Autobahnkreisels Betzholz gebaut. Lärm zu Lärm, so argumentieren die Befürworter. Das bedeutet für die Herschmettler Schiesslärm bei Biswind. Dafür sind die Rütner, die Dürntner, die Hinwiler und die Bubiker ihre Schiessplätze und den Lärm los. Dass Zollinger zusammen mit Mitstreitern wenigstens erreicht hat, dass Wetzikon und Gossau bei dem Gemeinschaftswerk nicht mitmachen, ist für ihn ein schwacher Trost.

Auch der geplante Abschnitt Wetzikon–Hinwil der Oberlandautobahn beschäftigt ihn lange Zeit. Zunächst plädiert er für eine Variante entlang der Bahnstrecke. Doch sie fällt wegen des Moorschutzartikels aus Abschied und Traktanden. Dann ist die Rede von einer südlichen Umfahrungsvariante im Tunnel. Jakob Zollinger befürchtet, dadurch würde der Wasserhaushalt der national geschützten Moore zwischen Wetzikon und Betzholz empfindlich gestört. Deshalb empfiehlt er die nördliche Umfahrungsvariante. Diese verhindern dann aber die Hinwiler: In Rekordzeit bewilligt der Gemeinderat einen grossen Gewerbebau, der seither quer im allenfalls zur Verfügung stehenden Autobahntrassee steht. Auch heute, ein Jahrzehnt nach dem Tod Jakob Zollingers, ist übrigens immer noch nicht klar, wo genau das Autobahnteilstück dereinst gebaut werden soll. Das kantonale Tiefbauamt macht Probebohrungen für eine neue Variante, die praktisch vollständig auf Gossauer Gemeindegebiet verläuft, wenn auch grösstenteils unterirdisch. Und was Jakob Zollinger bestimmt auch ärgern würde: Ausgerechnet unmittelbar neben dem Waldhof der Familie Zollinger zwischen Grüt und Gossau soll die Autobahn kurz oberirdisch geführt werden und den Blick über die idyllische Senke auf Oberottikon und den Alpenkranz wohl dereinst empfindlich stören.

Jakob Zollinger führt seine verbalen Kämpfe eloquent und ernsthaft, mitunter etwas verbissen. Dass er auch anders kann, beweist ein Scherz, den er sich am Samstag, dem 1. April 1972, im *Zürcher Oberländer* erlaubt. Er lädt die Bevölkerung am gleichen Abend in den Singsaal des Oberstufenschulhauses Gossau ein. Sie könne dort zwischen zwei Entwürfen für ein neues Gemeindewappen wählen. Kantonsweit würden die Wappen vereinfacht und aktualisiert. Gossau mit dem Fischotter als Hauptmotiv habe eine solche Auffrischung nötig, weil das Wappentier ja schweizweit längst ausgestorben sei. Eine Spezialkommission des Gemeinderats habe zwei Vorschläge erarbeitet, der eine mit einem Doppelsujet, der andere mit je einem Symbol für die fünf Wachten. Der formschöne Baukran der ersten Variante symbolisiere die stürmische bauliche Entwicklung der Gemeinde, die Zahl 20 000 im schwarzen Balken stehe für ihr Bevölkerungsziel. In der zweiten Variante zeige der Baukran den Wunsch der Ottiker, möglichst bald auch eine markante bauliche Entwicklung zu erleben, die drei Bertschiker Rosen

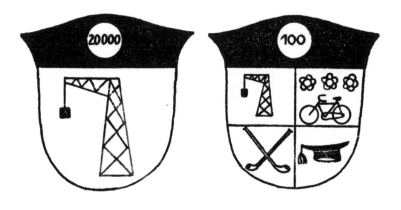

Aprilscherz des Korrespondenten Jakob Zollinger im *Zürcher Oberländer* 1972 – zwei Vorschläge für ein zeitgemässes Gossauer Gemeindewappen.

über einem Velo erinnerten an die Medaillenerfolge des Radquerspezialisten Hermann Gretener, und der Doktorhut im Grüt stehe für die vielen akademischen Zuzüger. Die gekreuzten Tabakpfeifen Herschmettlens liessen sich durch leichte grafische Retuschen in Alphörner umwandeln – als «Sinnbilder des ländlich unterentwickelten Reservats schollentreuer Bauern» –, und die Zahl 100 im schwarzen Balken schliesslich zeige den aktuellen Quadratmeterpreis für Bauland in Gossau Dorf.

An der Grenze des Machbaren

Jakob Zollinger stürzt sich nach seiner Rückkehr in die alte Heimat voller Elan und Zuversicht in seine Arbeit. Da ist der Beruf, in dem er sich in der neuen Umgebung einrichten muss: Er führt nun eine Mittelstufen-Dreiklassenabteilung mit bis zu dreissig Schülerinnen und Schülern, die er für den Übertritt in die Oberstufe fit machen soll. Doch schon die ersten dreissig Jahre seines Lebens haben gezeigt, dass ihn eine einzige Aufgabe nicht erfüllt. Neben seinem Beruf beschäftigt er sich weiterhin mit der Herschmettler Chronik. Er führt weitere Interviews mit betagten Leuten und ist besorgt, dass sie bald wegsterben und ihm nicht mehr als Informationsquellen dienen könnten. In regelmässigen Abständen wertet er seine Erkenntnisse für längere Artikel in der Regionalzeitung aus. Er wird – kaum nach Gossau zurückgekehrt – Ortskorrespondent des *Zürcher Oberländers* in Wetzikon und schreibt zu verschiedensten Themen, die seine Gemeinde betreffen. Er berichtet aus der Schulpflege, er wehrt sich gegen die Pläne für einen Regionalflugplatz zwischen Mönchaltorf und Gossau, er macht Werbung für ein Gossauer Ortsmuseum und Stimmung gegen einen Polohof im Jungholz, er fasst das Geschehen an der Gemeindeversammlung zusammen, er rapportiert die Feuerwehrhauptübung und würdigt die Abendunterhaltungen von Sängerinnen und Turnern. Und er verfasst im Lauf der Jahre gegen 100 Nachrufe auf bekannte Gossauer, Oberländerinnen und Oberländer – eine Sparte, die ihm besonders am Herzen liegt. Sie gibt ihm Gelegenheit, auf sein Wissen über vergangene Zeiten zurückzugreifen und den Leserinnen und Lesern in solch liebevollen Lebensbeschreibungen aufzuzeigen, wie es früher einmal war. Sein Kürzel JZ wird zum Markenzeichen. Er behält diese Korrespondententätigkeit lange Jahre bei und belebt und bereichert den Lokalteil des *Zürcher Oberländers* in dieser Zeit mit unzähligen Artikeln.

Er schreibt aber nicht nur kurze journalistische Artikel zu aktuellen, lokalen Themen. Nach wie vor geht er seinen Forschungen nach und verfasst für die monatlich erscheinende historisch-kulturelle Beilage *Heimatspiegel* des *Zürcher Oberländers* ausführliche Beiträge. Die Mehrthemenausgaben gestaltet er zuerst mit, später bestreitet er die monothematischen Nummern allein: 75 Ausgaben werden es zwischen 1965 und 2005 werden, er ist damit bis heute einsamer Rekordhalter. Thematisch widmet er sich den unterschiedlichsten Phänomenen in der Region. Auf die 200-jährige Geschichte eines Wirtshauses folgt ein Beitrag zu geglückten und missratenen Hausrenovationen, dann die Geschichte des Grüninger Gerichtshauses, das Gedenkjahr für den Ustertod und jenes für den Gossauer Kircheneinsturz von 1820. Bald darauf zeichnet er die Jugenderinnerungen einer betagten Gossauerin auf oder stellt das Bockhornhaus, ein Flarz-Bijou im Pfäffiker Weiler Rutschberg, vor. 1970 füllt Jakob Zollinger vier von zwölf *Heimatspiegeln*, 1971 sind es gar sechs.

Daneben leistet er Grundlagenarbeit für die Zürcher Bauernhausforschung. Er nimmt den baulichen Bestand zahlreicher alter Häuser auf und recherchiert in den Archiven deren Geschichte. Er erstellt eine ortsgeschichtliche Dokumentation für seine Wohngemeinde. Und er bereitet seine ersten Bücher vor: die Bände *Zürcher Oberländer Flarzhäuser* und *Zürcher Oberländer Riegelhäuser* erscheinen 1972, *Zürcher Oberländer Dorfbilder* 1975. Dafür hat er nicht nur recherchiert und Texte geschrieben, sondern auch eindrückliche Tuschezeichnungen angefertigt. Neben all diesen Tätigkeiten bleibt ihm auch noch Zeit, draussen in der Natur Zeichnungen und Aquarelle zu malen. Sie sind ein wichtiger Bestandteil seiner Publikationen, er verschenkt sie zur Hochzeit von Freunden und Schülerinnen oder verkauft sie an Ausstellungen. Zollinger-Bilder zieren Stuben im ganzen Oberland und weit darüber hinaus. Mehr als 1000 Werke lagern heute noch in der Unterottiker Chindismüli, die Kinder von Jakob Zollinger bewahren sie dort in grossen Kartonschachteln auf.

Jakob Zollinger führt nebenbei auch Gruppen von Besucherinnen und Besuchern aus aller Welt durchs Ritterhaus Bubikon, er zeigt einstigen Klassenkameraden, Lehrerkolleginnen, Lokalhistorikern und Politprominenz das Städtchen Grüningen, er organisiert, leitet und kommentiert in Gossau Gemeinderundgänge, Berichterstattung in der Zeitung inklusive.

Jakob Zollinger, der viel beschäftigte Kenner der regionalen Geschichte und Kultur des Zürcher Oberlandes. 1969 führt er die Zürcher Kantonsräte in Begleitung ihrer Frauen durch das Städtchen Grüningen.

Er lauscht im Frühling am frühen Sonntagmorgen mit Interessierten den ersten Gesängen Dutzender von Vogelarten. Er hilft beim Aufbau des Gossauer Ortsmuseums im Dürstelerhaus mit. Er ist regelmässig in den Bergen unterwegs und erklimmt so manchen Gipfel. Lange Jahre verstärkt seine sonore Stimme zudem den Bass im Männerchor Ottikon, auch gehört er dem Löschzug Herschmettlen der Feuerwehr an. Und seit seiner Seminarzeit besucht er regelmässig Konzerte, er schätzt Kirchenmusik genauso wie klassische weltliche Werke.

Zeitgenossinnen und Weggefährten Jakob Zollingers wundern sich stets, wie er so vielen Interessen und Tätigkeiten gleichzeitig nachgehen kann. Es ist unbestritten, dass er mit einer raschen Auffassungsgabe gesegnet ist. Er beobachtet präzise und hat ein hervorragendes Gedächtnis. Das Schreiben fällt ihm überdies so leicht wie das Zeichnen und das Malen. Jakob Zollinger arbeitet zeitlebens nie an einem Computer. Seine stenografischen Notizen fasst er zuerst in einem handgeschriebenen Text zusammen und tippt diesen dann mit seiner Schreibmaschine ab. Bergkameraden erinnern sich nach Jahrzehnten noch immer staunend, wie seine Werke in Ölkreide draussen in der Natur entstanden. Nach einem steilen Aufstieg zum Bockmattli im Wägital beispielsweise entnimmt Kobi seinem Rucksack erst das in einem Kartonrohr aufgerollte Zeichenpapier, dann seine Ölkreidestifte und einen rechteckigen Karton als Unterlage. Bevor er sich ans Werk macht, zündet er noch seine Tabakpfeife an. In halb- oder dreiviertelstündiger konzentrierter Arbeit entsteht auf seinen Knien ein farbenkräftiges Glärnischbild, das später – in einem schlichten Holzrahmen hinter Glas gefasst – jahrzehntelang in einem Oberländer Schlafzimmer über dem Nachttisch hängt und seinen Eigentümer erfreut.

Es gibt aber auch Dinge, mit denen sich Jakob Zollinger kaum beschäftigt. Sport gehört nicht zu seinen favorisierten Freizeitbeschäftigungen. Zwar bewegt er sich durchaus gern in der Natur, vorab zu Fuss, in jüngeren Jahren aber auch mit dem Velo. Und an heissen Sommertagen schwimmt er gern in einem Weiher oder in einem See, später auch regelmässig im Hallenbad. Doch Bewegung ist für ihn kaum je Selbstzweck, sie dient ihm lediglich zum Vorwärtskommen: beim Ersteigen eines Berggipfels genauso wie zur spätabendlichen Heimkehr von einem Anlass. Dann huldigt er nach einem feuchtfröhlichen Tagesausklang gern einer seiner Lebensweisheiten, die da lautet: «In einem gewissen Zustand ist eine halbe Stunde Fussmarsch so viel wert wie eine Stunde Schlaf.» Doch zurück zum Sport: In seinem Tagebuch findet sich noch während seiner Seminarzeit der verwunderliche Eintrag, er habe mit einem Kameraden im Hallenstadion einen Freistilringerabend besucht. Der Sportmuffel fährt auch einmal mit Nachbar Albert und dessen Sohn Kurt von Herschmettlen an den Ediker Stich bei Dürnten, um den

Tour-de-Suisse-Tross vorbeirauschen zu sehen. Doch das sind seltene Ereignisse. Einmal – noch in seiner Schlatter Zeit – findet sich im Tagebuch die bange Frage, ob sein Bethli wirklich zu ihm passe: «Bethlis Interesse für Motoren, Sport und sonstige Extravaganzen irritiert mich. Passen wir wirklich zusammen?» Jakob Zollingers Tagebucheinträge beziehen sich auch kaum auf das aktuelle Zeitgeschehen oder gar auf Weltereignisse. Das Glockenläuten zum Ende des Zweiten Weltkriegs ist dem 14-jährigen Sekundarschüler einen knappen Satz wert, die Einführung der AHV oder später des Frauenstimmrechts finden ebenso wenig Erwähnung wie der Fall der Berliner Mauer. Das politische Interesse und sein Engagement beschränke sich auf das Lokale und Regionale, könnte man meinen. Doch diesem Eindruck widersprechen seine Kinder heftig. Ihr Vater habe das Weltgeschehen täglich verfolgt und ihnen die kompliziertesten politischen Zusammenhänge erklärt, sagen sie übereinstimmend.

 Um die Familie kümmert sich weitgehend Elisabeth Zollinger-Anliker. Das verschafft Jakob Zollinger zusätzlichen zeitlichen Spielraum. Tochter Lisa formuliert es so: «Unser Vater lebte für seine Forschung und seine Tätigkeit als Lehrer, beides gepaart mit seinen gestalterischen Ambitionen.» Er habe in der Familie und in seinem Freundeskreis Kraft geschöpft und Unterstützung bekommen. Elisabeth war eine starke, eigenständige Frau, und Jakob Zollinger konnte sich stets darauf verlassen, dass sie all ihre Aufgaben meisterte. «Unsere Mutter hat einen grossen Beitrag zu Vaters Werken geleistet», betont Lisa. Nicht zuletzt war er ein gefühlvoller Mensch, der auf Anerkennung und Zuneigung angewiesen war. Und Tochter Eva zweifelt, ob er ohne sein familiäres Umfeld ein so beeindruckendes Lebenswerk hätte schaffen können. Vielleicht wäre er als alleinstehende Person auch einfach verhungert? Kochen und andere Hausarbeiten gehörten wahrlich nicht zu seinen Stärken. «Er hat im Haus kaum je einen Nagel eingeschlagen», sagt Elisabeth Zollinger-Anliker.

 Jakob Zollinger kümmert sich um gewisse Lebensbereiche also kaum oder gar nicht. Trotzdem überfordert er sich selbst mit seinen eigenen Ansprüchen je länger, je mehr. Ein erster Hinweis darauf ist sein Zaudern hinsichtlich der Bauernhausforschung. Nachdem er dafür sehr viel Grundlagenarbeit geleistet hat, bekommt er mehrmals die Chance, ganz in dieses Forschungsgebiet wechseln und sich auf diese Arbeit konzentrieren zu können. Weil er nicht risikofreudig ist und andere Interessen auch nicht vernachlässigen möchte, kann er sich zum beruflichen Umstieg nicht durchringen, liebäugelt aber damit, den Oberländer Band zur Bauernhausforschung oder gar alle drei Zürcher Bände nebenberuflich zu schreiben. Er kann sich nur schwer eingestehen, dass diese Aufgabe nicht zu bewältigen ist. 1980 versucht er es ein letztes Mal: Er lässt sich vom Schuldienst erneut beurlauben, assistiert Christian Renfer bei dessen erstem Zürcher Band zur Bauernhausforschung und versucht, den neu eingestellten David Meili bei den Arbeiten für den Oberländer Band zu begleiten. Doch die Zusammenarbeit scheitert. Meili setzt sich als Direktor auf den Ballenberg ab, und Jakob Zollinger bleibt zwar noch längere Zeit im Komitee für die Zürcher Bauernhausforschung aktiv und bietet punktuell seine Hilfe an, entfremdet sich dieser Arbeit dann aber mehr und mehr. «Er war ein emotionaler Typ wie ich selbst. Und er wurde aus Enttäuschung verbittert. Zum Glück brachte zwei Jahrzehnte später der hochverdiente Ehrendoktortitel eine späte Genugtuung», so Christian Renfer. Diverse Fachleute mit akademischem Hintergrund hätten Zolllingers Leistungen stets zu gering geschätzt, ist er überzeugt.

Ein erstes Mal aktenkundig wird Jakob Zollingers Ermüdung bei seiner Arbeit an der Ortschronik der Gemeinde Bubikon. *Bubikon-Wolfhausen – zwei Dörfer, eine Gemeinde* ist ihr Titel. Zusammen mit seinen beiden Lehrerkollegen Max Bührer und Kurt Schmid hat er sich vorgenommen, die Geschichte der Gemeinde in aller Ausführlichkeit aufzuzeichnen. Die drei Lehrer stacheln sich gegenseitig an. Zwei Bände mit insgesamt 700 Seiten sind es dann, die sie zusammen mit ein paar weiteren Autoren nach vierjähriger Arbeit als Resultat vorlegen. Der ehemalige Staatsarchivar Otto Sigg äussert grosse Bewunderung für das Bubiker Werk und die Leistung Zollingers, andere meinen, dass es zu weitschweifig geraten sei. So muss es auch Jakob Zollinger empfunden haben. Jedenfalls schreibt er im Mai 1981 in sein Tagebuch, er «verkrampfe» sich wegen des Aufwands für die Bubiker Ortschronik. Ein paar Wochen später dann ist allerdings wieder von der «beglückenden Arbeit» an dem Werk die Rede. Praktisch gleichzeitig schliesst er 1982 sein Buch zur Kulturgeschichte der Oberländer Drumlinlandschaft ab und gibt es heraus. Illustriert hat *Zürcher Oberländer Urlandschaft* für einmal nicht Zollinger selbst, sondern sein Zeichner- und Sängerfreund Emil Muggli. Es ist jene Untersuchung, die zwei Jahrzehnte später der Universität Zürich ein wichtiges Argument für seine Ehrendoktorwürde liefern wird.

Jakob Zollinger leidet zeitlebens an starken Stimmungsschwankungen. Kaum jemand nimmt das wahr, weil er sie für sich behält. Mit zunehmendem Alter werden die depressiven Phasen ausgeprägter. Das ist seinen Tagebucheinträgen zu entnehmen, wird aber auch von seiner Familie so wahrgenommen. Zudem erleidet er im Januar 1981 auf einer Wanderung am Batzberg einen warnenden Schwächeanfall. Er ist erst knapp fünfzig Jahre alt, als sich der zollingersche Schwachpunkt, das Herz, bemerkbar macht. Vater Emil ist 1977, wenige Jahre zuvor, seinem Herzleiden erlegen, Bruder Hans seinerzeit schon als 22-Jähriger. Schwester Martha leidet an Herzschwäche, Bruder Fritz ebenso. Das Leiden wird ihn fast drei Jahrzehnte lang begleiten und seinen Lebenskreis zunehmend einengen. Atemnot plagt ihn bei Anstiegen, Bergtouren werden mühsamer, später unmöglich. Schon im Jahr vor der ersten Herzattacke konstatierte er, durch die Enttäuschungen und Veränderungen der letzten Jahre seien sein Körper und sein Geist rasch gealtert. Einmal erbittet er von seinem Schöpfer gar den baldigen Tod. Kurz darauf zieht er im Juni 1981 aber eine mehrheitlich positive Bilanz zu seinem bisherigen Leben. Bei einer langen Rast in einem seiner geliebten kleinen Riede zwischen Wetzikon und Betzholz schreibt er:

«Es war das erstemal in diesem Jahr, wo ich eben fünfzig werde, dass ich eine Gesamtbilanz zog. Und sie fiel doch recht tröstlich aus: Ich bin in meinem Innersten doch der Gleiche geblieben, keine noch so gravierende und enttäuschende Veränderung meiner Umwelt hat meiner Persönlichkeit und ihrer Ausstrahlung etwas anhaben können. Gott habe Dank dafür! Er allein ist es, der mich segensreich geleitet hat, möge er mir Kraft geben, ihm allezeit zu danken in meinem ganzen Tun und Trachten!»

Zwei Jahre später nimmt er sich vor, bis 1985 allen ausserschulischen Ballast abzuwerfen und seinem Beruf bis zum Schluss treu zu bleiben. Einer der vielen Vorsätze, die er in seinem Leben fasst und dann doch nicht umzusetzen vermag. Aber immerhin lernt Jakob Zollinger in den 1980er-Jahren, Nein zu sagen, wenn ihn eine Anfrage erreicht, die seinem Sachverstand zwar schmeichelt, ihn kräftemässig aber überfordern würde. Die Stadt Illnau-Effretikon möchte Zollinger als Autor für die Geschichte des Traditionsgasthofs Rössli in Illnau gewinnen, der vor der Wiedereröffnung steht. Er lehnt ab, weil ihm die Kapazität fehle, er zum «Rössli» noch kein Material besitze und alles von Grund auf erarbeiten müsste. Auch eine Anfrage der Gemeinde Bauma, die ihre Ortsgeschichte überarbeiten möchte, weist er zurück. Er könnte lediglich einen Beitrag zu den Bauernhäusern verfassen, dafür habe er bereits Material beisammen. Und die Antiquarische Gesellschaft Zürich muss auf ein Referat zu Ortsgeschichten verzichten, weil ihn Beruf und die Abschlussarbeiten für die Geschichte Bubikons sowie das Buch über die Drumlinlandschaft daran hindern. Er zeigt sich aber bereit, im folgenden Herbst der Gesellschaft eine haus- und siedlungskundliche Exkursion im Oberland anzubieten.

Rückzug in die inspirierende Natur

Das Oberhöfler- und das Ambitzgiried sind das Eldorado seiner Kindheit. Jakob Zollinger kennt diesen Flecken Erde besonders gut, weil er hier das Riedgras zusammenrecht und wegträgt, das sein Vater auf ihrer Parzelle mäht. Kobi muss dabei stets darauf achten, auf dem schwankenden Boden der Schwingrasen das Gleichgewicht zu behalten. Dieses kleine Gebiet wird für ihn zum Rückzugsort über all die Jahre. Ungezählte Male durchstreift er es auf den Exkursionen am Sonntagmorgen mit seinen drei Kindern, später dann oft mit Elisabeth oder allein. Dutzende seiner Bilder sind hier zu jeder Jahreszeit entstanden, feine Federzeichnungen, Arbeiten mit Farbstiften oder Ölkreide und Aquarelle. So beschreibt er das Gebiet in einer seiner Publikationen:

> «Alles war hier so ganz anders als in den übrigen vielen Riedern rund um unser Dorf. Hier überzog im Spätsommer das zarte Lila des blühenden Heidekrautes weite Teile des Moores, hier glommen heimlich die Blattrosen des Sonnentaus auf den tückischen Schwingrasen, hier silberte das Geflock des Wollgrases, das so viel leuchtender prangte als anderswo – es war ja das Scheidige Wollgras, das nur in Hochmooren lebt. Überhaupt schien hier alles ins Grosse übersetzt zu sein: Das üppige schwellende Torfmoos erinnerte uns ans Edelweiss der Berge, die Heidelbeerstauden wucherten hier schier kniehoch, Moosbeeren glühten uns wie kleine, dunkelrote Wildkirschen entgegen. Die Birken wuchsen so dick und knorrig wie sonst nirgendwo, und die mächtigen Fichten mit ihren tiefhängenden Ästen gemahnten an Wettertannen auf irgendeiner Alp.»

Besungen werden in dieser kleinen Ode, die sein Buch *Zürcher Oberländer Urlandschaft* von 1983 einleitet und aus der Perspektive des Knaben geschrieben ist, die sanften Riede im Kerngebiet der Oberländer Drumlins – eine der meistgeschätzten Landschaften von Jakob Zollinger. Auf die Schilderung der Flora folgen die ebenso detaillierten Ausführungen zu den Tieren, die sich dort tummeln:

> «Und all die Tiere! Zwar erschreckte uns das Silbergeflimmer der Libellen – ‹Augestächer› nannten wir sie schaudernd – fast so sehr wie die davonhuschende Ringelnatter. Stockenten – sie waren damals viel, viel seltener – erregten unsere Aufmerksamkeit ebensosehr wie die Lichtpünktlein der Glühwürmchen, die des Abends zu Tausenden das Besenried überstreuten. Und im Birkenwäldchen im Oberhöflerriet fanden wir gar die schillernde Schwanzfeder eines Birkhahns. Vom Eulengewölle über das verlassene Rohrsängernest bis zum Fuchsschädel und Rehgehörn schleppten wir alles heim – das alles ergab den Grundstock zu einem eigentlichen Naturmuseum und pflanzte eine tiefe Liebe zu all den kleinen Wundern einer grossartigen Landschaft.»

Das Material für die Ausstellung, welche die jüngsten beiden Zollinger-Brüder 1944 in der Nebenstube ihres Elternhauses für die ganze Herschmettler Primarschulabteilung aufgebaut hatten, stammte grösstenteils aus diesem Ried.

Riede faszinieren Jakob Zollinger sein Leben lang. Er mag die melancholische Stimmung, die verstärkt durch die fauligen Gerüche von ihnen ausgeht. Aber ebenso wie das Moor liebt er die kleinen Blumen, die er dort entdeckt. Jede neue Drainageleitung, die zur Entwässerung eines kleinen Sumpfes gelegt wird und dem Bauern eine fruchtbare Wiesen- oder Ackerfläche verspricht, bereitet ihm geradezu seelische Qualen. Im Lauf der Jahrzehnte verschwinden in seiner Heimat viele dieser Moorgebiete. Im Seewadel, im Zentrum des Dreiecks Gossau–Grüt–Bertschikon, steht heute neben dem Wanderweg eine Orientierungstafel mit einem kurzen Text und einer Federzeichnung von Jakob Zollinger, die diesen Vorgang beschreibt: «Im Rahmen der Melioration und Güterzusammenlegung in den 1940er-Jahren wurden sämtliche Sümpfe entwässert und urbar gemacht. Das Riedgebiet Seewadel blieb als Einziges erhalten und steht heute unter Schutz.» Die Aussage bezieht sich auf das Gebiet der Gemeinde Gossau.

Die Drumlinlandschaft im Grenzgebiet der Gemeinden Wetzikon, Hinwil, Dürnten und Gossau hingegen bleibt von der Entwässerung verschont. Zwar ist die Landschaft schon seit den 1850er-Jahren vom Trassee der Bahnstrecke Wetzikon–Bubikon durchschnitten. Aber seit der Annahme der Rothenthurm-Initiative durch das Schweizer Stimmvolk untersteht sie dem eidgenössischen Moorschutz. Sie figuriert heute im Bundesinventar der schützenswerten Landschaften. Als Jakob Zollingers Urlandschaftsbuch erscheint, ist das noch nicht der Fall – und er sieht sein Werk durchaus als Argument für den Erhalt dieser einmaligen Landschaft. Er engagiert sich dafür aber nicht politisch, sondern zeigt den Oberländerinnen und Oberländern ihren kulturhistorischen und natürlichen Reichtum auf. Er hofft, die Bevölkerung so für die Schönheiten des Moorgebiets sensibilisieren zu können.

Die feuchten Riedflächen werden in diesem Gebiet von länglich-ovalen Drumlins durchbrochen – «kleine Trommel» bedeutet ihr aus Irland stammender Name. Ihre Entstehung ist nicht in allen Details geklärt. Sicher ist, dass sie eine Schöpfung des Linthgletschers sind. Das vom Gletscher mitgeführte Material lagerte sich in dieser Gegend ab, und es entstanden längliche Hügel, die meist auf der südwestlichen Seite steiler abfallen als auf der nordöstlichen. Alle Hügel verlaufen parallel zueinander, in der damaligen Fliessrichtung des Gletschers. Die Drumlins ähneln einer Herde Schafe beim Weiden, hat der Oberländer Kulturgeograf Emil Egli einmal bemerkt. Rund 150 solcher Drumlins zählt man zwischen Dürnten und Uster. Charakteristisch ist für viele von ihnen, dass die Schattenseite bewaldet ist, während die nach Südwesten ausgerichtete Sonnenseite als Wiese genutzt wird. Noch Ende des 19. Jahrhunderts waren viele dieser Sonnenhänge mit Reben bestockt. Nach mehreren regenreichen Jahren bereiteten der Mehltau und die Reblaus dem Oberländer Weinbau allerdings ein vorläufiges Ende, und die Rebstöcke wurden ausgerissen. 1966, als Jakob Zollinger diese Episode der Oberländer Landwirtschaft in einem *Heimatspiegel* erzählt, ahnt er noch nicht, dass in den folgenden Jahrzehnten einige der Drumlinlagen wieder mit Reben bepflanzt werden – so die Gossauer Altrüti, der Ustermer Burghügel, der Grüninger Schlüssberg oder der Wildsberg in Greifensee. Sie liefern den Liebhabern einheimischer Gewächse heute bedeutend edlere Tropfen – den Fortschritten in der Önologie sei Dank. Sonnige Steilhänge sind aber nicht nur bei Weinbauern beliebt, sie werden auch als Wohnlage geschätzt. Der Waberg und der Rebrain im Grüt, der Morgenrain in Wetzikon, der Hungerbüel in Bertschikon, der Chilerai in Sulzbach, der Schwizerberg, der Burghügel und der Hegetsberg in Uster etwa zeugen davon. → S. 199

Das Kerngebiet der Oberländer Drumlinlandschaft aber ist von solch radikaler Umnutzung weitgehend verschont geblieben. Es hat im Lauf der Jahrhunderte seinen Charakter wegen der Nutzung der Landschaft durch den Menschen dennoch verändert. Stark ausgewirkt hat sich der Eingriff durch den Torfabbau: Im 16. und 17. Jahrhundert erreichte die Übernutzung der Wälder durch das weidende Vieh im Oberland ein katastrophales Ausmass, und die Holzvorräte schwanden drastisch. Erst versuchten die Gemeinden und die Zürcher Regierung, den Missstand mit Nutzungsbeschränkungen zu beheben. Später übernahm man aus Norddeutschland und Holland die Idee, den in den Hochmooren lagernden Torf als Brennstoff zu nutzen. Die Ersten, die zaghaft Torf zu stechen begannen, waren die Wetziker. Sie gaben aber erst um 1725 ihre Allmendflächen für den Torfabbau wirklich frei und erliessen eine Turpenordnung. Sie unterteilten die Rechte nach ganzen oder halben Gerechtigkeiten auf die Dorfbewohner. Die Hinwiler folgten mit Regelungen für ihre Riede etwas später. In der südlichen Ecke des Gebiets schliesslich begannen die Bauern aus dem Hellberg und aus Herschmettlen ab der Mitte des 18. Jahrhunderts auf ihren privaten Parzellen ebenfalls, die sogenannte Kohle des kleinen Mannes abzubauen. Fachmännisch gestochen, getrocknet und gelagert war der Brennwert von Torf noch höher als jener von Holz. Mancher Bauer verdiente sich ein Zubrot, indem er den Brennstoff mit seinem Ochsenwagen bis hinüber an den Zürichsee lieferte. Da und dort teilten sich Nachbarn gar eine Parzelle respektive eine Torfgerechtigkeit, so etwa auch ein Vorfahre von Jakob Zollinger und einer des Autors. Die Nutzung stand ihnen abwechslungsweise für jeweils ein Jahr zu. Es wurde peinlich darauf geachtet, dass keiner sein Nutzungsrecht auf Kosten seines Nachbarn missbrauchte.

Das Torfstechen begann nach der Heuernte in den Sommermonaten Juni und Juli. Zahlreiche Torfstecher – sogenannte Türpler – und ihre Helfer begannen dann im Ried ihre Arbeit. Der «Heiritag» am 13. Juli bildete den Höhepunkt und zugleich den Abschluss des Türplerjahres. An diesem Tag wurden bei den zahlreichen Torfhütten jeweils Most und nahrhafte Speisen gereicht, es gab Musik und Gesang. Die grösste Auswirkung des während zwei Jahrhunderten betriebenen Torfabbaus im Turpenried – wie die Gegend seither auch genannt wird – ist, dass sich die Wasserscheide von Glatt und Jona um rund einen Kilometer in Richtung Wetzikon verschob, weil sich das Ried wegen der Materialentnahme um mehrere Meter abgesenkt hatte. Jakob Zollinger, der diese Geschichte kenntnisreich und anschaulich schildert, ist froh, dass in der Gegend seit jenen Zeiten wieder Ruhe eingekehrt ist. So können sich die Riede erholen, und wenn sich mit der Zeit das Material wieder aufbaut, wird aus dem heutigen Flachmoor vielleicht erneut ein Hochmoor.

In seiner Publikation dokumentiert Jakob Zollinger mit originellem Ansatz die Entwicklung der Drumlinlandschaft über die Jahrhunderte. Er geht von den rund neunzig Flurnamen in diesem Gebiet aus. Es gibt Geländebezeichnungen, die auf landschaftliche Ausprägungen Bezug nehmen: Das Schönenbüel bezieht sich beispielsweise auf die Drumlins, der Moosacher auf das Moor, die Brunnenbettwies auf die Gewässer. Ambitzgi – zürichdeutsch für Ameise – und das Fröschezängli verweisen auf die Tierwelt, der Eichstock auf die Flora. Ihnen stehen Namen mit kulturellem Hintergrund gegenüber: Das Günthartenholz verweist auf seinen Eigentümer, das Betzhölzlerried auf abgrenzende Einfriedungen, das Rüteli auf eine Rodung und der Pilgerweg auf einen Verkehrsweg. Die Gigampfi deutet schwankende Torfböden an, und die Cholgrueb ist Zeugin davon, dass im 19. Jahrhundert im Gebiet Schöneich in Unterwetzikon während kurzer Zeit Schieferkohle abgebaut wurde. Auf der Basis dieser Flurnamen entwickelt Zollinger in minutiöser Recherchearbeit seine Natur- und Kulturgeschichte dieser Landschaft. Am Schluss seines 120-seitigen Buches spricht sich der Autor für den Schutz der Drumlinlandschaft aus – eine Verordnung ist damals auf kantonaler Ebene in Bearbeitung. Sie kommt dann auch tatsächlich zustande und wird 1987 im Zuge der Rothenthurm-Initiaive durch den Moorschutzartikel auf nationaler Ebene verankert.

Weder in der Agenda von Jakob Zollinger noch in seinem ausführlicheren Tagebuch findet sich am 6. Dezember 1987, dem historischen Abstimmungstag über die Rothenthurm-Initiative, irgendeine Bemerkung, obwohl ihm die Annahme der Initiative eine tiefe Genugtuung bereitet haben muss. An jenem Sonntagmorgen ist er am Pfannenstiel hoch über Meilen mutterseelenallein am Wandern:

> «Tropfen silbern an den Tannenwedeln über mir. Tropfen fallen unaufhörlich von den Buchenzweigen. Ihr helles Rieseln ist das einzige Geräusch hier im Walde, seitdem das volle, warme Geläut der Meilemer Kirche in der Taltiefe unten verklungen ist. Ein Häher krächzt. Sonst nichts. Ich bin allein mit meinen Gedanken, die sich, vorerst wirr durcheinander, eigenartig schwermütig, nun sammeln, glätten und ausmünden in ein tiefes Dankgebet an meinen Schöpfer.»

Jakob Zollinger und seine Naturerlebnisse – da ist die kenntnisreiche, präzise Beobachtungsgabe, da ist der Drang, Zusammenhänge zu verstehen und sie wie in *Zürcher Oberländer Urlandschaft* und in zahlreichen anderen Publikationen erklären zu können. Aber da ist vor allem auch eine gefühlsstarke Verbundenheit mit der Natur, die ihn sein Leben lang beherrscht und im Lauf der Jahrzehnte ausgeprägter wird. Die Mehrheit seiner Tagebucheinträge beschreibt solche Erlebnisse und Betrachtungen in der Natur – Jakob Zollinger bezeichnet sich mitunter gar selbst süchtig nach solch einsamen Momenten. Ab 1970, als er nach einigen Jahren Unterbruch erneut beginnt,

Oasen der Ruhe, wie sie Jakob Zollinger liebt. Mit seiner Frau Elisabeth am kleinen Wasserfall hinter seinem Haus in der Unterottiker Chindismüli.

Tagebuch zu schreiben, nennt er seine Einträge zu den Naturerlebnissen Stimmungsbilder. Peter Rosegger, Adalbert Stifter, Stefan Zweig und Albin Zollinger zählen zu seinen Lieblingsautoren; alle bekannt für ihre ausführlichen und liebevollen Naturschilderungen.

Es ist kein Zufall, dass die Mehrzahl seiner Zeichnungen und Bilder Natursujets zeigen; Menschen kommen darauf nicht vor. Hat er sich nicht gewagt, Menschen darzustellen? Dafür spricht eine Aussage Zollingers gegenüber Walter Messmer, dem Bubiker Autor von zwei umfangreichen Zürcher Oberländer Kochbüchern. Jakob Zollinger stellt ihm einen Artikel, der 1958 im *Freisinnigen* abgedruckt wurde, zur Verfügung. Sein Titel lautet «Speise und Trank im alten Oberland», und er ist mit Zeichnungen einer Familie beim Essen und beim Schlachten eines Schweins illustriert, die Zollinger selbst angefertigt hat. Fünf Jahrzehnte später, kurz vor seinem Tod, kommentiert er diesen Artikel folgendermassen: «Da habe ich gemerkt, dass ich keine Menschen zeichnen kann und es deshalb fortan bleiben lasse.» Hans Obrist, ein Klassenkamerad von Jakob Zollinger, dementiert und erzählt eine Episode aus der gemeinsamen Herschmettler Primarschulzeit. Lehrer Robert Merz stellte seinen Schülerinnen und Schülern die Aufgabe, ihre Familie zu zeichnen, und Kobis Resultat habe in Sachen Präzision alle anderen Zeichnungen übertroffen. Auch Eva, Lisa und Röbi Zollingers betonen übereinstimmend, am Können, Menschen zu zeichnen, habe es ihrem Vater keineswegs gefehlt, hingegen sehr wohl am Willen. «Menschen störten wohl einfach seine Idyllen, die er so dringend für sein inneres Gleichgewicht brauchte», sagt Eva Zollinger. Er habe die Menschen sehr wohl gebraucht und geliebt, sie aber nicht allzu nah an sich herangelassen. Es sei ihm wohl zu kompliziert gewesen, sich mit all ihren Gefühlen zu befassen. Die Darstellung von Personen überlässt der Zeichner und Maler Jakob Zollinger auf jeden Fall anderen: Er huldigt in Text und Bild der Natur. Dabei schreckt er auch nicht davor zurück, sie zu idealisieren, wo es ihm angebracht erscheint. So lässt er auf einem Aquarell gern einmal eine störende Hochspannungsleitung weg – künstlerische Freiheit kann man das nennen. Seine Tochter Eva hingegen meint: «Vater hat sich seine Welt nach seinem Gusto eingerichtet. Was er nicht akzeptieren konnte, hat er ausgeblendet oder dann bekämpft.»

Nicht zu leugnen ist der Konflikt zwischen den Anforderungen der Mitmenschen und der Gesellschaft auf der einen und Jakob Zollingers Drang nach Freiheit und dem Rückzug in die Natur auf der anderen Seite. Er zieht sich wie ein roter Faden durch sein Leben und ist oft für seine Stimmungsschwankungen verantwortlich, die seinen Charakter prägen. Doch seine inneren Konflikte gibt er kaum je einem Menschen preis. Seine Weggefährtinnen und Weggefährten beschreiben Zollinger in den zahlreichen Interviews immer ähnlich: Kobi war ein aufmerksamer Zuhörer, ein geduldiger Gesprächspartner, ein stets hilfsbereiter Ratgeber, ein verlässlicher Kamerad, ein begnadeter Erzähler mit feinem Humor. Er hat mit seiner Leidenschaft, seiner Hingabe und den Werken, die daraus entstanden sind, Menschen bereichert und beglückt. Seine lebenslangen Selbstzweifel kommen nicht zur Sprache.

Immer wieder bedauert er, aus seinen Naturidyllen in die Alltagswirklichkeit zurückkehren zu müssen. Ende Februar 1979 sinniert er in einem kleinen Ried an der Südflanke des Batzbergs bei Eschenbach:

«Da raffe ich mich auf von diesem lieben Plätzchen an der untersten Stufe der gewaltigen Schichtrippentreppe, deren First mir eben heute vor zwei Wochen ebenso beglückendes Erleben in einem ebensolchen Riedtälchen, neben einem ebenso leise flutenden Bächlein, geschenkt hat. Wie liebe ich sie, diese Gegend! Wie erhebe ich mich so frisch und neu gestärkt für den harten Rest des Schuljahres, zurück in Nöte, Alltags- und Familiensorgen, zurück in eine Umwelt, die mein ureigenstes Ich nicht versteht, noch nie verstanden hat.»

Max Meili, sein Banknachbar und Freund aus Seminartagen, kennt Jakob Zollingers Zweifel und seinen Charakter gut: «Köbi fand sich in der sich rasant entwickelnden und verändernden Welt nur schwer zurecht. Er litt unter den sichtbaren und spürbaren Eingriffen der technisierten, mobilen, digitalisierten Neuzeit in die naturverbundene, bäuerliche Welt seiner Herkunft, die er zu bewahren suchte und für deren Erhaltung er so lange kämpfte. In seinen einsamen Stunden über dem Zeichenblock, bei seinen ausgedehnten Wanderungen und Bergtouren und vor allem in seiner Forschung und den historischen Feldzügen fand er Ruhe und Befreiung. Doch immer wieder musste er notgedrungen zurückkehren in die Realität seiner Lebenswelt, die ihm zeitlebens so viel Schmerz bereitete. Diesen Teufelskreis zu durchbrechen, ist ihm nie gelungen.» Tochter Eva negiert die schwierigen Phasen ihres Vaters nicht, relativiert aber: «Er wusste, was er dagegen tun konnte. Er hat sich zurückgezogen und sich dabei auf seinen Ausflügen in die Natur erstaunlich rasch erholt.»

Durch all seine Tagebücher zieht sich das stets gleiche Muster. Völlig erschöpft von seinen alltäglichen Verpflichtungen und Enttäuschungen, die er wiederholt erlebt, flieht er nach Schulschluss gegen Abend, an schulfreien Nachmittagen, am Wochenende und in den Ferien in die Natur. Er durchstreift seine nähere oder weitere Umgebung, setzt sich an einem Lieblingsplätzchen hin, geniesst das Panorama, die Vogelstimmen, die Gerüche mit Augen, Ohren und Nase, hängt längere Zeit seinen Gedanken nach. Dann zückt er sein Notizbuch und beginnt zu schreiben. Oder er kramt Zeichenstifte hervor und hält fest, was er sieht und was ihn beglückt. Ein kurzes Gebet zum Schluss, und zwei, drei Stunden später kehrt er ruhig und zufrieden zurück zu den Menschen und in den Alltag.

«Einsam wird mir zumute auf der regengeschwängerten Anhöhe, die von einem Kranz alter Innerschweizerhäuser umsäumt ist. Kein Laut als das helle Geklingel der Weideglocken. Diese Geborgenheit, die das stille Rund ausströmt! Hier ist meine liebste Gegend; ich glaube, keine Landschaft entspricht meinem Wesen mehr als dieses herbe, rauhe, fast nordisch anmutende Hochland mit seinen baumlosen Triften und dunklen Tannenforsten.»

Dieser Tagebucheintrag vom Mai 1968 beschreibt einen Ausflug in die Landschaft um den Sihlsee. Jakob Zollinger verfasst aber auch zahlreiche ähnliche Lobgesänge auf andere Landschaften. Auffallend ist, dass er bei seinen Alltagsfluchten in die Natur gewisse jahreszeitliche Rituale beibehält. Zum Jahreswechsel wandert er meist ins nahe Turpenried. Dort fasst er – tief eingehüllt in wärmende Kleider auf einem Baumstrunk sitzend – seine Vorsätze fürs neue Jahr. Im Vorfrühling zieht es ihn auf den Honeret ob Dietikon, für ihn seit seinen dortigen Lehrertagen «eine geheiligte Stätte». Jeweils am Gründonnerstag weilt er gern im einsamen Grenzgebiet zwischen Zürcher Oberland und dem sanktgallischen Gaster, auf dem Batzberg. Dort blickt er zurück auf frühere Lebensabschnitte, auf wichtige Entscheidungen in seinem Leben. In den Sommerferien gönnt er sich – nach einer oder zwei Wochen Ferien mit der Familie – regelmässig eine Bergwanderwoche in

Jakob Zollinger rastet im Hochmoor von Rothenthurm-Altmatt. Es ist eine seiner Lieblingslandschaften.

der Innerschweiz oder im Glarnerland. Im Spätherbst besucht er oft den Pfannenstiel, dessen Bergwiesen ihn besonders faszinieren. Am 2. November 1993 schreibt er:

> «Losgelöst von aller lähmenden Erdenschwere, befreit von Alltagssorgen, Zukunftssorgen vor allem, die mich besonders seit meiner Pensionierung mit eisernem Würgegriff umklammern, gefangen halten und mir das freie Atmen, die freie Entschlusskraft, den freien Arbeitsgeist rauben, bin ich hier in dieser Waldlichtung angelangt: der Cholgrueb. Nur gedämpft dringt der Lärm der Aussenwelt hier herein.»

Drei Bergwiesen durchstreift er an diesem spätherbstlichen Nachmittag. Er bewegt sich am Rand der Hochnebeldecke, bald fällt fahles Sonnenlicht zwischen die Stämme, bald ist er wieder von Nebel umhüllt. Ein Kirschbaum «versprüht sein Purpur in verschwenderischer Fülle», ihm antworten in «flammendem Kupferrot und Ockergelb die Waldrandbuchen und -eichen». Er geniesst das wechselhafte Spiel von Licht und Schatten, blassem Sonnenschein und silbernem Nebel, das sich ihm bietet, und er beschliesst seine Andacht:

> «Die blauen Konturen der Albiskette tauchen über dem Gewoge des Hochnebels auf. Was kümmert mich der Lärm der Motorsägen da unten und der Militärflugzeuge da oben? Ich bin befreit, glücklich wie seit langem nicht mehr…»

Bachab in die Mühle

Schon lange Zeit vor seinem letzten Schultag treibt Jakob Zollinger die Frage nach dem künftigen Wohnsitz für sich und Elisabeth um. Denn so bestimmt, wie der seinerzeitige Schulpflegepräsident Christian Lehmann das Paar drei Jahrzehnte zuvor ins Herschmettler Lehrerhaus quasi zwangsverheiratet hat, so sicher wird der Tag kommen, an dem die beiden ihr Herschmettler Heim verlassen müssen, weil die Schulpflege das geräumige Lehrerhaus anderweitig besetzen will.

Jakob Zollinger möchte seine geliebte Heimat aber nicht erneut verlassen. Schon der Umzug seiner Familie in den Grütner Waldhof hat ihn damals stark beschäftigt, auch wenn der neue Hof keine vier Kilometer Luftlinie entfernt gebaut wurde. Er sucht also in Herschmettlen nach einem passenden Alterssitz. Es kommt für ihn allerdings nicht infrage, ein neues modernes Haus zu bauen. Alt und geschichtsträchtig soll das künftige Heim sein, am liebsten mit sichtbaren, schweren und stabilen Holzbalken.

Ein erster Gedanke gilt da dem früheren Elternhaus gegenüber der Weinschenke. Es hat Jahrgang 1738 und dank dem beherzten Einsatz der

Elisabeth und Jakob Zollinger geniessen vor ihrem Haus in der Unterottiker Chindismüli ihren Ruhestand.

Feuerwehrleute den Dorfbrand von 1870 unbeschadet überstanden. Als Vater Emil Zollinger 1977 stirbt, fragt sich Sohn Jakob, ob er diesen Flarzteil zurückkaufen und als Heim für seine Familie einrichten sollte. Emil und Hermine Zollinger sind Ende der 1960er-Jahre hierher zurückgekommen und haben die Wohnung seither gemietet. Ihren Hausteil verkauften sie 1947, um etwas Eigenkapital für den Bau des neuen Hofes im Grüt zu gewinnen.

Das Haus gehört immer noch der Firma Robert Hotz und Söhne in Bubikon, die es damals kaufte. Die Fabrikherren weisen Jakob Zollinger ab, als er versucht, Kontakt zu ihnen aufzunehmen. Nach der Liquidation ihres Unternehmens – im Volksmund liebevoll «Hösli» genannt – verkaufen sie es dann ein Jahrzehnt später doch – an einen Bauunternehmer vom Zürichsee. Der abschlägige Bescheid an Silvester 1983 wirft Zollinger förmlich zu Boden:

«Noch nie ist mir ein Jahreswechsel so finster, so trostlos erschienen, so bar jeder Stimmung, jeden Glockenklangs, jeder guten Wünsche in trautem Beisammensein. Und um das Mass vollzumachen, erlebte ich am letzten Morgen des alten Jahres nochmals eine herbe Enttäuschung: Ich sprach wegen ‹unseres› Hauses vor, in dem ich unser Alterssitzlein und die Heimat für unsere Kinder sehe ... aber es bleibt beim alten, wir bekommen das Haus nicht, müssen uns weiter mit vagen Hoffnungen begnügen.»

Das Mass, von dem er spricht, ist für ihn schon vor der Nachricht aus Bubikon halb voll, weil er die Zeit der Ablösung seiner Kinder vom Elternhaus als schwierig erlebt, weil ihm nicht alles gefällt, was sich in ihrem Leben anbahnt, weil er sich Sorgen um sie macht. Begleitet werden diese Sorgen von Selbstvorwürfen: Er habe sich wegen all seiner Unternehmungen und Interessen zu wenig um sie gekümmert, sein Bethli bei der Erziehung des Nachwuchses zu wenig unterstützt.

Auch das Haus seines Ziehvaters Oskar Baumann mitten im Oberdorf kann sich Jakob Zollinger als neuen Wohnsitz vorstellen. Zwar ist es weniger von Geschichte erfüllt und erst 1937 erbaut worden, aber Lage und Grösse sind gut. Doch bevor sich Zollinger überwinden kann, die Witwe Hedwig Baumann anzufragen, hat sie es an Karfreitag 1980 an die allerersten Interessenten veräussert, an eine Familie aus der Stadt Zürich. Zollinger reagiert äusserst gereizt, die neuen Eigentümer lässt er seinen Unmut hingegen nie spüren. Dann interessiert er sich für ein Objekt im Unterdorf. Dort steht im Flarz ein Eckhaus zum Verkauf. Es ist der letzte ursprüngliche Flarz Herschmettlens, der die Brandnacht von 1870 unbeschadet überstanden hat. Doch der Hausteil geht, bevor er sich darum kümmert, an einen seiner ersten Herschmettler Schüler. Nein – Immobiliengeschäfte gehören nicht zu den Stärken von Lehrer Zollinger. Er macht sich zwar Gedanken, hegt insgeheim Wünsche, doch offen auf mögliche Geschäftspartner zuzugehen oder sie gar um einen Gefallen zu bitten, das fällt ihm schwer, und wenn er es tut, dann zu spät.

Weil seine Träume von einem Haus in Herschmettlen der Reihe nach platzen, bleibt ihm nichts anderes übrig, als ausserhalb seines Dorfes ein Heim zu suchen. Und tatsächlich wird er bald fündig: Die betagte Eigentümerin des oberen Müllerhauses in der Chindismüli in Unterottikon ist gewillt, ihr Heim dem Herschmettler Lehrer zu verkaufen. Jakob Zollinger ist sogar ihr ausgesprochener Wunschkäufer, denn er versichert ihr, das alte Haus gebührend zu ehren und zu pflegen. Es bietet viel Raum für das viele Archivmaterial, das er in sechs Lebens- und Forscherjahrzehnten angehäuft hat – und die Geschichte des Hauses hat er schon Jahrzehnte zuvor aufgezeichnet. Nur zwei offensichtliche Mängel weist es auf: Es bietet – abgesehen vom Blick in Richtung Pfannenstiel – keine Aussicht in die Ferne oder gar auf den Alpenkranz. Jakob Zollinger vermisst das Panorama, obwohl die Lage zur neuen Lebensphase passt, in der allerlei Beschwerden seinen Aktionsradius mehr und mehr einengen. Und dann muss das alte Haus renoviert werden – für den handwerklich wenig begabten Zollinger ein Gräuel. Kommt hinzu, dass er sich um die Finanzierung zu kümmern hat. Er muss verhandeln, muss sich allenfalls gar verschulden. All dies belastet ihn, und er klagt darüber im Tagebuch:

«Vom Oberhöflerriet wanderte ich gegen den Schweipel hinüber, ruhte an mehreren vertrauten Orten, betete und erflehte den himmlischen Segen in dieser Zeit der Bewährung in belastenden Alltagsfragen: Hauskauf, Geldbeschaffung, Umbauten … alles Dinge, denen ich mich nicht gewachsen fühle.»

Trotz dem Wehklagen und der Angst vor der grossen Veränderung kommt der Hauskauf 1992 zustande. Und in den ersten Wochen nach seiner Pensionierung im Frühling darauf beginnt Jakob Zollinger, sich mental auf den Umzug vorzubereiten. Es sei Zeit, dass er sich mit dem Gedanken anfreunde, für seinen letzten Lebensabschnitt weiter talwärts zu ziehen. Bachab in die Mühle also, gute zwei Kilometer vom Lehrerhaus entfernt. Obwohl es noch volle vier Jahre dauern wird, beschäftigt ihn dieser «schmerzliche Abschied vom Heimatdörflein» immer wieder. Zuerst aber ziehen zwei seiner drei Kinder zusammen mit anderen in die Chindismüli und gründen dort eine Wohngemeinschaft. Sie sind handwerklich wesentlich geschickter als ihr Vater und renovieren das Haus unter seinem kritischen Blick im Innern. Erst am 28. Oktober 1997 ziehen Jakob Zollinger und Elisabeth nach Ottikon um. Der Abschied von Herschmettlen sei weniger schmerzhaft gewesen als erwartet, und er sei erleichtert, schreibt er in seinem Tagebuch – das müsse gefeiert werden. Seine Feierstunde zelebriert Jakob Zollinger dann ganz allein in einem stillen kleinen Ried auf dem Pfannenstielrücken. Zehn Tage zuvor hat er dort schon eine stimmungsvolle Farbstiftzeichnung für seine Tochter Lisa gemalt.

Doch was ist das für ein Haus, das das Ehepaar Zollinger jetzt bewohnt? Es gilt als oberes, älteres Mühlehaus und ist gemäss einem dendrochronologischen Gutachten – man hat dabei das Alter des Hauses anhand der Jahresringe im Holz bestimmt – 1675 erbaut worden. Fünf Jahre danach ging der ganze Mühlenkomplex von der Gründerfamilie Kindenmann an den angesehenen Amtsfähnrich Hans Jakob Bühler von der Mühle Feldbach am Zürichsee über. Er erbaute kurz darauf das grosse untere Mühlehaus. Seine Familie Bühler wohnte und wirkte hier dann über zwei Jahrhunderte hinweg. Erstmals urkundlich erwähnt wird die Siedlung im Halbbogen des Talgrunds am oberen Ende des Gossauerriets schon 1353.

Das obere Mühlehaus, das Elisabeth und Jakob Zollinger 1992 erwerben, diente bis 1684 als Mühle, dann wurde der Mahlgang in ein anderes

Das alte Müllerhaus, der letzte Wohnort von Jakob Zollinger in Unterottikon. 1992 erwirbt er es, 1997 zieht er mit seiner Frau Elisabeth hier ein.

Haus verlegt. Im oberen Mühlehaus wohnte bis 1860 der Müller. Es figuriert aktuell im Inventar der schützenswerten Bauten der Gemeinde Gossau. Neben seiner wichtigen Stellung im Ensemble der verschiedenen Gebäude der alten Mühle werden im Inventarblatt die Riegel an beiden Längsseiten erwähnt sowie das Interieur der Stube, das mit einem schönen Einbaubuffet in Nussbaum und Täfer mit profilierten Füllungen glänzt. Im Jahr 2005 frischen Röbi und Lisa Zollinger zusammen mit Kollegen die Fassaden des Hauses ihrer Eltern auf. Seither ist es mit seiner strassenseitigen Riegelfassade wieder ein Schmuckstück des Weilers. Schon kurz nach seiner Rückkehr in die Heimatgemeinde hatte Jakob Zollinger 1962 die Chindismüli in der Vierjahresschrift *Gossau – Deine Heimat* beschrieben. Damals ahnte er wohl noch nicht, dass er im alten Müllerhaus dereinst die letzten Jahre seines Lebens verbringen würde.

Er könnte im neuen Heim zusammen mit Elisabeth einen geruhsamen Lebensabend verbringen. Er ist befreit von der Berufsarbeit, die ihn in den letzten Jahren stark belastet hat. Doch gar so behaglich wird der letzte Lebensabschnitt nicht. Da ist seine angeschlagene Gesundheit, die ihm zu schaffen macht. Anspruchsvolle Wanderungen in den Bergen fallen ihm zunehmend schwer, das Herz ist erschöpft, und Spaziergänge müssen ihm anstelle von längeren Touren bald schon genügen. Jakob Zollinger hält sich dennoch so oft wie möglich in der Natur auf und besingt sie weiterhin in seinen Stimmungsbildern. Auch seine Mal- und Zeichenstifte oder seinen Malkasten zum Aquarellieren hat er gelegentlich dabei, um die Stimmungen an einem Frühlingsmorgen, einem Herbstabend oder bei klirrender Winterkälte festzuhalten. Er klagt kaum über die eingeschränkte Bewegungsfreiheit. Seine Familie und enge Freunde aber spüren, dass ihn diese Veränderungen belasten.

Mitten in dieser schwierigen Lebensphase erlebt Jakob Zollinger aber noch einen grossen Höhepunkt. Ab dem 26. April 2003 darf er sich Dr. h. c. nennen. Die Universität Zürich verleiht ihm diesen Ehrentitel für sein volks- und naturkundliches Lebenswerk. Wie tief muss seine innere Genugtuung darüber gewesen sein! Endlich anerkennen auch Fachleute sein Wirken. Und die Herschmettler organisieren zusammen mit der Gemeinde Gossau für ihn im folgenden Herbst ein Fest auf dem Schulhausplatz, was ihn fast am meisten freut. Er findet für kurze Zeit neuen Elan, doch eine Visitenkarte mit der neuen Anrede lässt er nicht drucken, nach aussen gibt er sich bescheiden.

Er zieht sich mehr und mehr in seine Studierstube zurück, reduziert sein öffentliches Engagement stark. Seine neuen Nachbarn in der Chindismüli haben mehr Kontakt zu seiner Frau Elisabeth als zu ihm. Auch im nahen Dürstelerhaus ist Jakob Zollinger nur noch sporadisch anzutreffen. Eine neu formierte Gruppe führt das Haus nach ihren Vorstellungen. Das

Erarbeiten seiner eigenen Ausstellung mit zeichnerischen Werken aus sechs Jahrzehnten empfindet er 2001 als «wochenlange Hektik». Gleichzeitig habe er die Arbeit – und dann vor allem den grossen Erfolg der Ausstellung – sehr genossen, erinnert sich Elisabeth Zollinger-Anliker.

Auch die Zeit für eigene Bücher und grössere Publikationen ist vorbei. Er schreibt noch ein paar *Heimatspiegel,* so zur Ottiker Postgeschichte, zum Sturmschaden am Gossauer Kirchturm, über Bräuche am Jahresende und – seinen letzten Beitrag – zum 75-Jahr-Jubiläum der Raiffeisenbank im Zürcher Oberland im Jahr 2005. In der Tageszeitung erscheinen nur noch wenige Artikel von Jakob Zollinger. Wenn ihn aber jemand um Rat fragt, so freut ihn das, und er ist wie schon immer gern bereit, seine Dokumentationen und sein Wissen zur Verfügung zu stellen. So begleitet er das vierbändige Werk des Ustermer Historikers Peter Surbeck über die Bauernhausinschriften in den drei Oberländer Bezirken und in deren Nachbarschaft – und er illustriert die Bücher mit seinen Federzeichnungen. Als der Bubiker Bäcker-Konditor-Meister und Berufsschullehrer Walter Messmer ein Buch zur Oberländer Esskultur herausgibt, kann er viele Informationen zu den regionalen Essgewohnheiten von anno dazumal den volkskundlichen Umfragen von Jakob Zollinger entnehmen. Messmer kocht alte Rezepte nach

Vier gut gelaunte Zollinger-Brüder an der Gossauer Viehschau im Herbst 2004: Jakob, Migg, Otto und Fritz (von links).

und adaptiert andere für unseren heutigen Geschmack. Auch er greift auf zollingersche Federzeichnungen zurück, um seine gemeindeweise geordneten Rezepte zu illustrieren. Drei Monate vor dem Tod Jakob Zollingers erscheint das Buch. Die beiden feiern die Publikation an Zollingers Küchentisch, wie ein Bildbericht im *Zürcher Oberländer* zeigt.

Unterbrochen werden solche Dienstleistungen und Hilfestellungen durch Spital- und Kuraufenthalte und durch einen Unfall. Die letzten fünf Lebensjahre sind beschwerlich, und es zeigt sich, dass Jakob Zollinger auf seine Gesundheit wenig Rücksicht genommen hat. Für Tochter Eva, die im Pflegebereich tätig ist, steht fest: «Vater hat gewusst, dass er durch die immense Arbeitsbelastung gesundheitlich an seine Grenzen ging. Zudem hat er lange Jahre geraucht und war auch dem Alkohol nicht abgeneigt. Aber er war bei aller Strenge in seinem Wesen eben auch ein Genussmensch.» Und er hat die Konsequenzen mehr oder weniger klaglos getragen. Elisabeth hingegen glaubt nicht, dass sein Lebenswandel für die gesundheitlichen Altersbeschwerden verantwortlich war – sein schwaches Herz sei dafür entscheidender gewesen. Bruder Migg hat Jakob Zollinger in seinen letzten Lebensjahren eng begleitet und war aus dem fernen San Francisco regelmässig in seiner alten Heimat zu Besuch: «Kobi an zwei Krücken mühsam humpeln

Jakob Zollinger 2003 beim Studium von Akten in seinem Arbeitszimmer.

zu sehen, tat weh.» Dass er am Schluss in den eigenen vier Wänden sterben konnte, habe er seinem Bruder sehr gegönnt.

Zu den körperlichen Leiden gesellen sich die seelischen Krämpfe. Seine starken Stimmungsschwankungen wird er auch nicht los, als er die Last der Berufsarbeit abgeworfen hat. Im Gegenteil, in seiner eigenen Wahrnehmung und in jener seiner Familie verstärken sich die depressiven Phasen nach seiner Pensionierung. Er macht sich wegen zahlreicher Kleinigkeiten Sorgen. Einmal ist er glücklich, dass seine Kinder eigenständige Wege eingeschlagen haben und ihr Leben meistern. Kurz darauf beklagt er aus nichtigem Anlass dramatisch familiäre Zerwürfnisse. Er fühlt sich oft «beunruhigt und gequält, bedrückt und niedergeschlagen, ausgebrannt und freudlos». Einmal macht er seine allzu vielen Interessen dafür verantwortlich: Die unterschiedlichen Tätigkeiten würden seine Kräfte zersplittern, er mache kaum etwas fertig, was Bestand habe. Dann wieder erinnert er sich an ein Lied, das seinerzeit seine künftigen Herschmettler Schüler vor der Weinschenke für das Hochzeitspaar Zollinger-Anliker gesungen haben: «All Morgen ist ganz frisch und neu …» Und allein aus dieser Erinnerung schöpft er etwas Kraft. Nach einem Knieunfall im Jahr 2006 stellt er für einmal gelassen fest: «Taten sind nur noch an einem kleinen Ort möglich, seit mich meine angeschlagene Gesundheit Mass halten gelehrt hat. Doch ich bin's zufrieden, darf ich doch für ein reiches Leben dankbar und froh sein.»

Gegen Ende 2009 dann steht es um sein Herz so schlecht, dass die Ärzte eine Operation vorschlagen. Den Entscheid fällt er selbst, er lässt sich operieren. Doch dem Eingriff ist kein Erfolg beschieden. Es stellen sich Komplikationen ein, und er pendelt in der Folge zwischen dem Kantonsspital und der Höhenklinik Wald. Dabei kommt es zu einer schönen Begegnung: Sein einstiger Schüler Stefan Obrist, der Sohn seines Klassenkameraden und Biobauern Hans Obrist aus der Fuchsrüti, sieht als Arzt den Patienten Zollinger zufällig im Universitätsspital. Und er erkundigt sich fortan täglich nach dem Befinden seines ehemaligen Mittelstufenlehrers. Im März 2010 verschlimmert sich Jakob Zollingers Zustand zusehends. Er entscheidet sich, nicht im Spital, sondern zu Hause zu sterben, rundum betreut von seiner Familie, vom Hausarzt und einer Frau, die die Nachtwache übernimmt. Mit dem 6-Uhr-Schlag der Grüninger Kirche hört sein Herz am Samstagmorgen, dem 26. März 2010, auf zu schlagen. Er sei in Frieden und im Reinen mit sich und der Welt gegangen, berichten seine Angehörigen übereinstimmend. Zehn Tage später strömen Hunderte zu seiner Abdankung in die reformierte Kirche Gossau. Es ist ein sonniger Frühlingstag: Das Scherhorn, der Glärnisch und der Säntis strahlen unter klarem Himmel noch schneebedeckt um die Wette – eine passende Abschiedsgeste der Natur für ihren grossen Verehrer.

Das allerletzte seiner Stimmungsbilder, diesmal aus dem Laufenried zwischen der Fuchsrüti und Wolfhausen, hat Jakob Zollinger dem Tagebuch schon ein halbes Jahr zuvor Ende September 2009 anvertraut:

«Endlich raffe ich mich wieder einmal auf, meine Eindrücke zu Papier zu bringen. Denn zu tief sind sie in diesem milden, silbernen September. Morgenlicht, das die abgemähte Riedmulde vor mir sanft überstrahlt.

Geheimnisvolles, durchsichtiges Blau hüllt die jenseitigen Waldbänder und nistet aber auch in den Busch- und Baumgruppen, die in die Ebene vorpreschen bis zu den Weidenkugeln in meiner Nähe. Verhaltenes Kupferbraun mischt sich in die grüngoldenen Rietwiesen – eine Farbensymphonie von wunderbarer Einheit!

Ein feiner, herbsüsser Duft entsteigt dem Rietboden, auf dem einzelne, letzte Herbstzeitlosen ihre Kelche dem Licht entgegenrecken – «Liechtblueme» heissen sie nicht umsonst im Volksmund.

Jetzt wird das Licht intensiver; eine wohlige Wärme umkost mich. Das Kringeln der Weideglöcklein mischt sich in das Gekrächze der Rabenkrähen, dann und wann das Piepen eines Buchfinks im nahen Erlengehölz, das Lachen eines Grünspechtes oder die Rufe fremder Strichvögel in unbekannter Höhe – alle meine Sinne sind gleichermassen gesättigt von der wunderbaren Morgenstimmung in dem mir so lieben und vertrauten Jugendland.»

Schlusswort

«Psychotop – diese treffende Bezeichnung für all die geheiligten Stätten eines Lebens. Stätten, wo man sich unwillkürlich geborgen fühlt, die einen anrufen, Labung spenden, mit neuer Kraft durchpulsen – dieses Wort habe ich ja zum ersten Mal von meinem verehrten Freund, dem Geographen Emil Egli vernommen. Morgen wird er zu Grabe getragen … aber sein Vermächtnis lebt in mir weiter, sein Kampf für eine lebenswerte Umwelt, für Pietät im Umgang mit der Natur ist mir ständige Verpflichtung.»

Dieser Tagebucheintrag datiert vom März 1993 und ist eine prägnante Zusammenfassung dessen, was Jakob Zollinger zeitlebens erstrebt hat. Er erwähnt hier nicht, dass der Kulturgeograf Emil Egli diesen Begriff auf ihn angewandt hat. Er sei «ein Schöpfer von Psychotopen, von Lebensräumen für die Seele», hat ihm Egli einst in einem Brief attestiert. Für Jakob Zollinger war dieses Kompliment das schönste überhaupt, das er in seinem Leben erhalten hat. Denn Emil Egli, der in seinem Werk das Zusammenspiel von Landschaft und Mensch so eindrücklich beschworen und beschrieben hat, war tatsächlich Vorbild und Seelenverwandter von Zollinger. Beide wuchsen in kleinen Oberländer Dörfern auf, die von Ortsunkundigen der Ähnlichkeit ihrer Namen wegen übrigens immer wieder einmal verwechselt werden. Hermatswil liegt in einer sanften Mulde hoch über dem Pfäffikersee am Übergang ins Tösstal, Herschmettlen ist die kleinste der vier Gossauer Aussenwachten. Beide Dörfer bewahren sich ihrer peripheren Lage wegen eine auffällige Eigenständigkeit. Ihre Bewohnerinnen und Bewohner pflegen Beziehungen nicht nur zum eigenen, entfernten Gemeindehauptort, sondern in alle Himmelsrichtungen. Das dürfte das Leben sowohl von Emil Egli wie auch von Jakob Zollinger geprägt haben. Die Interessen der zwei Kleinbauernbuben waren schon seit ihrer Kindheit vielfältig – und beide gingen zeitlebens unbeirrt, konsequent und bisweilen stur ihren Weg.

Lebensräume für die Seele zu schaffen oder zumindest zu erhalten – das ist eine wahrlich treffende Charakterisierung des Strebens von Jakob Zollinger. Wie in seinen Tagebüchern ersichtlich wird, tat er dies in erster Linie für sich selbst. Er bewältigte die sich zu grossen Teilen selbst auferlegte Arbeitslast nur, weil er sich immer wieder in seine eigenen Psychotope zurückziehen konnte. Dort, an ruhigen Waldrändern, in lauschigen Rieden oder auf aussichtsreichen Hügeln schrieb er dann, er zeichnete, meditierte, oder er betete. Aber schon als Primarschüler war er auch von der Mission erfüllt, andere an seiner Ehrfurcht vor der Natur teilhaben zu lassen. Er sammelte Pflanzen, Vogelnester und Kleintiere und gestaltete zusammen mit seinem Bruder Migg eine Ausstellung für seine Herschmettler Schulkameradinnen und Schulkameraden. Er unterhielt einen intimen Leserkreis mit seiner handgemachten Heimat-Zeitung und begann später, seine Nachbarinnen und Nachbarn über Vergangenes auszufragen. Er wollte die Geschichte seines Dorfes Schritt für Schritt erarbeiten und verfasste in jahrzehntelanger Arbeit seine Herschmettler Chronik. Sein erster grosser Zeitungsartikel geht auf die Arbeit an dieser Chronik zurück: Er erzählte als 18-Jähriger die Geschichte des verheerenden Dorfbrands von 1870. Jakob Zollinger hatte achtzig Jahre nach der Katastrophe einen Augenzeugen ausfindig gemacht und dessen Erinnerungen aufgeschrieben. Wegen seiner Passion für ländliche Häuser und Haustypen wurde der junge Lehrer unter der Anleitung von Professor Richard Weiss Bauernhausforscher. Dieser Aufgabe widmete er sich ebenfalls über mehrere Jahrzehnte, wenn zwischenzeitlich auch mit weniger Verve. Seinen Aktionskreis weitete Jakob Zollinger geografisch mehr und mehr aus. Nach der Devise «Grabe, wo du stehst» verfasste er geschichtliche Arbeiten zum Limmattal, zu Schlatt am Schauenberg, zum Hirzel und zum Sihltal. Es sind Orte, an denen er als Lehrer gewirkt und gelebt hat.

Zurück in seiner Heimat rief er zusammen mit Lehrerkollegen die gehaltvolle Vierjahresschrift *Gossau – Deine Heimat* ins Leben. Und er begann, als Ortskorrespondent seiner Gemeinde für den *Zürcher Oberländer* zu schreiben. Als Generalist machte es ihm keine Mühe, Gemeindeversammlungen zu rapportieren, die Hauptübung der Feuerwehr zu schildern, die Abendunterhaltung des Turnvereins zu resümieren und Nachrufe auf bekannte Persönlichkeiten zu verfassen. Für die regionale Tageszeitung bestritt er über vier Jahrzehnte auch Dutzende Ausgaben der historisch-kulturellen Beilage *Heimatspiegel*. Er erstellte ein umfassendes Kulturgüterinventar für seine Wohngemeinde. Und neben seinem Beruf als Herschmettler Mehrklassen-Primarlehrer verfasste er auch noch Bücher zu den Oberländer Flarzhäusern, den Dorfbildern und der Drumlinlandschaft. Er arbeitete an der zweibändigen Chronik der Gemeinde Bubikon mit und behandelte in weiteren Büchern den Oberländer Dichter Jakob Stutz und den Geissenvater Heinrich Rüegg.

Und Jakob Zollinger mischte sich als Bürger politisch ein, wenn ein Vorhaben seine ureigenen Interessengebiete betraf oder eines seiner Psychotope bedrohte: Die Linienführungen der Forchautobahn und der Oberlandautobahn, die Pläne für einen Flugplatz und später für eine Poloranch im Gossauerriet, der Erhalt von Bauten wie dem Dürsterlerhaus in Ottikon und dem Fähndrihaus in Gossau oder der Plan für eine Regionalschiessanlage im Betzholz beschäftigten ihn. Er engagierte sich in der Archivkommission des Zürcher Staatsarchivs, im Zürcher Heimatschutz, in der Ritterhausgesellschaft Bubikon und in der örtlichen Heimatschutzkommission. Nebenbei zeichnete und malte er mit grosser Leidenschaft, hielt dabei unablässig seine Psychotope bei jeder erdenklichen Stimmung und zu allen

Jahreszeiten fest. Zudem führte er zu all seinen Tätigkeiten und Interessengebieten ausführliche Korrespondenzen. Dass er auch sämtliche Gipfel, die das Panorama von seinem Haushügel Gerbel aus zeigt, mindestens einmal in seinem Leben bestieg, erstaunt da kaum mehr. Über das Weltgeschehen informierte er sich, wie seine drei Kinder erzählen, täglich, und mit seiner Frau Elisabeth besuchte er im Lauf der Jahrzehnte Städte und Landschafen in ganz Mittel- und Westeuropa.

Jakob Zollinger hat viele Menschen mit seinem Einsatz und seinen Werken berührt: «Er war ein begnadeter Erzähler», sagt der Gossauer Gemeindepräsident Jörg Kündig. Es sei pure Lust gewesen, ihm zuzuhören und von seinem Wissen zu profitieren. Diese Meinung teilen unzählige weitere Menschen, die ihn als Erzähler erlebt haben. Seine kommentierten Rundgänge durch die Gemeinde waren legendär, seine fundierten Erläuterungen bei Führungen durchs Ritterhaus Bubikon ebenfalls. Seine Bücher und viele seiner Publikationen zeichnen sich durch das harmonische Zusammenwirken von Text und eigens angefertigten Illustrationen aus. Der kantonale Denkmalpfleger Walter Drack schrieb Jakob Zollinger im Februar 1973: «Ihr neustes Werk *Zürcher Oberländer Flarzhäuser* ist ein Wurf! Ein grossartiger Wurf! Und zwar in bezug auf den Text und die Zeichnungen!» Gleich drei Ausrufezeichen auf nur drei Zeilen. Auch sein Hausarzt und Freund Christoph Meile konstatiert: «Jakob Zollinger war ein Generalist der Kultur.» Er sei ein Künstler im weitesten Sinn gewesen, ein Künstler des Lebens und der Menschlichkeit, in ganzheitlicher Betrachtung und Humanität. Aus seinen Werken spreche die tiefe Liebe zur Sache, zum Gegenstand seiner Darstellung.

Ein restlos glückliches und erfülltes Leben also, das Jakob Zollinger gelebt hat? Tatsächlich hatten viele Zeitgenossen und auch Menschen, die ihm nahestanden, diesen Eindruck. Sie sahen in ihm den bescheidenen, ruhigen, zurückhaltenden und überaus freundlichen Kobi, der mit sich und der Welt im Einklang stand und stets eine grosse innere Ruhe ausstrahlte. Auch wenn er politisch als starrsinnig gegolten und oft hartnäckig für seine Sicht der Dinge gekämpft habe, so sei er nie ausfällig geworden, erinnert sich Gemeindepräsident Jörg Kündig. Es sei nicht angenehm gewesen, Jakob Zollinger bei einem Projekt als Gegenspieler zu haben, denn seine Worte hätten an einer Gemeindeversammlung Gewicht gehabt. Aber es sei ihm stets um die Sache gegangen – in aller Regel um Anliegen, die den Heimat- oder den Naturschutz betrafen.

Trotz diesem allgemeinen Eindruck: Mit sich und der Welt stand Jakob Zollinger zeitlebens nur temporär im Einklang. Er litt unter Stimmungsschwankungen und hatte starke Selbstzweifel. Auf produktive Phasen voller Elan folgten abrupt Stunden, in denen Selbstvorwürfe und ein Gefühl des

Versagens dominierten. In der Natur fand er jeweils zu seiner inneren Ruhe zurück und konnte so gestärkt in den Alltag zurückkehren. Jakob Zollinger sprach darüber mit kaum einem Menschen. Er teilte die Ergebnisse seiner Forschungen und seine Erkenntnisse stets gern mit anderen, war persönlich aber verschlossen. Selbst Elisabeth gegenüber schwieg er sich über ein halbes Jahrhundert in manchen Dingen aus. Schon als Knabe sei er introvertiert gewesen und habe sich oft einsam gefühlt. «Viele seiner tollen Ideen brütete er ganz allein im stillen Kämmerlein aus», erinnert sich sein Bruder Migg. Im Elternhaus wurde aber auch nicht über Befindlichkeiten diskutiert, Vater Emil führte ein strenges Regime, Widerspruch wurde nicht geduldet. Kommt hinzu, dass Kobi konfliktscheu war und es zeitlebens blieb. «Er war nicht fähig, einen Konflikt mündlich auszutragen», sagt Tochter Eva. Und Elisabeth musste nach Versuchen, familiäre Zwiste oder Eheprobleme mit ihm zu besprechen, wiederholt resignieren. «Das ist doch kein Problem», pflegte er zu sagen, verschwand in seiner Studierstube oder ging spazieren. Er richtete sich die Welt nach seinem eigenen Geschmack ein, was er nicht wahrhaben wollte, blendete er aus.

Jakob Zollinger schaute ein Leben lang zurück, ihn interessierte die Vergangenheit. Indem er den Ursprung, das Werden und Vergehen der Din-

Der Grossvater zeichnet, seine Enkel Nik und Morris spielen im Schnee. Winterferien in Flerden am Heinzenberg im Jahr 2000.

ge erforschte, wollte er die Gegenwart verstehen. «Nur wer seine Wurzeln kennt, hat eine Zukunft» war sein eigentliches Lebensmotto. In die Zukunft hingegen schaute er meist nur widerwillig: Er war wegen einer geplanten Ferienreise ins Ausland genauso besorgt wie bei kleinsten anstehenden Veränderungen in seinem Umfeld. Auch wenn er sich wiederholt eingestehen musste, dass nicht alles Neue und Unbekannte schlecht war, so hielt er unentwegt an seiner defensiven Grundhaltung gegenüber jeglichem Wandel fest.

Jakob Zollinger war ein tiefgründiger, grossartiger Bewahrer, er pflegte die Lebensräume für seine Seele und diejenige anderer – ein aktiver Zukunftsgestalter hingegen war er nicht. Um die Zukunft hatten sich andere zu kümmern: Das war in der Familie so, das war in den öffentlichen Bereichen so, in denen er tätig war. Es gelang ihm auch nicht, seinen umfangreichen Nachlass zu Lebzeiten zu ordnen und die wertvolle Fotosammlung der Gemeinde Gossau zu übergeben, um sie digital erfassen und damit sichern zu lassen. Er beschwerte sich oft, dass sich niemand für sein Material interessiere und dereinst alles in der Mülltonne landen werde. Ein Glück, dass seine Kinder – zusammen mit ihrer Mutter und den Gemeindebehörden – den Wert seiner Arbeiten erkannt haben und aktuell daran arbeiten, ihnen einen würdigen Raum und eine angemessene Pflege zukommen zu lassen.

Die Linde auf dem Gerbel – der Mittel- und Ankerpunkt im Leben und Schaffen von Jakob Zollinger. Aufnahme vom Bubiker Landsacher aus.

Es gibt zwei Orte, die untrennbar mit dem Leben und dem Werk von Jakob Zollinger verbunden sind und sinnbildlich für sein Wirken stehen. Da ist einmal der Gerbel, der sanfte runde Hügel auf der Wasserscheide zwischen Glatt und Jona mit der wunderbaren Rundumsicht: auf den Pfannenstiel, ins Glattal bis hinunter zum Schwarzwald im Norden, auf die Allmenkette mit dem Bachtel, auf die St. Galler, Glarner und Innerschweizer Alpen mit dem Zürichsee davor. Dort oben steht neben einer noch jungen Linde eine Ruhebank. Sie wird flankiert von einem Alpenpanorama in metallenem Schaukasten, das Jakob Zollinger gezeichnet hat. Der Herschmettler Hügel steht für dessen Herkunft und Engagement im Bereich des Natur- und Landschaftsschutzes. Vom Gerbel aus sieht man auch auf das Nachbardorf Unterottikon, wo ein weiterer Wirkungsort von Jakob Zollinger liegt: das Dürstelerhaus. Hier ruht unter 350-jährigem Gebälk in einer kleinen Kammer der grösste Teil seines Nachlasses. Er wartet dort auf Menschen, die Lust haben, darin zu graben. Vielleicht schaffen sie neue Lebensräume für die Seele, indem sie Vergangenes mit Gegenwärtigem und Künftigem verbinden.

Der Gerbel und das Dürstelerhaus halten die Erinnerung an Jakob Zollinger, diesen eigenwilligen, eigensinnigen und tief in seiner Zürcher Oberländer Heimat verwurzelten Flarzbueb und späteren Ehrendoktor, wach.

Werk

Der umfangreiche Nachlass von Jakob Zollinger

Jakob Zollinger hat einen umfangreichen, formal und inhaltlich vielfältigen Nachlass hinterlassen. Verblieben die privaten und künstlerischen Nachlassteile nach Zollingers Tod in der Chindismüli in Ottikon/Gossau, lag das Material aus seinen beruflichen und wissenschaftlichen Tätigkeiten im nahen Dürstelerhaus. Von 2016 bis 2018 wurde der Nachlass erschlossen, das heisst geordnet, elektronisch verzeichnet und in Archivschachteln und -mappen verpackt. Während der Teil in der Chindismüli grob gesichtet und teilweise konservatorisch gesichert werden konnte, erfolgte bei den Unterlagen im Dürstelerhaus eine detaillierte Erschliessung. Dieser Nachlassteil ging 2018 durch eine Schenkung der Familie Zollinger in den Besitz der Gemeinde Gossau über. An der getrennten Aufbewahrung des Nachlasses wird auch nach dessen vollständiger Erschliessung vorläufig festgehalten. Beide Nachlassteile zeichnen sich durch ihre Heterogenität bezüglich Form und Inhalt, Datierung und Material sowie ursprünglichem Ordnungsgrad und Verpackung aus.

Im Dürstelerhaus findet sich ein etwa 15 Laufmeter umfassendes Konvolut von Akten und Materialsammlungen zu verschiedensten Themen; ferner Bücher, Fotomaterial, Tonträger, Karten und Pläne sowie unterschiedliche Objekte. Insgesamt umfasste dieser Bestand vor der Erschliessung rund zwanzig Laufmeter Material, das in Schachteln, Holzkisten und Einkaufstaschen verpackt und auf zwei Räume verteilt gelagert wurde.

Der Nachlassteil in der Chindismüli weist formal und inhaltlich zahlreiche Überschneidungen zum Bestand im Dürstelerhaus auf. Nebst den Zeichnungen und Aquarellen finden sich Akten und Materialsammlungen verschiedener Provenienzen; ausserdem Broschüren und Bücher, privates Fotomaterial und Postkarten sowie Tonträger. In Gestellen und Schubladen liegen zudem Tagebücher, Reisetagebücher und Briefe, Liederbücher und Exkursionsnotizen. Die Schulzeugnisse, Schulhefte und Pestalozzikalender aus der Kindheit und Jugendzeit Zollingers stehen neben verschiedenen Schriften seiner Eltern, einem Herbarium und diversen Objekten. Der Bestand in der Chindismüli hat einen Umfang von etwa 15 Laufmetern und verteilt sich auf das ganze Haus, befindet sich hauptsächlich aber in einem Dachzimmer.

Jakob Zollinger ordnete sein Material in erster Linie thematisch und chronologisch. Er bildete in zahlreichen Sicht- und Kartonmappen Dossiers, die wiederum durch Tausende von Büroklammern und anderen, zum Teil altertümlichen Metallteilen strukturiert waren. Meist beschriftete er die Mappen säuberlich oder legte gar kleine Inhaltsverzeichnisse an. Umfassende und detaillierte Verzeichnisse und Listen führte Zollinger bezüglich seiner eigenen Bibliografie sowie der ortsgeschichtlichen Dokumentation in Form von Interviews und der Bildersammlung «Gossau im Wandel». Diese

Ordnungs- und Findmittel legte er in analoger Form an, es existieren heute aber auch elektronische Verzeichnisse. Im Folgenden sollen einzelne Teile des Nachlasses herausgegriffen werden, um das Wirken und Schaffen von Jakob Zollinger näher zu charakterisieren.

Bei der Erschliessung des Nachlassteils im Dürstelerhaus wurden rund 17 Teilbestände und Ordnungskategorien angelegt: Der Teilbestand Publikationssammlungen enthält einen kompletten Satz des *Heimatspiegels* von 1925 bis 2009 mit zahlreichen, von Jakob Zollinger verfassten Beiträgen. Zudem liegt hier eine Sammlung von Zeitungsausschnitten aus dem *Zürcher Oberländer,* die Gossau und die Jahre 1924 bis 1964 betreffen. Zollinger hatte die einzelnen Ausschnitte und Schnipsel sorgfältig in 24 Hefte geklebt. Zeitungsartikel, die seine Führungen und Vorträge besprechen, legte er mit den entsprechenden, selbst angefertigten Typoskripten separat in Mappen ab.

Jakob Zollinger dokumentierte auch seine Tätigkeit als Lehrer umfassend. So liegen aus den Jahren 1961 bis 1993 rund dreissig Notenhefte mit Schülerlisten, Stundenplänen und Klassenfotos sowie rund vierzig liebevoll gestaltete Hefte zu den Schulreisen mit Fotografien, Zeichnungen und Aufsätzen der Schülerinnen und Schüler vor. Nebst Unterrichtsmaterialien für die Fächer Geschichte, Geografie und Naturkunde umfasst der Teilbestand auch verschiedene Unterlagen zur Schulgeschichte von Herschmettlen und Gossau sowie zu zahlreichen Festen und Anlässen wie beispielsweise Klas-

Grosse gestalterische Vielfalt. Blick auf einen Tisch mit Materialien von Jakob Zollinger vor der Inventarisierung seines Nachlasses.

senzusammenkünften und Schulhauseinweihungen. Von seinen Schülerinnen und Schülern sammelte Zollinger Schülerzeitungen und Schulhefte, ja sogar die Spickzettel und Liebesbriefchen, die zuerst heimlich unter den Pulten durchgereicht und dann von ihm abgefangen worden waren. Geradezu buchhalterisch führte er die Schulheftverwaltung, und als Ausdruck seiner Sparsamkeit darf wohl der Stapel schon mehrmals gebrauchter Fliessblätter gewertet werden.

Ein grosser und wichtiger Teil seines Nachlasses stellen Zollingers Forschungsarbeiten und -unterlagen dar. Nebst verschiedenen Monografien mit charakteristischen Federzeichnungen beispielsweise zu Zürcher Oberländer Dorfbildern, Flarz- und Bauernhäusern sowie zu den Urlandschaften finden sich unzählige Aufsätze und Beiträge hauptsächlich zu Zürcher Oberländer Themen, die Zollinger verfasst oder illustriert hat. Er sammelte sowohl die Rezensionen zu all seinen Publikationen als auch an ihn adressierte Briefe und Karten aufmerksamer Leserinnen und Leser. Den Kern dieses Teilbestands bilden aber zweifellos die Unterlagen zur sogenannten Herschmettler Chronik und die ortsgeschichtliche Dokumentation. Erstere umfasst zum einen ein Konvolut von Materialien wie Zeichnungen, Plänen, und Fotografien, Exzerpte aus Quellen und Literatur, Kopien und Ausschnitte aus Zeitungen und Zeitschriften sowie persönliche Notizen. Die Sammlung ist thematisch gegliedert, und ihre Ordnung erinnert – beginnend mit der Herschmettler Geologie und endend mit dem «heutigen Leben ab 1946» – an universalhistorische Sichtweisen. Und genau diesen Anspruch löste Zollinger im zweiten Teil der Herschmettler Chronik in Form von rund zwanzig kleinformatigen, handschriftlich beschriebenen und mit zahlreichen Zeichnungen illustrierten Heften ein. In der Stringenz des Aufbaus und der Gestaltung Schulbüchern ähnlich, erinnern die zwar gut leserlichen, aber nahezu mikroskopisch kleinen Blockbuchstaben an die Mikrogramme von Robert Walser. Der zweite Teil dieses Kernbestands bildet die ortsgeschichtliche Dokumentation. Nebst den lückenlosen Transkriptionen von Jakob Zollingers volkskundlichen Umfragen finden sich hier auch rund zehn Karteikästen mit Hunderten thematisch gegliederten Karteikarten zu den einzelnen Befragungen. Einen besonderen Schatz stellen die rund sechzig Kompaktkassetten mit den Originalaufnahmen der Interviews aus den 1970er- und 1980er-Jahren dar, die in absehbarer Zeit digitalisiert werden sollen. Weiteres umfangreiches Material liegt ferner zu Zollingers Inventarisationsprojekten, zu den Haus-, Bauernhaus- und Urlandschaftsforschungen sowie zu seinen Studien zu Zürcher Oberländer Dichter vor. In weiteren Mappen legte Zollinger zudem Materialsammlungen an, so etwa zur «Heimatkunde Zürcher Oberland», zu verschiedenen Oberländer Gemeinden und vor allem zu Gossau. Von A wie Archäologie bis Z wie Zivilgemeinde gibt es kaum einen Aspekt, für den er sich nicht interessierte und zu dem er nicht eifrig Material sammelte.

Jakob Zollingers enzyklopädisches Wissen, seine kaum zu stillende Neugier und sein leidenschaftliches Engagement schlagen sich in seiner Korrespondenz, diversen Zeitungsartikeln, Notizen und Kommissionspapieren bezüglich Raum- und Ortsplanung, Natur- und Heimatschutz sowie Denkmalpflege nieder. Dass er auch der Geselligkeit und festlichen Anlässen nicht abgeneigt war, zeigen verschiedene Vereinsmitgliedschaften und seine aktive Mitwirkung an Festen.

Eine fast unerschöpfliche Fundgrube visueller Quellen zu Gossau bildet das umfangreiche und sehr heterogene Fotomaterial bestehend aus Glasplatten, Diapositiven, Negativen, Ansichtskarten und Abzügen aus der Zeit von etwa 1860 bis 2000. Besonders kostbar ist die von Zollinger angelegte Fotosammlung «Gossau im Wandel»: Die mehreren Hundert Abzüge sind zwar auf konservatorisch problematischen Karton aufgezogen, deren Rückseite geben aber wertvolle, von Zollinger angebrachte Informationen zur Datierung und zu den abgebildeten Gebäuden, Personen und Ereignissen preis.

Gleichsam als botanische Dokumentation seiner ausgedehnten Spaziergänge und Wanderungen legte Zollinger ab den 1960er-Jahren ein beeindruckendes Herbarium an. In weit über 1000 Zeichnungen und Malereien verschiedenster Techniken, vornehmlich in Aquarellen, hielt er seine Eindrücke fest und dokumentierte akribisch die Ausstellungen seiner Werke in der Zeit von 1978 bis 2013. Aus der von Jakob Zollinger hinterlassenen Objektsammlung stechen seine Malutensilien heraus: seine Stifte, Pinsel und sein Malkasten, seine Papiere, Mappen und sein Klappstühlchen, auf dem er – die Welt betrachtend – immer wieder zur Ruhe kam.

Der Nachlass von Jakob Zollinger spiegelt auf anschauliche Weise die verschiedenen Bereiche seines Wirkens und Schaffens – als Privatmann und Lehrer, als Künstler und Wanderer, als Forscher und Publizist sowie als politisch und kulturell engagierte Person. Zollinger erscheint in seinem Nachlass als begeisterter Zürcher Oberländer, genauer Beobachter, von grenzenloser Neugier Getriebener, manischer Sammler, enzyklopädisch Gebildeter, hartnäckiger Streiter und unermüdlicher Schaffer. Mit seinem Nachlass zum vielfältigen Kulturgut des Zürcher Oberlandes hat Jakob Zollinger selbst ein Kulturgut der von ihm geliebten Region geschaffen.

Einblicke ins Werk

Es genügt dem aufgeweckten Knaben nicht, *Ringiers Illustrierte* in der Umgebung zu vermarkten, er gründet mit acht Jahren seine eigene Illustrierte, die Heimat-Zeitung. Im März 1943 ziert ein selbst gemalter Neuenburger Soldat die Titelseite.

So wichtig wie der Text ist dem Redaktor der Heimat-Zeitung das Bild. Detailliert zeigt und erklärt er seiner Leserin und seinen Lesern anhand der Blüten die Silberdistel, das Veilchen, die Alpenrose, das Buschwindröschen und das Schneeglöcklein.

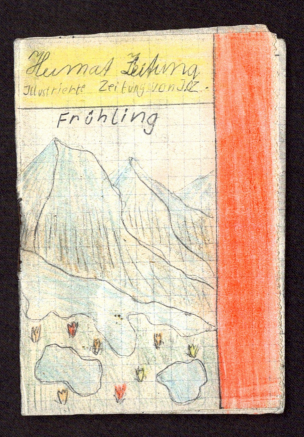

Der Umschlag einer undatierten Ausgabe der Heimat-Zeitung zeigt eine Frühlingszeichnung mit Berggipfeln und spriessenden Pflänzchen. Für einmal steht sie nicht in Bezug zum Inhalt. Dort wird nämlich Holländisch-Indien, das heutige Indonesien, vorgestellt.

Die Welt der Vögel fasziniert Kobi von frühester Kindheit an. Diese subtil beobachtete und fein gezeichnete Idylle am Futterbrett zeugt davon.

Mit Brüdern und Kameraden hängt er Nistkästen auf und unterhält sie.

Elisabeth I. von England und ihrem Vater, Heinrich VIII., widmet der Redaktor fast eine ganze Nummer seiner Heimat-Zeitung im Miniformat 7 × 8 Zentimeter. Anhand eines Bleistiftporträts der Queen führt er ins Thema ein.

Königin Elisabeth

Heinrich VIII hiess dieser grausame englische König der vielleicht der grausamste der Weltgeschichte war. Er liess sich im Jahre 1533 von seiner Gattin Katharina von Aragonien scheiden da sie ihm keine Kinder schenkte. Auf seinem Hofe aber lebte eine Hofdame welche ich der König ver= ebte. Der Papst war aber gegen diese Verbindung. Dennoch setzte sich Heinrich VIII durch, dass er diese Frau, Anna Boleyn heiratete. Sie schenkte ihm bald darauf ein Mädchen. Aber schon drei Jahre nach der Hochzeit wurde er ihrer überdrüssig und klagte sie der schänd= lichsten Vergehen an. Umsonst beteuerte Anna Boleyn die arme Frau ihre Unschuld. Sie verwirkte dennoch ihr Haupt. Heinrich hatte nachher noch vier Gattinnen zwei davon liess er ebenfalls unschuldig

Bücher zum Leihen oder Vorlesen

W. Laedrach: Die Blaubrunnerbuben I Band Sehr lustige Geschichte und: Die Blaubrunnerbuben finden ihren Beruf II Band auch sehr lustig und interessant. Für je ein Buch: Leihgebühr: 2 Rp. Zum Vorlesen: gratis	Waldemar Bonsels: Die Abenteuer der Biene Maja Wunderbares Buch! Erlebnisse einer kleinen Biene welche nicht arbeiten wollte. Das ganze Buch ist in schönen Wörtern geschrieben. Gibt einen prächtigen Einblick in die Natur und das Tierleben. Leihgebühr: 2 Rp.
F. St. Mars: Tier unter Tieren Prächtiger Band gibt einen Einblick in das Leben der Tiere Leihgebühr: 2 Rp.	Die Bücher werden von J. Zollinger Redaktor geleiht.

Kobi versucht, seine Leserschaft an sich zu binden: Er leiht seine Lieblingsbücher zu einer Gebühr von zwei Rappen aus. Zum Vorlesen sind die beiden Bände von «Die Blaubrunnerbuben finden ihren Beruf» sogar gratis zu haben.

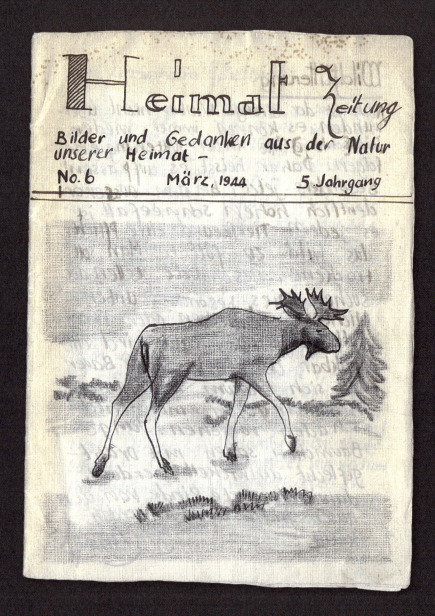

Ein Elch schreitet Richtung Wald. Mit dem grösseren Format der Heimat-Zeitung werden auch die Zeichnungen auf der Frontseite grosszügiger. Das Talent des Gestalters entwickelt sich.

Das Eichhörnchen als Blickfang einer Nummer über die einheimischen Wiesel. Auch den Steinmarder, das Mauswiesel, den Edelmarder, das Hermelin und den Iltis stellt der Redaktor in dieser Ausgabe vor.

Zu unserem Titelbild
Eichhörnchen

Eichhörnchen sind muntere, behende Tierchen. Es gehört zu der weitverbreiteten Wieselrasse, dessen Arten ja alle so geschwind und behende sind. Es ist aber sehr ergötzlich und kurzweilig, diesen Tierchen zuzuschauen. Mancherorts sind sie selten, das kommt daher weil Eichhörnchen, ihres prächtigen Fellchens wegen, gejagt werden.

Eichhörnchen sind etwa 30 cm gross. Der Schwanz nochmals so lange. Dieser ist sehr buschig, mit langen Haaren, das Merkmal des Tierchens. Das Fell ist schockoladebraun, wie der Schwanz, das Bäuchlein und die Brust gelbweiss. Die Ohren sind buschig. Das Eichhörnchen nährt sich von Eicheln, Tannensamen, Nüssen u.s.w. Es lebt im Walde, ist aber auch zuweilen in Obstbaumgärten zu sehen, wo es die Apfelkerchen nascht.

Mit einer Zeichnung ist es nicht getan. Das Eichhörnchen als Frontsujet wird im Innern der Zeitung detailreich beschrieben, und die Eigenheiten des nervösen Tieres werden genannt – auch seine Untugend, das Plündern von Nestern, kommt zur Sprache.

Erlebnis mit einem Eichhörnchen

Ich stand in der Viehweide und hütete die Kühe. Zufällig streifte mein Blick den grossen Nussbaum, der etwa fünfzig Meter weit entfernt stand. Was war das? Unter dem Nussbaum bewegte sich etwas. Eine Katze? Doch eine Katze konnte doch kein solches schockoladebraunes Fell haben – Ein Wiesel? Doch das war doch viel kleiner und schlanker. – Ein Marder? Könnte es am Ende ein Marder sein? Doch als der Schwanz des Tierchens zum Vorschein kam, da wusste ich es. Es war ein buschiger Schwanz. Er gehörte einem Eichhörnchen. Kein Wunder, dass das Eichhörnchen unter einem Nussbaume zu sehen war. Es wollte natürlich die letzten Nüsse „verwerten". Es suchte eifrig am Boden. Ich näherte

Auslöser für die Eichhörnchen-Nummer der Zeitung war offenbar ein Erlebnis des Kuhhirten Kobi, das er im Innern erzählt: Ein munteres Eichhörnchen an einem Nussbaumstamm spielte mit dem Knaben ein Versteckspiel.

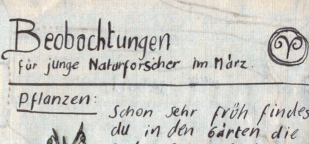

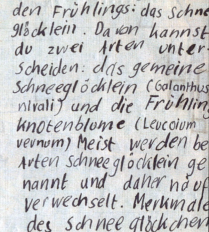

Beobachtungen
für junge Naturforscher im März.

Pflanzen:

Schon sehr früh findes[t] du in den Gärten die ersten Boten des kommen[den] Frühlings: das Schne[e]glöcklein. Davon kannst du zwei Arten unterscheiden: das gemeine Schneeglöcklein (Galanthus nivalij) und die Frühling[s]knotenblume (Leucoium vernum) Meist werden be[ide] Arten Schneeglöcklein ge[nannt] und daher häuf[ig] verwechselt. Merkmale des Schneeglöckchen[s] sind: 3 äussere, weisse und 3 kleinere innere B[lü]tenblätter; die innere[n] Blätter sind gelbgrün u[nd ge]randet.
Merkmale der Frühlingsknotenblume:

Galanthus nivali

Leucoium vernum

Querschnitt

Das gemeine Schneeglöcklein und die Frühlingsknotenblume – oft auch Märzenglöcklein genannt – sind auseinanderzuhalten. Mit unverkennbar pädagogischem Ansatz gibt der Redaktor seine Naturbeobachtungen in Text und Bild weiter.

Blütenblätter; diese bilden eine glockenartige Blütenkrone. Die Zipfel der Blütenblätter sind mit gelbgrünen Tupfen verziert. Um alles besser zu verstehen, sehe man auf der Skizze nach!

Tiere:

Buchfink

Jetzt, da die Sonne an schönen Tagen wieder ordentlich Wärme spendet, zeigt sich in den Parkanlagen und den Gärten wieder der Buchfink. Er gehört zu jenen Vögeln, die man überall in der Nähe des Menschen antrifft. Der Buchfink sieht recht schmuck aus. Besonders das Männchen zeigt mit dem schieferblauen Kopf, der braunroten Unterseite und der weissen und gelblichen Binde, die sich über die schwarzen Flügel hinwegziehen, ein buntes Farbenspiel. Der Buchfink nährt sich hauptsächlich aus allerlei Samen, in der Brutzeit vertilgt er auch viele Insekten. Das Nest des Finken ist sehr kunstvoll gebaut.

Besonders wichtig sind dem jungen Naturschützer die heimischen Vogelarten. Der Buchfink gehört da selbstverständlich dazu.

Sein eigentlicher Lieblingsvogel aber ist der Kleiber.

23. März 1940.

REISELAGER

Grosses Reiselager in der Sandgrube!

Schon lange hatten wir das Reiselag[er] in der Sandgrube erwartet.
Mit fröhlichen Herzen marschier[ten] wir mit dem prächtigen Reisebu[nd]fahnen zur Sandgrube. Wir wa[ren] vollständig ausgerüstet, Tasche, Mütze, Band und Fahnen. N[un] waren wir in der Sandgrube.
Zuerst machten wir das Fach Springen.
Dann kletterten wir. Wir kletterten um die ganze Sand=grube herum, bis wir fertig wa[ren]. Nun kam das Fach Springen.

Ein Abenteuer des Reisebunds führt Kobi, seinen Bruder Migg und einige Kameraden in eine Kiesgrube unweit des Heimatdorfes. Kobi berichtet als knapp Neunjähriger in Text und Bild über das «Reiselager». Alles wird im Protokoll des Reisebunds fein säuberlich festgehalten.

nahmen Anlauf und schnellten
die Beine in die Höhe. Wir kamen
ziemlich weit.
Jetzt kam die Nutübung. Die Bündler
mussten an schwierigen Orten
klettern und steigen. Doch sie ver-
zagten nicht und kletterten mutig.
Drum gab es eine gute Note.
"Kochen!" rief ich
meinen Bündlern
zu. Diese kamen
eiligst heranges-
prungen und
suchten Holz und
dürres Gras.
Bald brannte ein
lustiges Feuer.
Wir steckten kleine Rutchen in unsere Äpfel und steckten sie ins Feuer.
Die Äpfel brieten sich bald, un wir

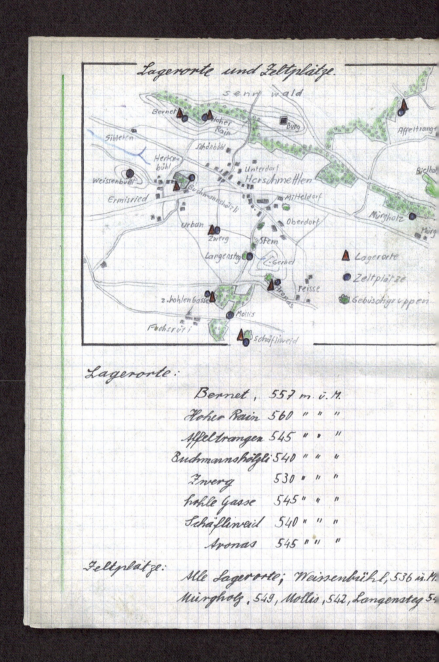

Eine Seite aus dem Protokoll des Reisebunds zeigt die kleine Welt der Herschmettler Kinder in den 1940er-Jahren. Acht Lagerorte und zehn Zeltplätze enthalten die Karte und die Tabelle. Keine der Destinationen ist mehr als zwei Kilometer vom Dorf entfernt.

1. Reise: __Auf den Allmann!__

Da Walter Jaussi einige Sonntage nicht in die Kinderlehre musste, wollten wir die gute Gelegenheit ergreifen, um loszudampfen: Auf den Allmann!

Der Allmann ist im Norden des Bachtels gelegen und mit diesem durch einen Grat (Wasserscheide zwischen Jona und Töss) verbunden. Ausser dem Bachtel ist der Allmann der einzige Hügel in unserer direkten Nähe, der über 1000 m über Meer liegt, er ist nämlich 1083 Meter hoch, also 35 Meter niederer als der Bachtel. Da man auf dem Allmann fast soviel sieht wie auf dem Bachtel, auch weil auf dem Bachtel an schönen Sonntagen immer Lärm und Betrieb herrscht, während auf den Allmann kaum ein Mensch steigt, entschlossen wir uns für letzteren. Der Allmann ist auch steiler und romantischer, die Natur dort oben ist fast unberührt – im Gegensatz zum Bachtel.

Also begannen wir die Reisevorbereitungen. Der Reisetag war auf Sonntag den 5. August, der Abmarsch auf 9 Uhr vormit-

Jakob Zollinger macht sich zu unzähligen Erlebnissen in der Natur Notizen. Manche davon verwendet er später für seine Publikationen. Dank seinem guten Gedächtnis findet er sie in seiner umfangreichen Materialsammlung wieder, wenn er sie braucht.

Exkursionsbuch

von

Jakob Zollinger.

- 2 -

(Herbst 1948 – Herbst 1950)

Seine naturkundlichen Exkursionen protokolliert der Seminarist Jakob Zollinger minutiös. Schon die Gestaltung der Überschrift in den kleinformatigen Büchlein zeigt die Sorgfalt, mit der er ans Werk geht.

jenseits des Schilfsaumes hart an
Eisgrenze und schliessen eng zusamm
Fast wie auf Kommando tauch
wenn ich mich etwa
wege, mit lautem
plansch kopfüber. S
nach 5 Sekunden tau
die ersten bereits w
der auf, die meisten e
nach 10 Sekunden und einige sogar e
nach ca. 15 Sekunden. Das gleiche Spie
wiederholt sich regelmässig in Abständ
von etwa 5-10 Sekunden, bis ich m
entfernt habe. Auffällig am Verhalten
Zwergtaucher war, dass sie nie u
das Eis tauchten, sondern immer
lich innerhalb des eisfreien Gebietes
blieben und nicht aufflogen, trotz
ich mich nur etwa 5-7 m von ih
entfernt befand. Die meisten Exempl
waren ziemlich dick und an der Hals
terseite etwas dunkler als andere,
die etwas schlanker waren. (Letztere
junge Tiere?)
Mitten auf dem Eise des einen Münd
armes der Aa pickt eine Wasserralle
hungrig an einem Fischkadaver. W
mich über das Eis immer näher a
sie hinanpirsche, will sie mehrere Mal
weglaufen, bleibt aber angesichts de
reichlichen Futters doch. So gelingt e
mir, bis auf wenige Meter an de
sonst so scheuen, versteckt leben
Vogel heranzukommen. Er ist etw
grösser als eine Amsel und fällt du

Auf einer Exkursion an den Greifensee am 6. Februar 1949 beobachtet er eine Wasserralle. Ihr Appetit auf einen Fischkadaver lockt den scheuen Wasservogel aus seiner Reserve. Die Beschreibung der Beobachtung illustriert Jakob Zollinger mit einer Federzeichnung. Weitere

...inem langen, roten Schnabel, mit
...er eifrig auf den Fisch loshackt,
...f. Schliesslich, wie ich mich noch
...her heranschleiche, huscht er laut-
... über das Eis ans Ufer, wo er sich
... Dickicht von Schilf und Büschen
...kriecht. Allem Anschein nach muss
... Vogel äusserst hungrig gewesen
...
...ch nachher gelingt mir noch die Beo-
...chtung einer Wasserralle, die, ziem-
... nahe, im Schilf am Boden die
...rren Blätter und Halme nach Futter
...ht. Dabei huscht sie gleich einem
...atten der zwischen den Schilfhal-
...en umher.

Wasserralle
Greifensee
6.2.49

Vogelexkursionen im selben Jahr führen ihn in den Gossauer Seewadel, ins Hinwilerried, ins Neeracher- und ins Kloternerried, ins Gossauerried, in die Herschmettler Obstbaumgärten, an den Pfäffikersee oder ins Wägital.

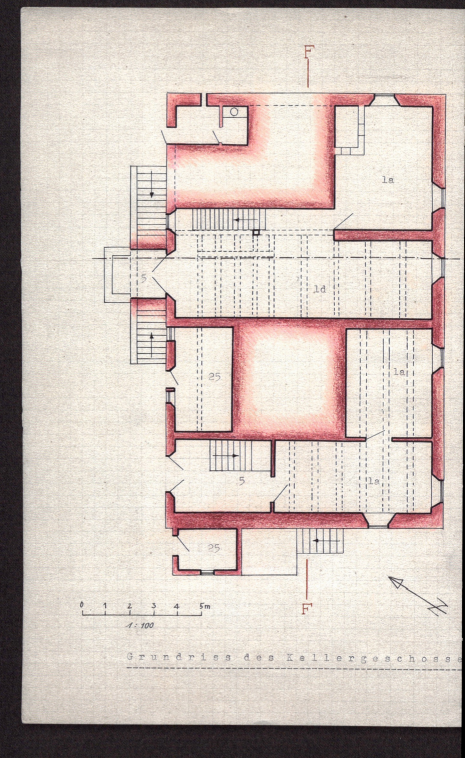

Das erste Objekt, das Jakob Zollinger als Bauernhausforscher gründlich dokumentiert, ist das stattlichste Haus seines Heimatdorfes, das ehemalige Restaurant Sonnenhof im Unterdorf. Ihm folgen später unzählige Erhebungen im ganzen Zürcher Oberland.

Abb. 10b

Freitreppe, Stirnseiten der Brüstungsmauer:

Eingehauene Wappen und Monogramme des Bauherrn Hans Jacob Hotz und seiner Gattin Barbara Schärer, 1752.

Zeichenerklärung zum nebenstehenden Grundriss:

- 1 a   Obstkeller (viell. ehem. Webkeller)
- 1 d   Wein-, heute Mostkeller.
- 5   Vorraum
- 25   Gerätekammer
- —·—·— Querschnitt siehe Blatt 16.

Abb. 10c Ansicht von Norden (Freitreppe mit Kellereingang)

Ein Foto des Objekts, präzise Grundrisszeichnungen und das Zeichnen von besonderen Details gehören zur Dokumentation eines Hauses. Dem «Sonnenhof» widmet Jakob Zollinger ein ganzes Dossier. Es enthält auch die damals schon 200-jährige Bau- und Eigentümergeschichte.

Während seiner Zeit am Seminar Küsnacht verfasst Jakob Zollinger 1949 eine eigenständige Forschungsarbeit zur Anatomie der Lemna minor, der Wasserlinse. Das ist eine freischwebende Wasserpflanze, die vorab auf stehenden Gewässern vorkommt. Sie dient den Enten

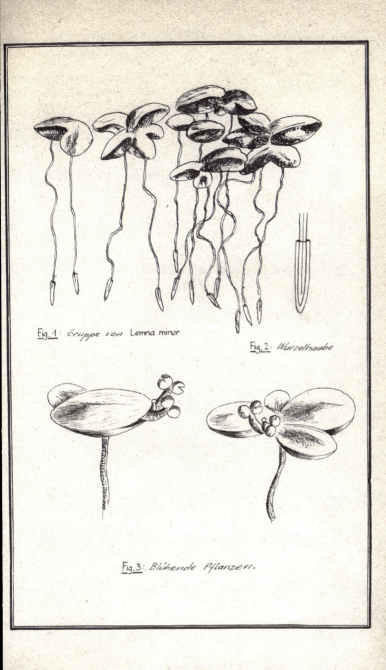

Fig. 1: Gruppe von Lemna minor.
Fig. 2: Wurzelhaube.
Fig. 3: Blühende Pflanzen.

wegen ihres Eiweissgehalts als Nahrung. Im Frühling hat der Seminarist nach langer Suche endlich eine ganze Anzahl Pflanzen entdeckt.

unterschieden werden können, nämlich der Sprossteil vom Beginn des Leitbündels bis zu dessen Verzweigung in der Mitte des Sprosses, und der Sprossteil, der von den verzweigten Leitbündeln eingenommen wird. Zu beiden Seiten der Verzweigungsstelle der Leitbündel befinden sich

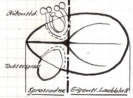

Taschen, in denen sich die Tochtersprosse oder die Blüten entwickeln. Der Sprossteil oberhalb (auf der Figur links) dieser Taschen wäre demnach die eigentliche Sprossachse, während der Teil unterhalb derselben (Fig: rechts) als Laubblatt gilt (Nach A. Engler). Heute gelten die Lemnaceae als eine selbständige Familie, die allerdings mit den Araceae gewisse gemeinsame, verwandtschaftliche Merkmale aufweist.

b. Verbreitung.

Lemna minor ist in allen Erdteilen auf stehenden oder langsam fliessenden Gewässern anzutreffen, ausser in den arktischen Gebieten. Die Blüten werden noch am ehesten in den tropischen und subtropischen Breiten ausgebildet. Die Pflanze dient vielen Entenarten und andern Wasservögeln als Nahrung und wird daher vielerorts „Entenlinse", „Entenfloss" oder „Entengrütze" genannt.

2. Spross.

Der Bau der Blattsprosse von Lemna minor ist in seinen Grundzügen derjenige eines gewöhnlichen Assimilationsorganes oder Laubblattes. Nur die zahlreichen grossen Interzellularen und die, statt wie gewöhnlich auf der Blattunterseite, hier an der Oberseite befindlichen Spaltöffnungen lassen auf die besonderen Lebensumstände dieser Pflanze schliessen.

a. Oberhaut. (Fig. 4)

Die Randzellen sowohl der Oberhaut wie auch des Grundgewebes sind prismatisch und chlorophyllos.

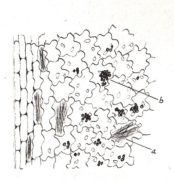

Fig. 4: Randpartie der Oberhaut mit Oxalatkristallen (a) und Pigmentkörnern (b).

Fig. 5: Schliesszellen mit Spaltöffnungen (Obere Epidermis)

Fig. 6: Querschnitt durch einen Blattspross. a = Luftkammern, o = obere, u = unt. Epidermis.

Längsschnitt durch die entsprechenden Zellen.

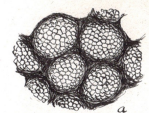
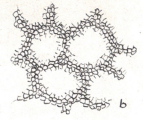

Fig. 7: Längsschnitt durch den Spross und die Luftkammern. a = untere Einstellung, b = obere Einstellung.

A4-Format, mit Schreibmaschine geschrieben: Während seiner Zeit am Oberseminar schreibt und zeichnet Jakob Zollinger Anfang 1952 eine dreissigseitige Arbeit zum Einsatz von Gerätschaften auf dem Bauernhof fürs Turnen. Er, der während seiner ganzen Schulzeit kein

Jakob Zollinger

GERAETE AUS DEM BAUERNHAUS

ALS TURNGERAETE

IN EINFACHEN VERHAELTNISSEN.

eifriger und geschickter Turner ist, spart nicht
mit praktischen Tipps für den Turnunterricht mit
einfachsten Mitteln.

Eine Stange zum Anbinden von Pferden, eine Holzleiter stehend oder angelehnt, eine Aufzugvorrichtung für das Heu in der Scheune: Wo ein Wille ist, besteht die Möglichkeit zur körperlichen Ertüchtigung.

Im Sommer 1951 gilt es für den angehenden Primarlehrer ernst: Er absolviert ein dreiwöchiges Landpraktikum in Bubikon. In seinem fast sechzigseitigen Abschlussbericht findet sich eine Zeichnung des Schulhauses nahe der Bubiker Kirche.

ganze Schulzimmer ist, wie aus dem Grundriss ersichtlich,
ltnis zur Schülerzahl gegenwärtig in der Breite zu weit-
was natürlich noch aus der Zeit herrührt, da es noch 3 - 4
beherbergen musste. Für zwei Klassen jedoch dünkt es mich
den zu breit, weshalb mir auch der Ueberblick über die
immer Schwierigkeiten machte.
äfer ist in dem hässlichen Blaugrau gestrichen, dem man
ahrhundertwende noch Geschmack abgewinnen konnte.
brige ist aus dem Grundriss ersichtlich.

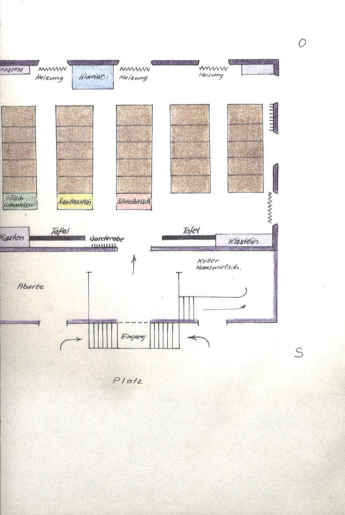

In seinem Praktikumsbericht enthalten ist auch ein exakter Plan des Schulzimmers. Der Prakti- nur zwei Klassen zu breit, die Wände seien in einem hässlichen Blaugrau gestrichen.

Jakob Zollinger verzichtet im Praktikumsbericht auch nicht darauf, einen exakten Plan seiner Nachbargemeinde mit sämtlichen Weilern, Höfen und Wäldchen wiederzugeben. Links oben ist knapp jenseits der rot eingezeichneten Gemeindegrenze Zollingers Herkunfts- und

1. Situation.

inde und Dorf.

wuchs in Herschmettlen, der "oberen Wacht" der Gemeinde
u auf, über eine Wegstunde von unserem Gemeindehauptort,
h nur halb soviel von der Nachbargemeinde Bubikon ent-
t. In Herschmettlen hörten wir die Gossauer Kirchenglocken
z des mächtigen fünfstimmigen Geläutes deshalb nur selten,
gen die Glocken von Bubikon in aller Deutlichkeit herü-
challten. Es ist begreiflich, dass wir von jeher fast mehr
Bubikon verbunden gewesen waren als mit unserer eigenen
inde, und ich empfand es als grossen Glücksfall, dass ich
e Landpraxis gerade in Bubikon absolvieren durfte.

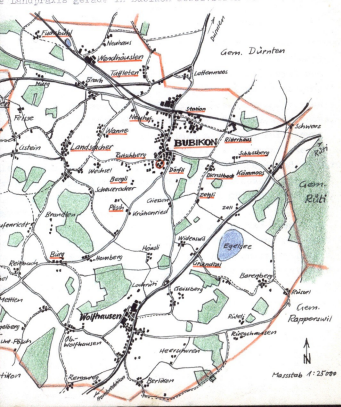

späterer Wirkungsort Herschmettlen zu erkennen.

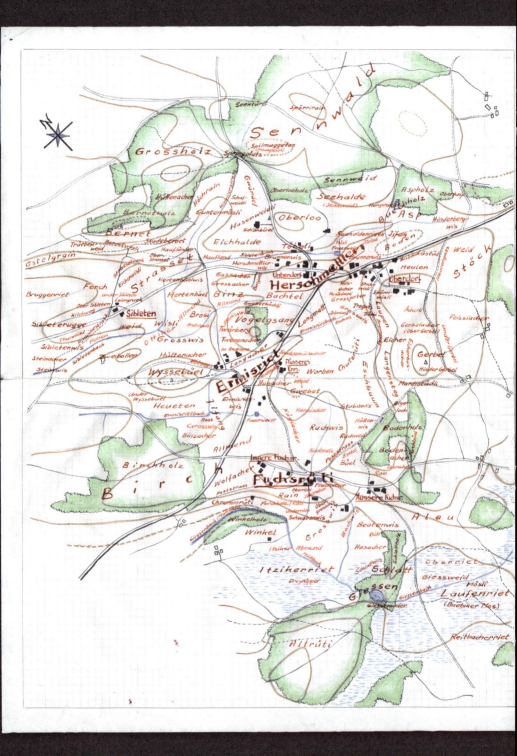

Die Herschmettler Chronik ist neben den Bauernhäusern das umfangreichste und langjährigste Forschungsprojekt von Jakob Zollinger. Viel Arbeit steckt in dieser Karte: 250 Flurnamen sind darauf eingezeichnet – auf einer Fläche von nur drei Quadratkilometern.

Die Essenz der Herschmettler Chronik hat Jakob Zollinger in 19 kleinformatigen Büchlein zusammengefasst. Kartondeckel halten jeweils den 20 bis über 100 Seiten umfassenden Inhalt zusammen. Die reich illustrierten Texte sind von Hand in Druckschrift geschrieben.

Der Deckel und der Inhalt der Büchlein der Herschmettler Chronik im Format 11 × 15 Zentimeter sind mit durchsichtigem Klebeband verbunden. Es löst sich nach Jahrzehnten auf, und die Büchlein zerfallen. Sie sollen deshalb digitalisiert werden.

Herschmettler Chronik.

Kapitel 6a

Sitten und Bräuche.
Erwerb in früherer Zeit: Landwirtschaft
Dreifelderwirtschaft, Heimindustrie (Weberei)
Leben in früherer Zeit: Bauweise d. Häuser usw.

I. Sitten und Bräuche
   A. Aberglaube, Sagen, Gespenster   1
   B. Bräuche   22

II. Erwerb in früheren Zeiten
   A. Landwirtschaft (Dreifelderw.)   60
   B. Gewerbe   90

III. Leben in früheren Zeiten
   A. Bauweise der Häuser   94
   B. Volkskundliches aus Haus u. Hof   100

> – 6 –
>
> Weniger stark waren blaue Traub
> ((Clevener) vertreten. Diese wurd
> am ehesten noch am Gerbel geh
> ten.
> Im Gebiet unserer Wacht gab
> um 1900 folgende 5 Rebberge
>
> Gerbel, Südhang
> Büel, hart nordwest. äussere Fu
> Rain, innere Fuchsrüti
> Weissenbüel, Südhang
> Bernet/Silberberg
>
> Der letztere war der weitaus g
> te und bedeutendste Rebbe
> der ganzen Umgebung, der
> Zeit seiner grössten Ausdehnu
> etwa 28 Jucharten gross war.
> Dieser Rebberg reichte vom Wa
> rand auf dem Hügelkamm b
> zum oberen Strassetweg (Flurwe
> Civ. Gem. Ottikon, No. 44 u. 46) hin
> ter. Dieser Rebberg am Bernet
> hat nicht nur eine sehr inte
> sante Entstehungsgeschichte, so
> dern ist auch in seiner Anlag
> sehr typisch. Deshalb wenden
> uns nachher auch dem Ber
> rebberg speziell zu.
> Der Anbau von Reben an den S
> hängen der Drumlinhügel war üb
> für die ganze Drumlinlandschaf
> typisch. (Die Nordseite der H
> war gewöhnlich bewaldet).

Rund um Herschmettlen existierten noch im Jahr 1890 fünf Rebberge, so am Gerbel, am Weissenbühl und am Bernet. Während der Renaissance des Rebbaus im Zürcher Oberland im letzten Viertel des 20. Jahrhunderts ist keiner von ihnen revitalisiert worden – dies im Unter-

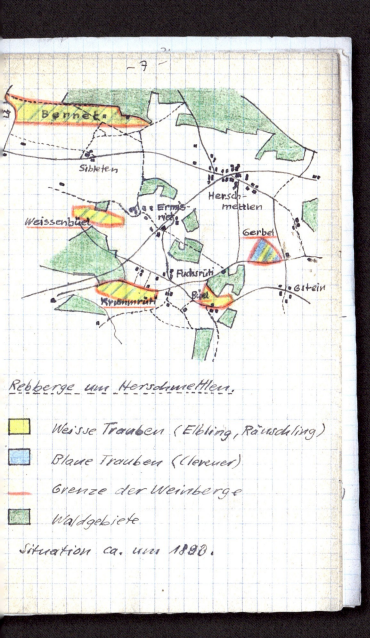

schied etwa zu anderen Rebbergen wie der
Gossauer Altrüti, dem Grüninger Schlüssberg
oder dem Ustermer Schlosshügel.

– 19 i) –

Rauchwiesen keine Streue mehr pflanzen solle. Das Abwasser muss er dann in dem Wassergraben gegen das Ermisriedt leiten."
(Weitere Zitate: 96/530, 97/401; dieser Servitut ist bis heute nicht gelöscht)

Bevor das Wasser in den Häusern aus der Leitung floss, hatte es in den Dörfern eine Menge mehr oder weniger ergiebiger Brunnen gegeben. Auch dazu recherchiert Heimatforscher Jakob Zollinger und zeichnet seinen eigenen Plan.

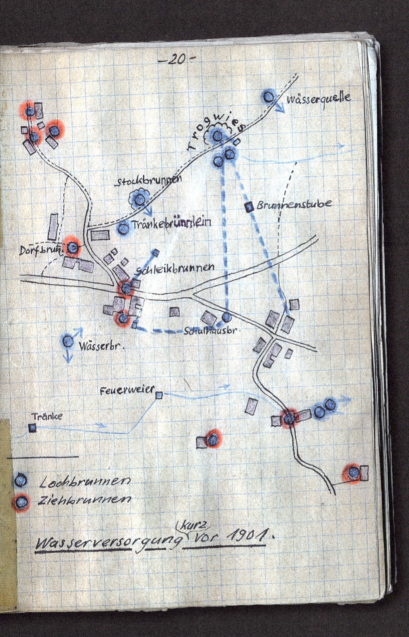

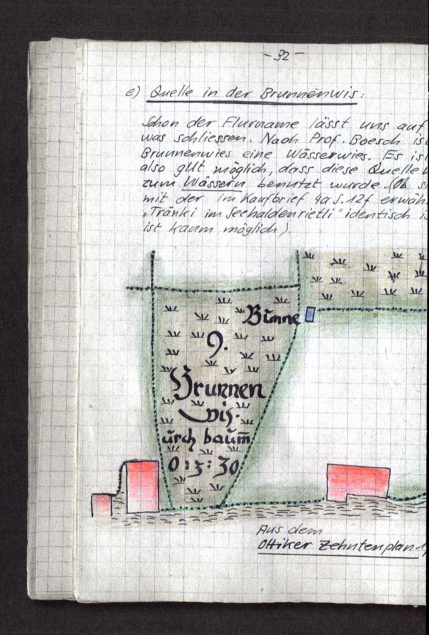

Flurnamen verraten viel. Bedeutet Brunnenwies, dass dort eine wichtige Quelle für die Bewohner des Dorfes entspringt, oder dient das Wasser lediglich zum Bewässern der Wiesen? Solche Fragen erörtert Jakob Zollinger mithilfe der Erkenntnisse von Namensforschern.

– 33 –

Die Ziehbrunnen des Unterdorfes.

Was die Quellen der Trogwis für das Oberdorf bedeuteten, das bedeuteten die Quellen am Grunde des „Töbeli" dem Unterdorf. Auch diese, einst nicht zum eigentlichen Herschmettlen gehörende Siedlung war vollständig durch diese Quellen bedingt.

Jeder Dorfteil hat seine besondere Brunnensituation. Zuunterst im Herschmettler Unterdorf im Töbeli zeigt der Ottiker Zehntenplan von 1738 drei Wasserstellen (kleine blaue Rechtecke).

—52—

Karte links (S.51.a)

Siegfriedkarte im Maßstab 1:25000 [aus]
dem Jahre 1883 (mit Nachträgen bis […])
Situation um diese Zeit mit den
Grenzen der Zivilgemeinde Ottikon
(nach dem Flurwegprotokoll der Zivilgem[einde]
Ottikon, 1867, Notariat Grüningen), die [im]
grossen und ganzen mit einem Te[il]
der Öffnungsgrenze übereinstimm[en].
Auch die heute noch bestehenden
Grenzen der politischen Gemeinde
Gossau ——— ~~die~~ stimmen mit de[m]
anderen Teil der Öffnungsgrenze üb[erein].

Karte rechts (S.51.b)

Gygerkarte aus dem Jahr 1667. Ein[e]
einfarbige Wiedergabe des betr. G[e-]
bietes. Die Karte dient als direkte B[ei-]
gabe zum Öffnungsbrief, da sie ung[efähr]
aus der selben Zeit stammt wie d[er]
und deshalb das Gelände so wied[er-]
gibt, wie es im Öffnungsbrief be[schrie-]
ben ist. Eingezeichnet ist darin d[ie]
Öffnungsgrenze von Ottikon,
sie im Brief verzeichnet ist. Die Gy[ger-]
karte ist etwas westlicher orientier[t als]
die Siegfriedkarte (links), auch sind [die]
Ortsbezeichnungen umgekehrt wo[rden]
damit die Karte eher der Siegfried[kar-]
te ähnlich ist.

Ausschnitte aus alten Kartenwerken wie der Siegfried- und der Gygerkarte zeichnet Jakob Zollinger nicht nur ab, er kommentiert sie auch aufgrund seiner Recherchen in den verschiedenen Archiven in allen Details.

Anhand eines einfachen Plans mit eingezeichneten Grenzverläufen veranschaulicht der Chronist, wie sich die Ausdehnung des Sennwaldes innerhalb von drei Jahrhunderten entwickelt hat.

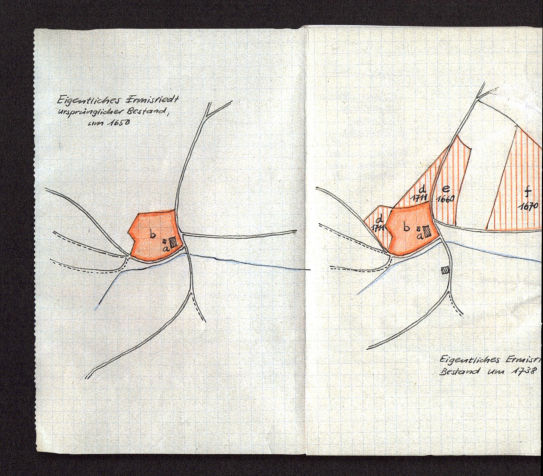

Die Rechtsgeschichte des Ermisriets über drei Jahrhunderte dargestellt. Der kleine Einzelhof von 1650 (links) entwickelt sich im Lauf der Zeit zum Weiler mit drei Heimwesen (rechts). Zu den Plänen gehört ein vierseitiger Tabellenteil. Im Notariat Grüningen und im Staatsarchiv findet

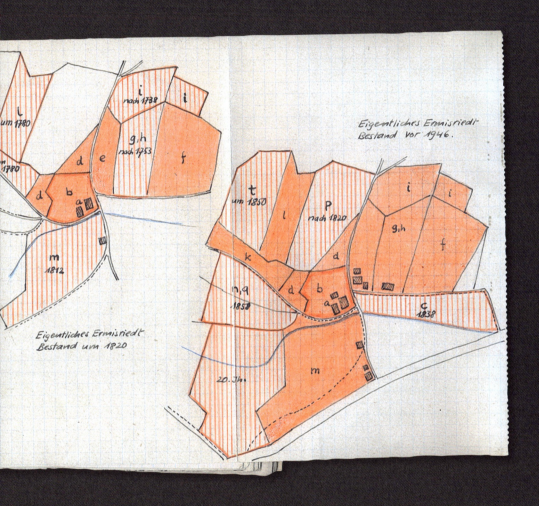

Jakob Zollinger all die Puzzleteile, die es ihm ermöglichen, das Bild zusammenzusetzen.

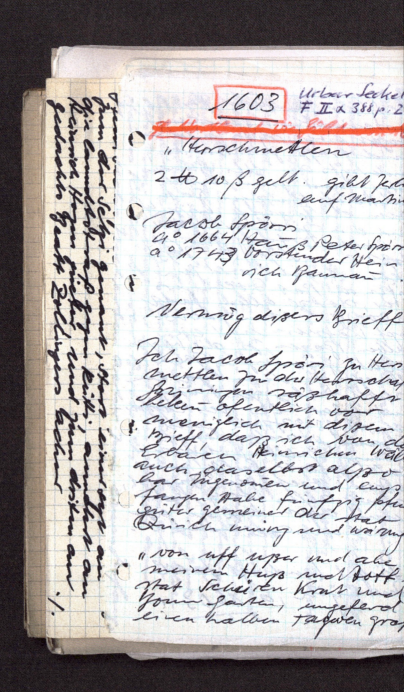

Abschreiben und skizzieren. In ungezählte kleine, karierte Hefte notiert Jakob Zollinger in den Archiven, was er für seine Chronik allenfalls brauchen kann. Mit Farbe hebt er Wichtiges hervor. Hier bekennt der Herschmettler Jacob Spörri, er habe von seinem ehrbaren Nachbarn

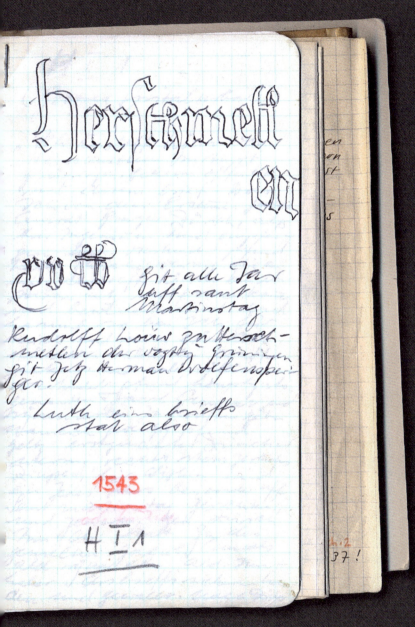

Heinrichen Wäber bar fünfzig Pfund Güter in der
Währung der Stadt Zürich entgegengenommen
(linke Seite).

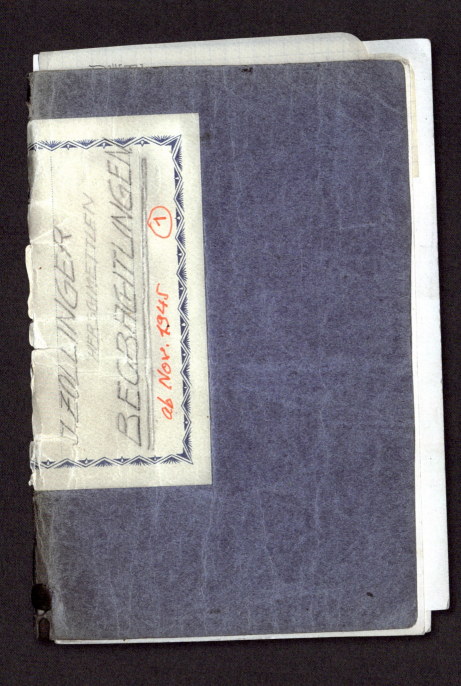

Mit «Beobachtungen» überschreibt er eine Sammlung von Blättern zu verschiedensten Themen. Er schreibt Dachbalkensprüche ab, macht sich Gedanken zu den Folgen der Gossauer Melioration in den 1940er-Jahren, oder er skizziert eine Ofenkachel im Ottiker Dürstelerhaus.

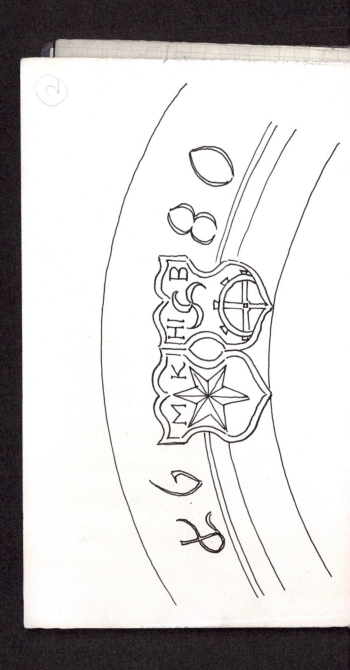

Am grossen Mühlehaus der Chindismüli in Unterottikon findet sich ein Torbogen mit den Familienwappen des Ehepaars, das die Mühle 1680 erbauen liess. Jakob Zollinger fertigt davon eine Zeichnung an.

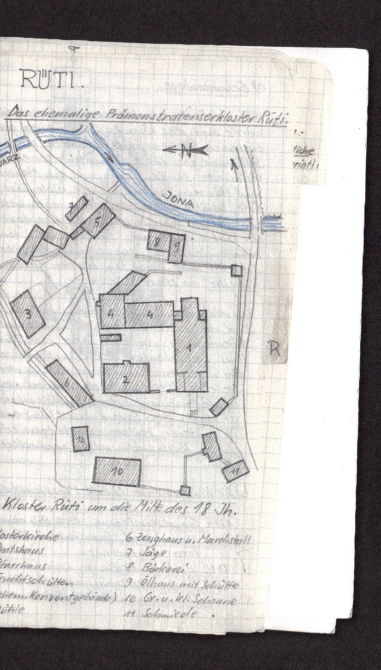

Das Kloster Rüti war neben dem Ritterhaus Bubikon ein wichtiger Grundeigentümer im Zürcher Oberland. Jakob Zollinger erstellt für seine regionalhistorischen Forschungen einen Grundrissplan der einstigen Klosteranlage.

Schwurhand. Die Gewölberippen werde[n]
von vier Ecksäulen getragen mit weich
auslaufenden, romanischen Basen auf
rechteckigen Postamenten u. schlanken, kel[ch]
förmigen Kapitellen (siehe Abb.)

Wandmalereien:

Roman. Kapitell
im Chor.

Von dem um 1500 ent-
standenen Wandgemäl[de]
des jüngsten Gerichtes ü[ber]
dem Chorbogen, das die
ganze Mauerfläche zwi[-]
schen demselben und d[em]
Schildbogen des Mittelsch[iff]
gewölbes ausfüllt, ist nu[r]
noch der obere Teil erh[al-]
ten. Der Chorbogen ist aussen nach dem
Langhaus und in den Leibungen mit [?]
figuren Heiliger geziert. Die Flächen
des Bogens gegen den Chor sind von
graziösem Rankenwerk überzogen.
Diese Wandmalereien stammen von Han[s]
Haggenberg und sind das vorzüglichste, [was]
von ihm erhalten ist.

Grabdenkmäler:

Von den insgesamt 22 Grabplatten si[nd]
acht erhalten und an den Längswänden
des Kirchenschiffs aufgestellt:

I Fussplatte vom Tischgrab eines Grafen v. Togge[nburg]
II Fussplatte vom Tischgrab eines Grafen v. Togg[enburg]
III Oberplatte vom Tischgrab des Ritters Hermann [?]
IV Grabplatte des Ritters Heinrich von Wagen[berg]
V Grabplatte des Ritters Heinrich von Rand[egg]
VI Oberplatte vom Tischgrab des Ritters Joh. v. Kling[en]
VII Fussplatte vom Tischgrab des Ritters Joh. v. Kling[en]
VIII Grabplatte der Margaretha hilliger geb. Schul[?]

Detailskizze des romanischen Kapitells von einer der vier Säulen in der Klosterkirche Rüti. Auf dem gleichen Blatt notiert Jakob Zollinger markante Baumerkmale des Gotteshauses.

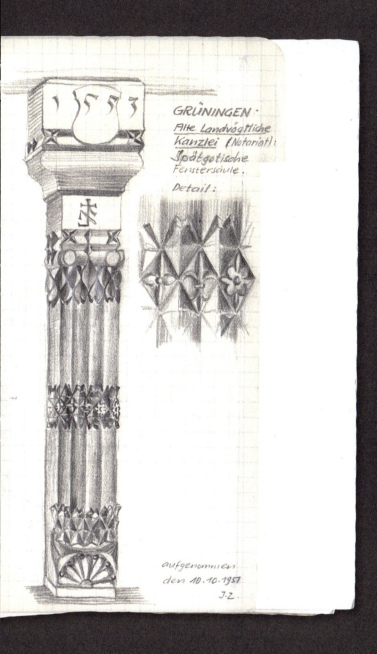

Als junger Mann recherchiert Jakob Zollinger häufig im Notariat Grüningen. Dort fertigt er am 10. Oktober 1951 diese detailreiche Bleistiftzeichnung von einer spätgotischen Fenstersäule an.

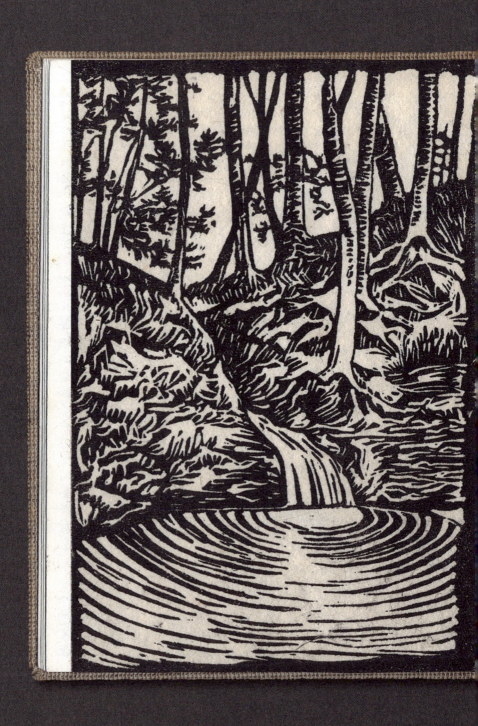

Ein Linolschnitt von Jakob Zollinger vom kleinen Wasserfall des Giessen, der zwischen den Dörfern Bubikon, Hombrechtikon, Grüningen und Herschmettlen liegt. Hier erschauderte der kleine Kobi ob der Gespenstersagen, die ihm erzählt wurden.

25. Jan. 81 / 2. Feb. 81   GIESSEN

...r, wo sonst grosse Betriebsamkeit die Wege und
...plätze belebt, herrscht tiefe, winterliche Stille.
... das eintönige Rauschen und Gurgeln des Wasser-
...lles erfüllt den verschneiten Waldwinkel.
...nee überall — er verbirgt jeden Bodenvorsprung,
...Tannenwurzel, jeden Höcker im ebenmässigen
...grund, das sonst so düster und unheimlich
...ort. Dasselbe Weiss liegt, nur um eine Spur
...impfter, auch auf den Wellen des Weiherchens,
...dem Gischtstreifen am Grunde des kleinen Tal-
...entspringen, unruhig zittern, dann breiter
...d gemessener wogen, sich verflachen und vom
...and des grossen Weihers verschluckt werden.
...oft hat mir dieses Bild Kraft und Ruhe
...henkt! Sein Sang — das Plätschern und Rau-
...n und das leise Meisengepiep im schneebestäub-
...Zweigdach — beruhigt mein immer wieder
...zagtes Gemüt. Es ist die Stimme Gottes, die
...s hervordringt! Sie spricht mir Zuversicht
... die kommende Zeit grosser Umstellungen
...Kraft und Frohmut, mögen daraus hervor-
...llen, so wie immerfort neue und neue Wellen
...Fall entfliessen, zeitlos in alle Ewigkeit.
...Jan.
...ch heute bin ich wieder hier vorbeigekommen,
...be dem Lied des Giessens von ferne gelauscht.
...darum lag bleiches Licht auf den winterlichen
...men. Diesmal aber prangten sie in ihrem
...schrifgewand noch festlicher.
...s über die schimmernde Fläche des Hertenbriels-
...achers, dann dem Giessenbach entlang,
...sen dunkle Fluten lautlos und fast un-
...thar unter dem Geschmeide der bereiften
...erbüsche dahinzogen, dann hinaus in die
...hte, einsame Weite des Spikerriedes. Stiller
...rweilen unter den weissen Zweiggardinen
...r äussersten Föhre mitten im Ried. Dann
...rbei am Giessen und hinauf in die Stille
...s Oberriedes!

Von Gespenstern keine Spur mehr. Der Giessen ist für den knapp Fünfzigjährigen zu einem Platz der stillen Einkehr geworden. Ein typisches Beispiel aus den «Stimmungsbildern», wie er solche Tagebucheinträge nennt. Bild und Text verbinden sich zu einem kleinen Gesamtwerk.

Alltägliche und weniger alltägliche Erlebnisse in kunterbunten Collagen festgehalten. Die Idee stammt von seinem nach Kalifornien ausgewanderten Bruder Migg; in den 1960er-Jahren übernimmt sie Jakob Zollinger und pflegt sie dann eifrig über Jahrzehnte.

Die Einladung zum Dorf- und Passivabend der Herschmettler Nachtheuel neben einem Zeitungsfoto des renovierten Kirchturms der katholischen Kirche in Dietikon, daneben Fahrscheine von einem Ausflug ins Limmattal und ein Frühlingsfoto vom Balkon seines Lehrerhauses aus.

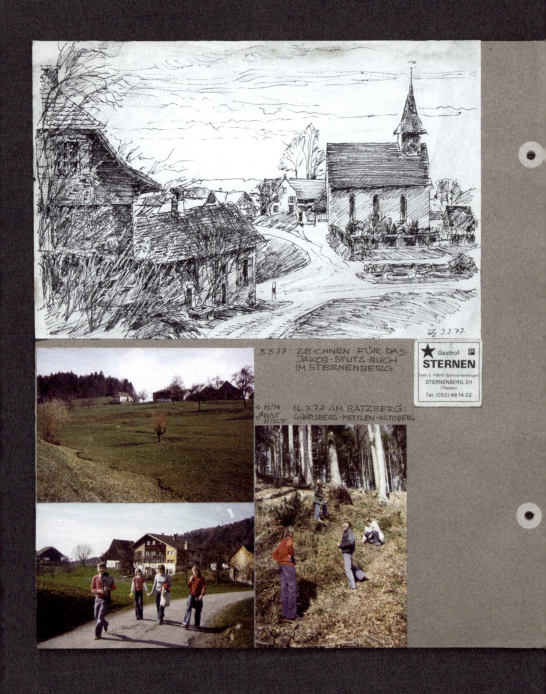

Eine der bekannten Federzeichnungen von Jakob Zollinger mit einer Dorfsituation von Sternenberg, die er für sein Jakob-Stutz-Buch zeichnete, und Fotos von einem Familienausflug mit Elisabeth und den drei Kindern am Batzberg.

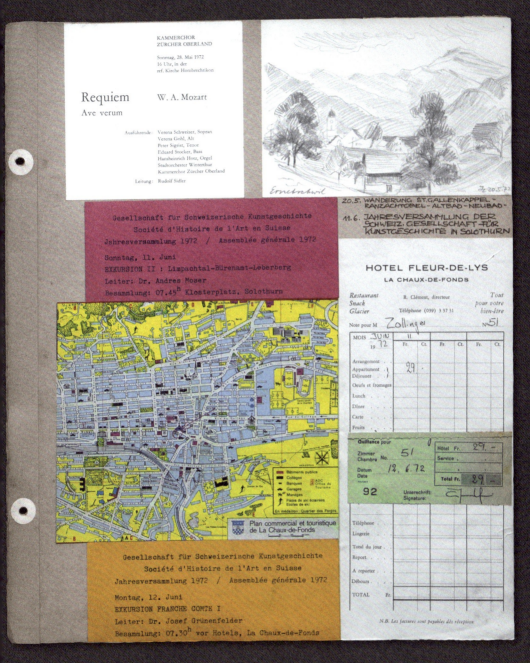

Ein Konzertbesuch, eine Wanderung am Ricken-Westhang, eine kunstgeschichtliche Exkursion in den Jura – mit dem Stadtplan von La Chaux-de-Fonds einschliesslich einer Hotelrechnung: Erinnerungen an den Sommer 1972.

14. JUNI 72.
WANDERUNG DEM BUCHBERG
(OBERSEE - UFERWEG) ENTLANG
VON GRYNAU NACH NUOLEN.

22. JUNI 72: ZUR BEERDIGUNG
VON CARLO ACQUISTAPACE NACH ESINO

KAMMERORCHESTER HOMBRECHTIKON
Leitung: Rudolf Weber

KONZERT

Samstag, 17. Juni 1972
20.15 Uhr
im Ritterhaus Bubikon

Solisten:
Rudolf Weber — Viola d'amore
Elisabeth Weber-Erb
Katharina Kobelt
Karl Knobloch
Berti Wegmann — Violinen
Johannes Kobelt
Seraina Gaudenz — Violoncelli

Werke von Antonio Vivaldi

Karten zu Fr. 8.80 (Schüler 4.40) an der Abendkasse

23/24. JUNI: ARBEIT IM BAUERNHAUSFORSCHUNGS-ZENTRALARCHIV

Freilichtspiele 1972
vor dem Basler Münster

Jedermann
von Hugo v. Hofmannsthal

Freitag, 23. Juni 1972, 20.30 Uhr
Block B   19. Reihe   Platz Nr. 0025
Bei Verlegung der Vorstellung in die Martinskirche
Seitenschiff links   Platz Nr. 0088
Fr. 9.80
Bitte Rückseite beachten!

Jedermann
Freitag, 23. Juni 1972
Fr. 9.80

Eindrücke von einer Reise nach Domodossola und ins Tessin. Für einmal eine thematisch einheitliche Komposition von Illustrationsmaterial. Mehrere Hundert solcher Collagen hat Jakob Zollinger angefertigt.

Begonnen hat der Illustrator Jakob Zollinger einst mit Farb- und Bleistift. Dann entdeckt er die Federzeichnung, in der er es zur Meisterschaft bringt. Unweit seines Herschmettler Schulhauses verewigt er 1966 diese Schotterbank im Sennwald.

Häuser und Dörfer in Tuschfedertechnik – die bekanntesten und verbreitetsten Sujets von Jakob Zollinger. Hier das Bockhornhaus im Pfäffiker Rutschberg. Es ist ein Vorzeigeobjekt unter den Zürcher Oberländer Flarzhäusern.

Das Schipfe-Quartier, die Limmat und der
Zürichberg – wo auch immer Jakob Zollinger
sich aufhält, findet er geeignete Sujets.

Ein Steinhaufen markiert den Berggipfel. Ungezählte Male ersteigt Jakob Zollinger die Silberen über dem Pragelpass.

Aquarell von Jakob Zollingers Herschmettler Elternhaus. Es ist heute kein eigentlicher Flarz mehr. Nach dem Dorfbrand von 1870 wurde sein Dachstock angehoben und das Dach mit Ziegeln statt mit brennbaren Holzschindeln eingedeckt.

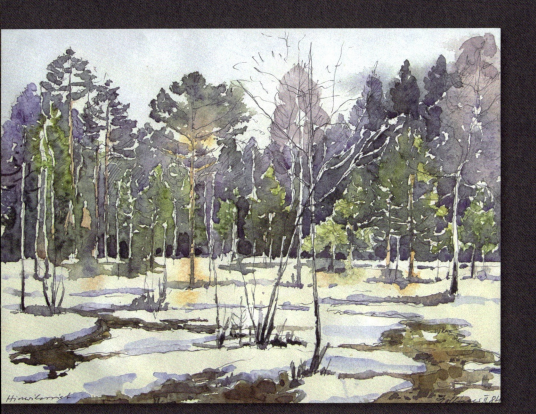

Eine Farbstiftzeichnung von Jakob Zollinger. Entstanden ist sie im Oktober 1964 während einer zweitägigen Wanderung auf dem Mittaggüpfi, einem Gipfel in der Bergkette westlich des Pilatus. In der Bildmitte der Schimberg.

Jakob Zollinger malte auch mit Ölkreide. Dieses 1969 entstandene Bild empfand er zeitlebens als eines seiner besten.

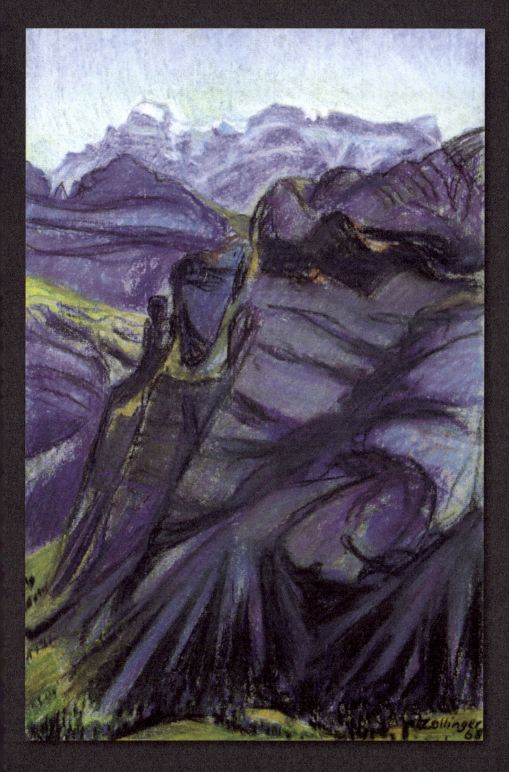

Jakob Zollingers Lieblingsberg, der Glärnisch. Ungezählte Male zeichnet und malt er ihn. Auf mehreren Touren besteigt er das Vrenelisgärtli, den Ruchen und den Bächistock. Er betrachtet den Glärnisch als «König» des Oberländer Panoramas.

Anhang

Publikationsverzeichnis Jakob Zollinger

In dieser chronologischen Auflistung werden Beiträge von Jakob Zollinger in Fachschriften, Jahrheften, Zeitungsfeuilletons oder in Zeitungsbeilagen sowie eigenständige Publikationen berücksichtigt, nicht aber seine zahlreichen Presseberichterstattungen.

Abkürzungen:
GdH = Gossau – Deine Heimat, Vierjahresschrift
Hsp = Heimatspiegel, Monatsbeilage zum Zürcher Oberländer
Jg. = Jahrgang
Jh. = Jahrheft
SA = Sonderabdruck
ZChr = Zürcher Chronik, Vierteljahresschrift
ZO = Zürcher Oberländer, Tageszeitung (Wetzikon)

Der Brand von Herschmettlen, aus der Herschmettler Chronik von J. Z. In: Feierabend, Feuilletonbeilage zum Freisinnigen, Nr. 16/1949.
Von Gespenstern und Aberglauben im alten Herschmettlen, aus der Herschmettler Chronik von J. Z. In: Der Freisinnige, 14.1.1950.
Sitten und Bräuche im alten Oberland. In: Feierabend, Feuilletonbeilage zum Freisinnigen, Nr. 18 und 19/1950.
Aus alten Protokollen (Primarschule) / Unsere Sekundarschule, Festschrift Schulhauseinweihungen Gossau, 1951.
Leben und Weben im alten Oberland, aus der Herschmettler Chronik von J. Z. In: Der Freisinnige, 20.3.1952.
Der Nachtheuelverein, aus der Herschmettler Chronik von J. Z. In: Der Freisinnige, 19.3.1953.
Hasenächler und Studebernetwy, aus der Herschmettler Chronik von J. Z. In: Der Freisinnige, 22.10.1955.
Siedlungsgeschichte von Dietikon. Neujahrsblatt von Dietikon, 8. Jg. 1955.
Chumm mir gönd go türple, aus der Herschmettler Chronik von J. Z. In: Der Freisinnige, 14.1.1956.
Lemna minor – Die kleine Wasserlinse. In: Leben und Umwelt, Nr. 8 und 9/1956.
Das Bauernjahr im alten Oberland, aus der Herschmettler Chronik von J. Z. In: Der Freisinnige, 23.3.1957; Jh. Grüningen, Nr. 16/1980.
Die «Obere Wacht», aus der Herschmettler Chronik von J. Z. In: Der Freisinnige, 18.1.1958.
Speise und Trank im alten Oberland. In: Der Freisinnige, 10.5.1958; Tagblatt des Bezirkes Pfäffikon, 18.9.1965.
Die Rundhöckerlandschaft im Zürcher Oberland. In: Leben und Umwelt, Nr. 5/1958.
Die Schule Grüt anno dazumal. In: Der Freisinnige, 21.6.1958.
Grüt im Wandel der Zeiten. In: Der Freisinnige, 28.6.1958.
Die Drumlinlandschaft im Zürcher Oberland. In: Leben und Umwelt, Nr. 7/1959, SA.
Ein Stück Zürcher Oberland im Spiegel seiner Flurnamen (Herschmettlen). In: ZChr, Nr. 1 und 2/1959.
Spiel und Sang im alten Oberland, aus der Herschmettler Chronik von J. Z. In: Der Freisinnige, 9.,11. und 12.7.1960; Tagblatt des Bezirkes Pfäffikon, 23.10.1965.
125 Jahre Schulhaus Hirzel-Höhe. In: Anzeiger des Bezirks Horgen, 1960, SA.
Alte Grenzsteine erzählen, aus der Herschmettler Chronik von J. Z. In: ZO, um 1960.
Ein Bienenschwarm im Mai ist wert ein Fuder Heu. In: Schweizerische Volkskunde, 51. Jg., I/196; ZO, 9.6.1961.
Zur Gütergeschichte des Heiliggeist-Spitals Rapperswil. In: Heimatkunde vom Linthgebiet, 33. und 35. Jg., Nr. 3/4. Uznach 1961.
300 Jahre Schule Herschmettlen. Festschrift zur Einweihung des Schulhauses Schönbühl, 3.9.1961. Wetzikon 1961.
Die Kriegsfackel über dem Hirzel. SA aus dem Sihltaler und dem Anzeiger des Bezirks Horgen, 12., 19. und 26.5.1961; Beilage zu den Blättern der Vereinigung «Pro Sihltal», Nr. 14/1964.
Gossau – Deine Heimat. Heimatkundlicher Rundgang durch die Gemeinde. In: Jahrbuch GdH, Nr. 1/1962.
Streifzug durch die Gemeinde Schlatt. SA aus dem Winterthurer Volksblatt, 18.3.1961 sowie separater geschichtlicher Abriss. Elgg 1963.

Die Kindenmannsmühle. In: ZChr, Nr. 1/1963.
60 Jahre Wasserversorgung Herschmettlen, aus der Herschmettler Chronik von J. Z. In: ZO, 2.3.1963.
Die Säumerstrasse von Horgen nach Zug. In: Blätter der Vereinigung «Pro Sihltal», Nr. 4/1964.
Andreas, ich bitte Dich ... – Zum Brauchtum des 30. November. In: ZO, 28.11.1964.
Sami niggi näggi ... – Chlausbräuche im alten Oberland. In: ZO, 5.12.1964.
Vom Altjohrobig, Neujöhrle und Berchtele – Oberländer Brauchtum der Jahreswende. In: ZO, 30.12.1964.
Geschichte eines Flarzhauses (Herschmettlen-Unterdorf). In: Hsp, 1/1965.
Das alte Grüt. In: Hsp, 3/1965.
Gefährdete Volksbräuche. Hochzeitsschiessen. In: Hsp, 8/1965.
Bubikon vor 250 Jahren / Postgeschichte Ottikon. In: Hsp, 11/1965.
Ein Jahreslauf im alten Grüt. In: ZO, Wetzikon 1965, SA.
1865 – Der Wein des Jahrhunderts! In: Hsp, 1/1966.
Bedrohte Natur im Oberland. Golfplatz Dürstelen. In: Hsp, 12/1966.
Das Bild unserer Heimat. Naturgeschichte der Gemeinde Gossau. In: GdH, Nr. 2/1966.
Kleiner Gossauer Spiegel. Kulturgeschichtlicher Überblick. In: Adress- und Telefonverzeichnis Gossau ab 1966; Gossauer Zeitung, 3.10.1968; Der Fürstenländer, 5.10.1968; Ortskarte Gossau 1987; Die Gemeinden des Kantons Zürich, Zürich 1981.
Die Taverne zum Rössli an der Brach. In: ZChr, Nr. 4/1966; Hsp, 10/1967.
Aus der Ahnentafel Albin Zollingers. In: Hsp, 2/1967.
Das ehemalige Schieferkohlenbergwerk in der Schöneich. In: Hsp, 10/1967.
200 Jahre «Weinschenke» Herschmettlen. In: Hsp, 2/1968.
Geglückte und verunglückte Hausrenovationen. In: Hsp, 8/1968.
Das Gerichtshaus in Grüningen. In: Jh. der Heimatschutzgesellschaft Grüningen, Nr. 4/1968; Hsp, 1/1969.
An der Quelle der Glatt. Siedlungsgeschichte Feissi. In: ZChr, Nr. 2/1968; Hsp, 9/1969.
Die Kreuzigung der Margaretha Peter. In: Emmentaler Blatt, Nr. 24 und 25/1969.
Das Dürstelerhaus in Ottikon / Die Oeli in Gossau. In: Hsp, 6/1969.
Alte Grenzsteine erzählen (Umarbeitung; illustriert). In: Jh. der Heimatschutzgesellschaft Grüningen, Nr. 5/1969.
Die «Traube» in Oberottikon. In: Hsp, 9/1970.
Vor 300 Jahren: Der Ustertod. In: GdH, 1970.
Vor 150 Jahren: Der Gossauer Kircheneinsturz. In: GdH, 1970.
Vor 100 Jahren: Der Brand von Herschmettlen (Neubearbeitung). In: Hsp, 4/1970; GdH, 1970.
Vor 100 Jahren: Das Gossauerlied. In: GdH, 1970.
Ein Naturschutz-Test (Grenzgebiet Grüningen/Bubikon). In: Jh. der Heimatschutzgesellschaft Grüningen, Nr. 6/1970; Hsp, 10/1970.
Erst ein Anfang! – Bestandesaufnahme schutzwürdiger Gebiete im Oberland. In: ZO, 12.12.1970.
Eine betagte Gossauerin kramt in ihren Jugenderinnerungen. Rosa Schaufelberger-Zollinger aus dem Bönler. In: Hsp, 12/1970.
Zürcher Oberland – Einführungstext zum Bildband. Wetzikon 1971.
Das Bockhorn-Haus im Rutschberg, mit Federzeichnung von J. Z. In: Hsp, 1/1971; «Denk mal!», Jubiläumsschreiben Kantonale Denkmalpflege 1975.
Der Reitbach (Bubikon), mit Federzeichnung von J. Z. In: Hsp, 3/1971.
Das «Kreuz» in der Schwendi (Bauma), mit Federzeichnung von J. Z. In: Hsp, 5/1971.
Der «Bundespalast» in Ferrach, mit Federzeichnung von J. Z. In: Hsp, 8/1971.
Auf der Strahlegg, mit Federzeichnung von J. Z. In: Hsp, 10/1971.
Der «Grünenhof» in Gossau, mit Federzeichnung von J. Z. In: Hsp, 12/1971.
Im Rotenstein, mit Federzeichnung von J. Z. In: Hsp, 2/1972.
Zürcher Oberländer Riegelhäuser (Text von J. Z.). Wetzikon 1972.
Zürcher Oberländer Flarzhäuser (Text und Zeichnungen von J. Z.). Wetzikon 1972.

Der «Adler» in Binzikon und sein Schild. In: Jh. der Heimatschutzgesellschaft Grüningen, Nr. 8; Hsp, 4/1972.

Das Wappen der Gemeinde Gossau. In: Hsp, 3/1972.

Das Dürstelerhaus wird Gossauer Ortsmuseum. In: Unterdörfler (Quartierzeitung), Nr. 6, 3.4.1973.

Das Riegelhaus im Zürcher Oberland (Text und Zeichnungen von J. Z.). In: Turicum, September 1973; Jh. der Heimatschutzgesellschaft Grüningen, Nr. 9/1973.

Das Geheimnis des Althellberg. In: ZChr, Nr. 3 und 4/1973.

Opfer der Betonkultur. Anschluss Grund–Ottikon und sein Tribut. In: Hsp, 10/1973.

Ein Dorf sammelt Bilder. Bilddokumentation «Gossau im Wandel». In: Hsp, 11/1973.

Auf alten Landstrassen im Zürcher Oberland. In: ZChr, Nr. 2/1974.

Gossauer Bauernhäuser erzählen. Eine kulturgeschichtliche Gesamtschau der Gemeinde. In: GdH, Nr. 4/1974.

Das grosse Fenstersterben. In: Hsp, 4/1974.

Mit dem Blecheimer auf Maikäferjagd. In: Hsp, 5/1974.

Betzholz – am Tag vor der «Sünd»-Flut. In: Hsp, 7/1974.

S'Schuldepürli. Zum 125. Geburtstag eines vergessenen Volkspoeten. In: Hsp, 3/1975.

Zürcher Oberländer Dorfbilder (Text und Zeichnungen von J. Z.). Wetzikon 1975.

Das Tier im Volksleben des Zürcher Oberlandes. In: ZChr, Nr. 1/1975.

Weisst du, wo die Gräber sind? Gossauer Episoden. In: Hsp, 11/1975.

Zur Eröffnung des renovierten «Dürstelerhauses» in Ottikon-Gossau. In: ZChr, Nr. 2/1975.

Das Bild der ländlichen Siedlungen / Reiche Bauernhäuser im Oberland / Oberländer Flarzhäuser / Das Viehzüchterhaus im Oberland. In: Siedlungs- und Baudenkmäler im Kanton Zürich. Stäfa 1975.

Ein «Stammbaum» der Zürcher Oberländer Bauernhäuser. In: ZChr, Nr. 1/1976.

Bäuerliche Hausformen in der Gemeinde Uster. In: Anzeiger von Uster, 28.8. und 4.9.1976.

Es tagt vor dem Walde. Nachruf auf das «grosse Fenstersterben». In: Hsp, 1/1977.

Auf den Spuren von Jakob Stutz (Text und Zeichnungen von J. Z.). Wetzikon 1977.

Als noch die Feuerläufer hornten. Die Gossauer Feuerwehr anno dazumal, Festschrift zur Einweihung des Feuerwehrlokals Gossau, 1977.

Das isch öiseri Brouscht! Die fünf Spritzengesellschaften des alten Gossau. In: Hsp, 11/1977.

Silväschter stand uf... Ein Winterbrauch mit alter Vergangenheit. In: Tages-Anzeiger, 17.12.1977.

Haussprüche – Spiegel der Zeit. In: Hsp, 6/1978.

Eines kleinen Mannes grosser Geist. Zum 125. Geburtstag von Geissenvater Heinrich Rüegg. In: Hsp, 10/1978; Der Kleinviehzüchter, Nr. 1/1988.

Von Rucksackbauern und Dorfgrössen. Was der «ausgekernte» Grütner Dorfplatz zu berichten weiss. In: Hsp, 11/1978.

Dorfauf, dorfab / Der Gossauer Zehntenplan / Gossau – Ein Dorf im Spiegel seines Zehntenplans / Hoch und Tief über der Gossauer Schule. In: GdH, Nr. 5/1978.

Gossauer Märtgeschichten. In: Gossauer Weihnachts-Märt-Notizen, Pro Gossau Nr. 1/1978.

Schmuckformen an Oberländer Bauernhäusern. In: Turicum, Frühling 1979.

Abschied von der Chindismüli. In: Hsp, 6/1979.

Krösusse, Revoluzzer und Gespenster. Der Weiler Hanfgarten bei Ottikon. In: Hsp, 5/1980.

Die Kohle des armen Mannes. Vergessene Betriebsamkeit in den Torfmooren. In: Hsp, 8/1980.

Was Balken und Gemäuer erzählen. Oberländer Bauernhaus-Inventarisation vor dem Abschluss. In: Hsp, 10/1980.

Läden und Lädeli im alten Gossau. In: Gossauer Weihnachts-Märt-Notizen, Pro Gossau Nr. 5/1980.

Zürcher Oberländer Volkskunst. Geleitwort zum Buch von David Meili. Wetzikon 1980.

Herbergen, Pinten und Tavernen. Oberländer Wirtshäuser und ihre Vorläufer. In: Hsp, 5/1981.

Weinkonjunktur im Oberland. In: Hsp, 10/1981.
Das Geheimnis der Schaubschür. Selbstmord von Hs. Hch. Hotz im Gstein) / Vier Herren im Moor. Philipps Kunigunde und der Schatz unter der Torfhütte. In: Hsp, 12/1981.
Bubikon-Wolfhausen – zwei Dörfer, eine Gemeinde (Mitautorschaft). Wetzikon 1981 und 1983.
Schule zwischen Rückschritt und Reform. Das Herschmettler Visitationsbuch erzählt von 150 Jahren Volksschule. In: Hsp, 3/1982.
Als Häuser noch zur Fahrhabe gehörten. In: ZChr, Nr. 4/1982.
Schauplatz der grossen Wäsche. Von der «Brenntolle» in der Küche zum separaten Waschhäuschen. In: Hsp, 5/1982.
Jahrtausendealte Forchstrasse. In: Hsp, 3/1983.
Die Linden auf dem Hirzel. In: Turicum, Sommer 1983; Blätter der Vereinigung «Pro Sihltal», Nr. 39/1989.
Zürcher Oberländer Urlandschaft – eine Natur- und Kulturgeschichte. Wetzikon 1983.
Voralpine Hauslandschaft. Bauernhausforschung im Zürcher Oberland. In: Hsp, 11/1983.
Bilder aus dem Leben eines alten Oberländers / Bauernhausformen im Zürcher Oberland / Fachausdrücke zum Bauernhaus (Mundart) / Der «Holzgüggel» (Mundart). In: Rund um den Bachtel. Wetzikon 1983.
Das Zürcher Bauernhaus als Spiegel seiner Landschaft. In: Zürich – Konturen eines Kantons, EKZ Zürich (Hg.), 1983.
Nostalgie der Silvesterbüchlein. Zürcher Schulen 1872–1966. In: Hsp, 12/1984.
Eine Oberländer Kleinsennerei. Als es noch «Fuchsrüti-Käse» gab. In: Hsp, 3/1985.
Gruss aus Gossau. 150 der wertvollsten Dokumentaraufnahmen aus der Bildersammlung «Gossau im Wandel». In: GdH, Nr. 7/1986.
Das Henkerhaus im Moos. Von Scharfrichtern und Richtplätzen. In: Hsp, 1/1986.
Eine Aussenwacht behauptet sich. Herschmettlen. In: Hsp, 8/1986.
Zur Gossauer «Wirtschaftsgeographie». In: Gossauer Info, Nr. 6/1987.

Ortskarte Gossau: Kommentar und Bilder auf der Rückseite, Ausgaben 1987 / 1994.
Zur Imkerei im Oberland. In: Hsp, 4/1987.
Geissenvater Heinrich Rüegg. Gedenkband zum 50. Todestag am 21.2.1988. Wetzikon 1987.
1150 Jahre Itzikon – Ein Streifzug durch die Ortsgeschichte. In: Jh. der Heimatschutzgesellschaft Grüningen, Nr. 23/1987.
Vom Bauern- zum Handwerkerstädtchen. 950 Jahre Grüningen. In: Hsp, 6/1988.
Grenzstreit am Gerbel. Sonnen- und Schattenseite eines Oberländer Hügels. In: Hsp, 8/1988.
Zuoberst im Glattal – Panorama vom Gerbel. Wetzikon 1988.
Züri Oberland, Land und Lüüt – Einführungstext zum Bildband. Wetzikon 1988.
«Grosse Politik» im kleinen Dorf Herschmettlen. In: Züriputsch, Pfäffikon 1989.
Der Hirschen in Grüningen – ein halbes Jahrtausend «Wirtschaftsgeschichte». In: Jh. der Heimatschutzgesellschaft Grüningen, Nr. 25/1989.
Rund um Herschmettlen: Gespenstisches Niemandsland. In: Hsp, 12/1990.
Das Erbe des Geissenvaters. Gründung und erstes Jahrzehnt der Braunviehzuchtgenossenschaft Gossau, Jubiläumsschrift zu ihrem 100-jährigen Bestehen, 1990.
Unser Wasser einst und jetzt: Von Schöpf-, Zieh- und Laufbrunnen / Ein Dorf versorgt sich mit Wasser (Herschmettlen) / Wie stand es im Grüt mit dem Wasser / Die Wasserversorgungs-Genossenschaft Lehrüti / Gossau-Berg und sein privates Wasserversorgungs-Netz. In: GdH, Nr. 8/1990.
Zeugen aus alter Zeit, als der Siedlungsbrei noch «Dorf» war. Der Baubestand Alt-Wetzikons, und was davon geblieben ist. In: Hsp, 3/1991.
Gossauer «Shopping-Centers» vor 100 Jahren. In: Gossauer Info Nr. 21, März 1991.
Unsere Landschaft – ein Erbe der Eiszeit. 50 Jahre Meliorations- und Flurgenossenschaft Gossau. In: Gossauer Info Nr. 22, Juni 1991.
Die Schlossmüli Grüningen. In: Jh. der Heimatschutzgesellschaft Grüningen, Nr. 27/1991.

Das «Haus am Bach» in Gossau: Der letzte Bauernhof im Dorf. In: Hsp, 4/1992.
Mannhafte Wächter im «Blumengarten» der Mädchen. 50 Jahre Nachtheuelverein Herschmettlen. In: Hsp, 7/1992.
Überreste vorchristlichen Brauchtums. Schulsilvester. In: Hsp, 12/1992.
Der Geissberg – ein Kapitel Wolfhauser Dorfgeschichte. Festschrift zur Einweihung des Schulhauses Geissberg. Wolfhausen 1993.
Wetzikon kennen lernen. 10 Rundgänge durch das weitverzweigte Dorf (Zeichnungen von J. Z.). Wetzikon 1993.
Das alte Unter-Wetzikon. Vom Dorfkern zum Durchgangsstrassenquartier: der Werdegang eines Wetziker Dorfteils. In: Hsp, 4/1994.
Unsere Bauernhäuser erzählen. In: Geschichte der Gemeinde Bauma, Bd. 2, Wetzikon 1994.
Der öffentliche Verkehr in den Kinderschuhen / Auf Lausbubenpfaden (Postkutsche, Tram und Bus in Gossau). In: GdH, Nr. 9/1994.
Kleine Gossauer Naturschutzchronik. In: Gossauer Info Nr. 39, Mai 1995.
Hellberger Dorf- und Brunnengeschichten, Juni 1995.
Die ältesten Dürntner Häuser / Streng überwachte Tavernen: Der «Löwen» / Die Mühle Endikon. In: Ortsgeschichte Dürnten. Wetzikon 1995.
Entwicklung eines Flarzes: Hof-Stammbaum Oberhof. In: Ortsgeschichte Oberhof-Hinwil, August 1995.
Die letzten 25 Jahre, 1970–1995. In: 150 Jahre Männerchor Ottikon, Jubiläumsschrift 1995.
Gibswil, Wissengubel, Pilgerweg und Winzerkäse – Jubiläumsweg ZKB, Faltprospekt / Wanderführer ZKB 4267, Mai 1995.
Hauszüglete – nichts Neues! Als Häuser noch zur Fahrhabe gehörten. In: Hsp, 12/1995.
Woher hat Gossau den Ball im Wappen? In: Gossauer Info Nr. 43, März 1996.
Grüningen – Vom Bauern- zum Handwerkerstädtchen. In: Jh. der Heimatschutzgesellschaft Grüningen, Nr. 32/1996 (Umarbeitung eines Beitrags im Hsp, 6/1988).

Ein Haus erzählt. Zum Grossbrand vom 20.7.1996 in Herschmettlen. In: Hsp, 9/1996.
Ein Weinländer Dorf im Umbruch, 1770–1800. Die Chronik des Matthäus Keller von Truttikon. In: Zürcher Taschenbuch 1997.
Tavernen und Pinten im alten Gossau. In: Gossauer Info Nr. 48, Juni 1997.
Woher kommt der Bertschiker Dorfbach? In: Gossauer Info Nr. 48, Juni 1997.
Kein Platz mehr für Tante Emma? Zum Lädelisterben im Zürcher Oberland. In: Hsp, 6/1997.
Gossau und sein Kirchturm. Zur Renovation des Turmhelms. In: Hsp, 11/1998.
Die alten Dorfgemeinden / Die Zivilgemeinden des 19. Jahrhunderts / Unsere Wachtenwappen. In: GdH, Nr. 10/1998.
Gossau: Fünf Wachten – eine Gemeinde (1. Teil). In: Hsp, 1/1999.
Gossau: Fünf Wachten – eine Gemeinde (2. Teil). In: Hsp, 2/1999.
Vielfältige Hausformen im Oberland. In: Wohnen im Zürcher Oberland, Beilage zum ZO, 22.11.2000.
Landschaft und Wohnen. In: Eine Landschaft und ihr Leben – Das Zürcher Oberland. Zürich 2000.
Ein «Lothar» vor 370 Jahren und seine Folgen. Geschichte des Sennwaldes. In: Hsp, 12/2000.
Vom Exerzier- zum Festplatz. Geschichte der Gossauer Altrüti. In: Hsp, 8/2001.
Lebensstationen und Stammbaum von Jakob Stutz. In: Jakob Stutz – Beiträge und Würdigungen. Pfäffikon 2001.
Die Inschriften an Bauernhäusern im Bezirk Hinwil / Im Bezirk Pfäffikon / Im Zürcher Oberland (Federzeichnungen von J. Z.). Uster 2001, 2003 und 2004.
Bauernhäuser im Zürcher Oberland. SA aus Ortsgeschichte Bauma. Uster 2002.
Die Rückeroberung unserer Kirche. In: Chilezytig, Juni 2002.
«Der Kirchenfall zu Gossau» einst und jetzt. In: Hsp, 6/2002.
«Als Ottikon ein Verteilzentrum war». Zur Gossauer Postgeschichte. In: Hsp, 11/2002.
Postgeschichte der Gemeinde Gossau / Die Gemeindepräsidenten und Gemein-

deschreiber (in Gossau) seit 1798. In: GdH, Nr. 11/2003.
«Silväschter stant uf!» Bräuche der Jahreswende. In: Hsp, 12/2004.
Von der Dorfkasse zur Regionalbank. 75 Jahre Raiffeisenbank. In: Hsp, 6/2005.
Essen und Trinken im Zürcher Oberland einst und heute (Federzeichnungen und Texte von J. Z.). Wetzikon 2009.

Um 1535
: Peter Zollinger zu Oberottikon wird geboren. Er ist der erste bekannte Vorfahr der Familie von Jakob Zollinger.

1723
: Hans Jacob Zollinger (*1691) heiratet Anna Egli von Herschmettlen und zieht ins Nachbardorf um, seither ist die Familie Zollinger in Herschmettlen ansässig. Hans Jacob war vom Landvogt eingesetzter Ehegaumer – eine Art Sittenpolizist – und Mitglied des Gossauer Stillstandes, der dem heutigen Gemeinderat entspricht.

1797
: Die Brüder Hans Jakob und Felix – die Enkel von Hans Jacob Zollinger – teilen das elterliche Erbe. In den folgenden Jahren können sie ihren Besitz durch Zukäufe vergrössern; bei Felix' Tod 1840 umfasst sein Grundstück rund acht Jucharten. Die Nachkommen von Felix tragen künftig den Doppelbeinamen «s'Zäche-Felixe».

1870
: Ein Dorfbrand zerstört in der Nacht vom 20. auf den 21. April 13 Wohnungen und 9 Scheunen im Herschmettler Oberdorf. Haus und Scheune von «s'Zäche-Felixe» gehen in Flammen auf, die Familie verliert Hab und Gut. Sie gerät in finanzielle Nöte, kann für lediglich 5500 Franken jedoch ein neues Haus mit Scheune am alten Platz bauen, muss dieses aber sogleich an den Baumeister verpfänden.

1891
: Jakob Zollinger, der Grossvater von Dr. h. c. Jakob Zollinger, kauft im Herschmettler Mitteldorf einen kleinen Bauernhof mit Hausteil. Er führt zusammen mit seinem Bruder Rudolf den benachbarten elterlichen Hof und arbeitet daneben in Dürnten. Am 3. Dezember 1891 heiratet er Anna-Julia Bai aus Truttikon im Zürcher Weinland.

1892
: Emil Zollinger, der Vater von Dr. h. c. Jakob Zollinger, kommt als erstes Kind des Ehepaars Zollinger-Bai zur Welt. Sein Bruder Werner stirbt kurz nach der Geburt.

1893
: Hermine Hauser, Dr. h. c. Jakob Zollingers Mutter, wird im Fällander Geren als Bauerntochter geboren. Die Familie Hauser ist seit der Reformation in Fällanden heimisch. Die Eltern sind Johannes Hauser und Sophie Margaretha Fischer aus Hegnau.

1907
: Nach dem Tod von Heinrich Zollinger verkaufen die Söhne Rudolf und Jakob den hoch verschuldeten elterlichen Hof im Herschmettler Oberdorf.

1915
: Bei einem Verwandtenbesuch in Herschmettlen lernt Hermine Hauser Emil Zollinger kennen. Zwei Jahre später verloben sie sich, 1919 findet die Hochzeit statt.

1920
: Als erstes Kind des Ehepaars Zollinger-Hauser kommt Martha, die einzige Tochter, zur Welt. 1922 folgt Otto, 1924 Hans, 1926 Fritz, 1928 Emil. Vater Emil schliesst sich den Zeugen Jehovas an.

1925
: Emil zieht – wegen religiöser Konflikte mit seinem konservativen Vater Jakob – mit seiner Familie weg. Die Familie wohnt zuerst in Ettenhausen, dann in Gossau, Nänikon und schliesslich in Riedikon.

1931
: Am 26. Juni kommt Jakob, genannt Kobi, als jüngstes Kind von Emil und Hermine Zollinger-Hauser in Riedikon zur Welt.

1932
: Emil kehrt mit seiner Familie nach Herschmettlen zurück und übernimmt den Hof und die Strassenwärterstelle seines verstorbenen Vaters.

1936
: Im Herbst beginnt der 22-jährige Ernst Brugger – der spätere Mentor von Jakob Zollinger – seine Lehrertätigkeit in Gossau. Dort unterrichtet er bis zu seiner Wahl in den Regierungsrat 1959, zehn Jahre später wird Brugger Bundesrat.

1938
: Jakob Zollinger tritt in die Sechsklassenschule von Robert Merz in Herschmett-

len ein, danach geht er während dreier Jahre in die Sekundarschule in Gossau bei Fritz Vollenweider und Ernst Brugger.

1946
Am 29. Dezember stirbt Jakob Zollingers Bruder Hans im Zug zwischen Zürich HB und Oerlikon 22-jährig an Herzversagen. Er hinterlässt seine Frau und den halbjährigen Sohn Hans.

1947
Eintritt ins Lehrerseminar in Küsnacht, Jakob Zollinger ist Wochenaufenthalter bei Familie Buck. Am 22. November bezieht die Familie Zollinger ihren neu erbauten Waldhof Grüt. Sie verkauft ihren Herschmettler Flarzteil an die Papierhülsenfabrik Robert Hotz und Söhne in Bubikon.

1949
Grossmutter Anna-Julia Zollinger-Bai stirbt 84-jährig im Waldhof.

1950
Kontakt und erster Austausch mit Richard Weiss, dem ersten Professor für Volkskunde an der Universität Zürich. Weiss wird der wichtigste Mentor von Jakob Zollinger bezüglich seiner Forschungstätigkeit. Eintritt in den Nachtheuelverein Herschmettlen. Jakob Zollinger bleibt bis zu seiner Hochzeit 1961 aktives Mitglied, danach wird er Ehrenmitglied und fördert den Verein im Hintergrund.

1952
Erste Primarlehrerstelle an der Unterstufe in Dietikon

1954
Bruder Emil heiratet Carolina – genannt Linely – Acquistapace aus Esino Lario in der Gegend des Comersees.

1955
Primarlehrer in Schlatt bei Winterthur

1957
Bruder Fritz und Anneli Zollinger-Hertig übernehmen den Waldhof Grüt von den Eltern Zollinger-Hauser.

1959
Primarlehrer in Hirzel

1961
Rückkehr als Mittelstufenlehrer nach Herschmettlen, Heirat am 9. Dezember mit Elisabeth Anliker aus Schlatt, Bezug des neuen Lehrer- und des Schulhauses auf dem Schönbüel. Jakob Zollingers Lieblingsbruder Emil – genannt Migg – wandert mit seiner Frau Linely nach San Francisco aus und gründet dort ein Malergeschäft. Der Kontakt per Brief und Telefon ist rege, Migg kommt regelmässig auf Besuch. Zweimal reisen Jakob und Elisabeth Zollinger-Anliker auch nach Kalifornien.

1962
Tochter Eva kommt zur Welt, 1964 folgt Robert und 1966 Lisa. Die erste von zwölf Ausgaben der heimatkundlichen Vierjahresschrift *Gossau – Deine Heimat* erscheint.

1965
Jakob Zollinger schreibt zum ersten Mal für den *Heimatspiegel*, die Monatsbeilage des *Zürcher Oberländers*. Die «Geschichte eines Flarzhauses» ist der Titel des Beitrags, ihm folgen bis 2005 74 weitere Beiträge, die er oft auch illustriert.

1968
Die Eltern Emil und Hermine Zollinger ziehen nach Herschmettlen zurück. Sie wohnen zur Miete wieder im ehemaligen Zollinger-Flarzteil im Mitteldorf und werden direkte Nachbarn des Autors.

1970 und 1973
Mitorganisator der grossen Herschmettler Dorffeste zugunsten eines Dorfbrunnens

1970
Das Dürstelerhaus – das Wohnhaus neben der Seidenwinderei in Unterottikon – wird dank dem Einsatz von Jakob Zollinger vor dem Abbruch gerettet. Das Haus wird der Gemeinde Gossau geschenkt, die es renoviert und darin in der einen Hälfte 1974 ein Ortsmuseum einrichtet.

1972
Die Bücher *Zürcher Oberländer Riegelhäuser* und *Zürcher Oberländer Flarzhäuser* erscheinen im Verlag der Druckerei Wetzikon. Mutter Hermine Zollinger-Hauser stirbt in Herschmettlen.

1975
Das Buch *Zürcher Oberländer Dorfbilder* erscheint im Verlag der Druckerei Wetzikon.

1977
: Vater Emil Zollinger stirbt in Herschmettlen.

1981 und 1983
: *Bubikon-Wolfhausen – zwei Dörfer, eine Gemeinde* erscheint, Jakob Zollinger gibt die zwei Bände zusammen mit Max Bührer und Kurt Schmid heraus.

1983
: *Zürcher Oberländer Urlandschaft – eine Natur- und Kulturgeschichte* erscheint im Verlag der Druckerei Wetzikon.

1987
: *Geissenvater Heinrich Rüegg*, ein Gedenkband zum 50. Todestag des verdienstvollen Zürcher Oberländers, erscheint.

1990
: Ehrenmitglied Ritterhausgesellschaft Bubikon

1993
: Mit 62 Jahren vorzeitiger Rücktritt vom Schuldienst

1995
: Träger des Zürcher Oberländer Kulturpreises

1997
: Umzug in das von den drei Kindern umgebaute ehemalige Müllerhaus in der Chindismüli Unterottikon

1999
: Jakob Zollinger referiert an der Universität Zürich zur Geschichte des Zürcher Oberlandes.

2003
: Die Philosophische Fakultät der Universität Zürich verleiht Jakob Zollinger für sein fächerübergreifendes kulturgeschichtliches Schaffen die Ehrendoktorwürde.

2010
: Am 26. März stirbt Jakob Zollinger zu Hause in der Chindismüli nach langjährigen Herzbeschwerden und einer erfolglosen Operation.

2013
: Die Gemeinde Gossau baut das Dürstelerhaus um. Das ganze Haus dient fortan als Ortsmuseum. Ein Grossteil des Nachlasses von Jakob Zollinger – Forschung, Schule, öffentliches Wirken, Fotosammlung – ist darin untergebracht, später folgt auch der grösste Teil seines privaten Nachlasses.

2016–2018
: Der Historiker Walter Bersorger ordnet den Nachlass von Jakob Zollinger im Dürstelerhaus im Auftrag der Gemeinde Gossau. Auch der private Teil des Nachlasses in der Chindismüli – Tagebücher, Bilder und Zeichnungen – wird systematisch erfasst.

2017
: Der Verein Dürstelerhaus wird gegründet, er erhält von der Gemeinde einen Leistungsauftrag zum Führen des Museumsbetriebs sowie ein Startkapital. Bei der Gründung zählt er rund fünfzig Mitglieder.

2018
: Die Erben von Jakob Zollinger schenken seinen Nachlass der Gemeinde Gossau.

2019
: Aus Anlass des Erscheinens der Biografie von Jakob Zollinger gestaltet der Verein Dürstelerhaus eine Ausstellung zu dessen Leben und Werk.

Frei, Beat: Die Bauernhäuser des Kantons Zürich, Bd. 2: Das Zürcher Oberland. Baden 2002.
Heer, J. C.: Der Wetterwart. Stuttgart/Berlin 1914.
Rosegger, Peter: Waldheimat. Wien 1886.
Schmid, Christian: Das Seminar Küsnacht. Geschichte von 1832–1982. Küsnacht 1982.
Stifter, Adalbert: Witiko. Zürich 2011.
Surbeck, Peter: Die Inschriften an Bauernhäusern im Bezirk Hinwil. Uster 2001.
Weiss, Richard: Häuser und Landschaften der Schweiz. Bern 2017.
Wildermuth, Hansruedi: Naturschutz im Zürcher Oberland. Wetzikon 1974.
Zollinger, Albin: Pfannenstiel – Die Geschichte eines Bildhauers. Zürich 1940.
Zollinger, Emil: Das verlorene Paradies. Mönchaltorf 2010.

S. 12
Von links Paul M. Vanhoutte, Medizinische Fakultät, Christian Tomuschat, Rechtswissenschaftliche Fakultät, Alfred Bühler, Rechtswissenschaftliche Fakultät, Gabrielle Zangger-Derron, Theologische Fakultät, Hans Weder, Rektor der Universität Zürich, Angela Rosengart, Philosophische Fakultät, Ludwig Finscher, Philosophische Fakultät, Jakob Zollinger, Philosophische Fakultät, und Gösta Rooth, Medizinische Fakultät. Sie alle erhalten die Würde einer Ehrendoktorin respektive eines Ehrendoktors. Die Titel wurden von der Universität Zürich am Samstag, 26. April 2003, in Zürich verliehen. KEYSTONE/Dorothea Mueller.
S. 139
Felix Wolfensperger, Gossau
S. 140
Christoph Kaminski, Uster
Übrige Bilder und Illustrationen
Familie Zollinger und Nachlass Jakob Zollinger

Dank

Ich bedanke mich bei meiner Frau Liselotte für die vielen Tage und Stunden, die sie mich in der Mission Biografie Zollinger hat ziehen lassen. Elisabeth Zollinger-Anliker, ihre Töchter Eva und Lisa Zollinger sowie Sohn Robert Zollinger haben ihr privates Archiv und ihren Erinnerungsschatz für mich weit geöffnet und mich insbesondere bei der Auswahl von Bildern und Illustrationen unterstützt.

Eine grosse Zahl von Personen, die Jakob Zollinger gekannt und erlebt haben, standen mir geduldig für Interviews zur Verfügung: Hans Heinrich Baumann, Pius Baumgartner, Walter Bersorger, Thomas-Peter Binder, Heidi Böhler-Egli, Maja Bosshard-Keller, Rolf Buck, Rösli Civelli-Egli, Josy Duss, Barbara Fischer-Zollinger, Werner Fröhlich, Edi Hauser, Ernst Hauser, Urs Hauser, Jakob Hefti, Walter Hefti, Peter Hodel, Heidi Holliger, Margrit und Werner Honegger-Vollenweider, Jörg Huber, Martin Hübner, Hannelore Humbert-Trachsler, Urs Jaudas, Annamarie Keller, Jörg Kündig, Walter Kunz, Brigitte und Roberto Lauro, Alice und Franz Lehmann-Jost, Fredi Leijenaar, Maya Lienhard-Trachsler, Heinz Lippuner, Tobias Loosli, Christoph Meili, Max Meili, Walter Messmer, Ludwig A. Minelli, Hans Obrist, Annemarie Portaleoni-Anliker, Christoph Reinhardt, Karin Reinhardt, Christian Renfer, Hansjörg Rey, Adolf Rubin, Hans Rüegg, Kurt Schmid, Fritz und Susann Schneider, Gerhard Schnurrenberger, Jetty Schnurrenberger, Ruedi Schwarzenbach, Otto Sigg, Men Solinger, Walter Sprenger, Arthur Stocker, Sandra Studer-Rüegg, Elisabeth Studer-Weiss, Peter Surbeck, Eva und Ueli Tschanz-Anliker, Willi Ulmer, Hans Weiss, Hansruedi Wildermuth, Trudi und Elsi Woodtli, Peter Zahnd, Felix Zimmermann, Emil Zollinger, Fritz Zollinger und Hans Zollinger.

Verlegerin Denise Schmid, Grafikerin Simone Farner und Lektorin Stephanie Mohler vom Verlag Hier und Jetzt haben mich bei meinem ersten Versuch als Buchautor einfühlend und kompetent ermuntert, unterstützt und wo nötig auch gezügelt.

Autor

Heinz Girschweiler wuchs in Herschmettlen auf. Von 1961 bis 1963 ging er bei Jakob Zollinger zur Schule. Nach der Matura wurde er Reallehrer, ab 1978 bis zu seiner Pensionierung 2015 arbeitete er als Journalist und Redaktor.

Impressum

Der Verlag Hier und Jetzt wird vom Bundesamt für Kultur mit einem Strukturbeitrag für die Jahre 2016–2020 unterstützt.

Mit weiteren Beiträgen haben das Buchprojekt unterstützt:
Elisabeth Zollinger-Anliker, Ottikon
Emil und Carolina Zollinger, San Francisco
Gemeinnützige Stiftung Basler & Hofmann, Zürich
Gemeinde Gossau
Zürioberland Kultur
Verein der Freunde der Paul-Kläui-Bibliothek, Uster
Stadt Uster
Gemeinde Grüningen
Raiffeisenbank Zürcher Oberland
Heimatschutzgesellschaft Grüningen
Antiquarische Gesellschaft Wetzikon
Nachtheuel-, Dorf- und Frauenverein Herschmettlen
weitere private Spenderinnen und Spender

Dieses Buch ist nach den aktuellen Rechtschreibregeln verfasst. Quellenzitate werden jedoch in originaler Schreibweise wiedergegeben. Hinzufügungen sind in [eckigen Klammern] eingeschlossen, Auslassungen mit […] gekennzeichnet.

Umschlagbild:
Fotomontage von Jakob Zollinger, Nachlass Zollinger

Lektorat:
Stephanie Mohler, Hier und Jetzt

Gestaltung und Satz:
Simone Farner, Naima Schalcher, Zürich

Bildbearbeitung:
Benjamin Roffler, Hier und Jetzt

Druck und Bindung:
Kösel GmbH, Altusried-Krugzell

© 2019 Hier und Jetzt, Verlag für Kultur und Geschichte GmbH, Baden, Schweiz
www.hierundjetzt.ch

ISBN Druckausgabe
978-3-03919-467-4

ISBN E-Book
978-3-03919-942-6